Internet & Direito Penal

RISCO E CULTURA DO MEDO

Conselho Editorial
André Luís Callegari
Carlos Alberto Molinaro
César Landa Arroyo
Daniel Francisco Mitidiero
Darci Guimarães Ribeiro
Draiton Gonzaga de Souza
Elaine Harzheim Macedo
Eugênio Facchini Neto
Giovani Agostini Saavedra
Ingo Wolfgang Sarlet
José Antonio Montilla Martos
Jose Luiz Bolzan de Morais
José Maria Porras Ramirez
José Maria Rosa Tesheiner
Leandro Paulsen
Lenio Luiz Streck
Miguel Àngel Presno Linera
Paulo Antônio Caliendo Velloso da Silveira
Paulo Mota Pinto

Dados Internacionais de Catalogação na Publicação (CIP)

W473i   Wendt, Emerson.
        Internet & direito penal : risco e cultura do medo / Emerson Wendt. – Porto Alegre : Livraria do Advogado, 2017.
        185 p. ; 23 cm.
        Inclui bibliografia e anexos.
        ISBN 978-85-69538-60-8

        1. Direito penal - Brasil. 2. Internet. 3. Responsabilidade (Direito). 4. Marco Civil da Internet. 5. Brasil. Lei n. 12.737, de 30 de novembro de 2012. I. Título.

CDU 343:004.738.5(81)
CDD 345.810268

Índice para catálogo sistemático:
1. Direito penal : Internet : Brasil   343:004.738.5(81)

(Bibliotecária responsável: Sabrina Leal Araujo – CRB 10/1507)

Emerson Wendt

Internet & Direito Penal

RISCO E CULTURA DO MEDO

Porto Alegre, 2017

© Emerson Wendt, 20167

(edição finalizada em setembro/2016)

Capa, projeto gráfico e diagramação
Livraria do Advogado Editora

Revisão
Betina Denardin Szabo

Imagem da capa
pixabay.com

Direitos desta edição reservados por
Livraria do Advogado Editora Ltda.
Rua Riachuelo, 1300
90010-273 Porto Alegre RS
Fone: 0800-51-7522
editora@livrariadoadvogado.com.br
www.doadvogado.com.br

Impresso no Brasil /Printed in Brazil

Agradecimentos

Agradeço à amiga e orientadora no mestrado (em Direito e Sociedade do Unilasalle Canoas), Renata Almeida da Costa, pelos ensinamentos, bem como ao meu coorientador Daniel Achutti, pelo apoio na jornada. Também, aos professores do Unilasalle, pelo senso crítico, pelo incentivo e troca de experiências, em especial, aos Professores Doutores Germano Schwartz, Marco Félix Jobim, Jaime Weintgartner Neto e Marcos Catalan.

Aos colegas dessa caminhada que é o mestrado, amigos e companheiros, parceiros em um seguir não tão sereno, porém, com eles, mais feliz. Em especial, pela convivência mais intensa, aos colegas Marcelo Maduell Guimarães, Caroline Azeredo e Fernanda Sartor.

Aos meus colegas policiais, pelo debate e incentivo. Aos integrantes do Gabinete de Inteligência e do Denarc da PCRS, que sempre acreditaram na possibilidade de construção de uma polícia crítica e melhor.

Ao meu pai, Nilo Egon, pela proeza perspicácia de me ensinar o caminho do conhecimento, mesmo não tendo tido a mesma oportunidade na sua vida. À Neli, mãe guerreira, pelos ensinamentos e exemplo na arte de ensinar. Saudades, sempre!

À Valquiria, Luiz Augsuto e Anna Vitória ... sem palavras, com amor eterno!

Aos amigos, em especial ao Adalberto Narciso Hommerding, pelo incentivo inicial no projeto de pesquisa do Mestrado. Ao Márcio Steffens, pela amizade de sempre! Aos integrantes da Comissão de Direito Eletrônico e Crimes de Alta Tecnologia da OAB/SP e da Coordenação-Geral de Inteligência, por incentivarem este estudo.

E por fim, mas não menos importante, a todos e todas internautas que responderam ao questionário do levantamento empírico que propiciou a dissertação de Mestrado, que redundou nesta obra.

Prefácio

Entre os anos de 2012 e 2013, um time incansável de professores universitários, liderados pelo Dr. Germano Schwartz, trabalhou para aprovar junto ao governo brasileiro a abertura de um Curso de Mestrado no sul do país. Sob o apoio, a idealização e o incentivo irrestritos do Unilasalle de Canoas, no Rio Grande do Sul, a autorização do Programa foi certeira. Eufóricos com a notícia, estávamos à espera dos primeiros alunos a serem acolhidos pela casa.

Foi então que eu, professora universitária, Doutora pela Unisinos em 2010, recebi a notícia de que o aluno aprovado em primeiro lugar na nossa primeira seleção era destinado à minha orientação. A afinidade temática (o projeto por ele apresentado ao programa versava sobre crimes informáticos) e o currículo acadêmico (professor de cursos de especialização, autor do livro Inteligência Cibernética e coautor dos livros Crimes Cibernéticos: ameaças e procedimentos de investigação e Inteligência Digital, além de autor e organizador de Investigação Criminal: ensaios sobre a arte de investigar crimes e de outros textos científicos) inclinavam-no à linha de pesquisa a que eu estava vinculada no programa.

A informação de que Emerson Wendt exercia, também, o cargo público de delegado de polícia em nosso estado não me fez crer, num primeiro momento, que ele aceitaria ser por mim acompanhado no árduo processo de construção de uma dissertação de Mestrado. Afinal, meu posicionamento acadêmico crítico e minha trajetória profissional (advogada e ex-assessora do Desembargador Amilton Bueno de Carvalho, da lendária Quinta Câmara Criminal do Tribunal de Justiça do estado do Rio Grande do Sul) poderiam ser, por toda estigmatização que os pensadores contra majoritários experimentam, entraves ao processo de discussão temática e de amadurecimento textual que um curso de Mestrado deve provocar.

Contudo, como diz o meu próprio orientador de tese, Dr. Leonel Severo Rocha, "minhas únicas certezas são de que todas minhas expectativas serão frustradas", e Emerson aceitou o desafio. Apenas mais um em sua trajetória. E, desde o primeiro encontro, ele se revelou bom ouvinte, perspicaz debatedor, ávido leitor, excelente cumpridor de tarefas e prazos e, acima de tudo, curioso e disponível. Saí de nossa primeira reunião confiante de que estava diante de um profissional estudioso, que faria um trabalho magnífico.

Passados quase vinte e quatro meses daquele encontro realizado na sala de orientações do terceiro andar do prédio do Programa de Pós-Graduação em Direito do Unilasalle, sua dissertação foi defendida perante uma banca exigente, composta pelos Doutores Daniel da Silva Achutti (que, para meu júbilo e contentamento, coorientou a pesquisa), Diógenes Hassan Ribeiro e Marco Aurélio Florêncio Filho. O último, membro externo, vindo do Mackenzie de São Paulo.

O conceito máximo, com distinção, que o trabalho recebeu em 26 de fevereiro de 2016 pela banca examinadora, é apenas uma das razões para eu o estar prefaciando agora. As demais, resguardo à consideração do leitor. O que me obrigo neste momento, contudo, é destacar a qualidade técnica do formato do texto, o incomum emprego pelo jurista da metodologia empírica de pesquisa e a reflexão sociológica de um tema novo, inédito e absolutamente atual que provoca a criação e a comunicação do Direito.

Internet e Direito Penal, risco e cultura do medo são mais do que expressões isoladas de fenômenos distintos. Aqui reunidas dão ao leitor a dimensão da complexidade social em que vivemos e operamos. Este livro, surgido da dissertação intitulada "A internet e a fragmentação do direito penal no reforço da cultura do medo no Brasil: perspectiva social e perspectiva legislativa" relaciona ineditamente no território nacional a temática do Direito Penal e a Internet a partir de uma abordagem sociológica. Esse aspecto é, para mim, o motivo de maior impacto. Tem-se aqui um ideal: o rompimento com a imobilidade das ciências.

Assim, a obra apresenta ao leitor no primeiro capítulo as bases reflexivas de onde e como pode surgir o Direito. Ora, como produção da racionalidade humana, o Direito não tem fonte sobrenatural. É a expressão política sobre o social. É escolha seletiva. Logo, o olhar de Emerson Wendt sobre o Direito produzido na contemporaneidade considera a sensação social de insegurança e a cultura do medo – caraterísticas indissociáveis de uma sociedade que não é mais moderna.

Para tanto, o autor traça suas críticas sobre a lei 12.737/12 e o caso de mídia que a promoveu e adentra na análise tipológica de alguns de seus dispositivos. Assim, o artigo 154-A do Código Penal brasileiro é examinado densamente. Na sequência, o autor passa a uma reflexão nacional muito mais ampla e, utilizando-se de um recurso de informática inovador, realiza seu trabalho de campo.

Desse modo, foi construído o terceiro capítulo deste livro. A metodologia nada simplista da pesquisa é honestamente apresentada nessa etapa do texto para, na sequência, revelar informações científicas sobre as sensações dos usuários da rede mundial de computadores. As expressões "medo" e "risco" aqui são, uma vez mais, empregadas. A estratégia do investigador acadêmico era a de trazer a lume o grau de confiança que os usuários da internet têm nos serviços que utilizam.

O propósito disso tudo era o de atestar a necessidade ou não de mais produção de Direito Penal. E, nesse caso, como interlocutora primeira do autor, sinto-me atendida e profundamente orgulhosa deste trabalho. Por ele foi possível ouvir as pessoas – e não a voz da mídia – sobre as urgências do próprio Direito. Procurou-se abandonar, para tanto, o lugar comum. Pretendeu-se revelar o que a crítica teoriza.

As conclusões de toda essa investigação – que alcançou milhares de pessoas no território nacional - convergem para a elaboração do último capítulo. Nele, o autor dialoga com algumas matrizes teóricas de nossa geração e questiona limites e possibilidades para, ao final, e como Raffaele de Giorgi, sondar vínculos com o futuro. Afinal, como apregoa o sociólogo do Direito italiano, em seu "Direito, Democracia e Risco":

> Indisponível são as premissas, isto é, o passado que não mais existe enquanto é passado, e o futuro, que ainda não existe na medida em que é futuro. Estas indisponibilidades, porém, são inevitáveis, porque o passado e o futuro são modalidades do tempo que existem, isto é, só podem ser construídas no presente.

Por este estudo e por toda a sua vivência, o futuro, tenho certeza, reserva a Emerson Wendt vastas prateleiras a serem preenchidas com esta obra e todas as suas edições que virão. E nós, seus leitores, iremos acompanhar sua trajetória e rogar para que o espírito inconformado e idealista do intelectual nunca abandone o pulso competente e técnico do profissional.

Porto Alegre, veranico de agosto de 2016.

Renata Almeida da Costa

"A contingência é o pressuposto, a ordem é a meta – e o meio inadequado é um direito penal insuficientemente resguardado em termos políticos".

(Luhmann, 1985, p. 167)

Sumário

Lista de figuras, gráficos e tabelas..15

Lista de siglas e abreviaturas...17

Apresentação...19

1. Introdução...33

2. Cultura do medo e fragmentação do Direito Penal: interlocuções entre
   Direito e Internet...39

   2.1. Fragmentação do Direito Penal: a Lei 12.737/12 e o
        Caso "Carolina Dieckmann"...50

        2.1.1. Brasil e o atavismo criminalizador: do Projeto de Lei Azeredo ao
               Marco Civil da Internet...52

   2.2. A cultura midiática do medo, Internet e a Lei 12.737/12: estudo do
        "Caso Carolina Dieckmann"...54

        2.2.1. O fato e a mídia...55

        2.2.2. Tipo penal aplicável *x* mídia..57

        2.2.3. O Caso Carolina Dieckmann: investigação criminal *x* mídia...............59

        2.2.4. Legislativo brasileiro e mídia...60

        2.2.5. O caminhar legislativo da LCD..63

   2.3. Desconstrução de certezas: aspectos tecnológicos e jurídicos da
        Lei 12.737/12..68

        2.3.1. Violação de dispositivo informático..69

               2.3.1.1. *Standards* legais do caput do art. 154-A: amplitude e restrição
                        interpretativa...71

               2.3.1.2. Debates quanto aos parágrafos do art. 154-A do Código Penal...77

        2.3.2. Interrupção ou perturbação de serviço telegráfico, telefônico,
               informático, telemático ou de informação de utilidade pública...........82

3. Percepção do risco na sociedade brasileira: levantamento empírico sobre a
   sensação do medo na Internet e (a necessidade d)o Direito...........................85

   3.1. Objetivos da pesquisa..87

   3.2. Metodologia Aplicada...88

   3.3. Instrumento de pesquisa e objetivos visados...88

3.4. Amplitude da coleta e resultados alcançados...90

    3.4.1. Conhecendo os Respondentes da Pesquisa......................................95

    3.4.2. Quanto ao Uso da Internet (Forma/Tempo)..................................100

    3.4.3. Quanto aos riscos e ao medo na Internet......................................105

3.5. Avaliação Sobre os Dados Coletados...123

4. Risco e dano na Internet: aspectos da ofensividade das ações humanas frente à tecnologia digital..129

    4.1. Direito Penal & Internet: a ofensividade efetiva das ações humanas na Internet como parâmetro para (re)criação de novos tipos penais...............130

        4.1.1. Ponto de partida..132

        4.1.2. Estabelecendo Limites...136

            4.1.2.1. A teoria da imputação objetiva pode ser aplicada às condutas praticadas no âmbito da Internet?....................................141

            4.1.2.2. A ofensividade (efetiva) aos bens jurídicos...........................143

    4.2. Análise de riscos na Internet..145

    4.3. Risco, Internet & Direito Penal: vínculos com o futuro............................153

5. Considerações finais...159

Referências..165

Anexo A – Termo de consentimento livre e esclarecido................................175

Anexo B – Questionário de levantamento empírico.....................................177

Lista de tabelas, figuras e gráficos

Figura 1 – Sistema de anúncios do Facebook..91

Figura 2 – Visualização (no Facebook) de interações de uma postagem
patrocinada..93

Tabela 1 – Abrangência das três primeiras publicações do formulário de pesquisa
no Facebook..93

Figura 3 – Visualização dos resultados do conjunto de anúncios no Facebook.......94

Gráfico 1 – Idade..96

Gráfico 2 – Sexo..96

Gráfico 3 – Escolaridade..97

Gráfico 4 – Estado de residência dos respondentes..98

Gráfico 5 – Área de atuação dos entrevistados..98

Gráfico 6 – Faixa de rendimentos..99

Gráfico 7 – Tempo de uso da Internet..100

Gráfico 8 – Frequência de uso da Internet..101

Gráfico 9 – Tempo de acesso diário à Internet..101

Gráfico 10 – Usos da Internet (para fins pessoais ou trabalho)..102

Gráfico 11 – Idade x finalidade do uso da Internet..103

Gráfico 12 – Finalidade do uso da Internet (pessoal + trabalho) x tempo de
uso diário..103

Gráfico 13 – Finalidade de uso da Internet..104

Gráfico 14 – Risco x uso da Internet..105

Gráfico 15 – Risco de uso da Internet (sim x não) x Sexo..106

Gráfico 16 – Risco de uso da Internet (sim) x Idade..106

Gráfico 17 – Formação x risco no uso da Internet..107

Gráfico 18 – Risco no uso da Internet x faixa de renda..108

Gráfico 19 – Risco de uso da Internet (sim x não) x frequência de uso (semanal
e diário) da Internet..109

Gráfico 20 – Tempo de uso da Internet x risco no uso da Internet (sim x não)........109

Gráfico 21 – Finalidade do uso da Internet (pessoal (1) x (5) trabalho) x risco no
uso da Internet (sim x não)..110

Gráfico 22 – Percepção de graus de risco..111

Internet & Direito Penal
RISCO E CULTURA DO MEDO

Gráfico 23 – Cruzamento das respostas atinentes à finalidade, risco e grau de risco no uso da Internet...111

Gráfico 24 – Correlação entre percepção do risco e graus de risco......................112

Gráfico 25 – Índice de respondentes quanto ao medo no uso da Internet.............112

Gráfico 26 – Cruzamento do risco e do medo no uso da Internet........................113

Gráfico 27 – Medo no uso da Internet em escala de graduação...........................114

Tabela 2 – Indicativos de respostas aos riscos (vulnerabilidades e ameaças) sugestionados...115

Gráfico 28 – Percepção de soluções para o risco e o medo no uso da Internet.......116

Gráfico 29 – Análise quanto à necessidade de controle da Internet através de leis e regulamentos...117

Gráfico 30 – Questionamento quanto ao (des)conhecimento da legislação brasileira relativa à Internet..118

Gráfico 31 – Cruzamento das respostas quanto à necessidade de controle da Internet x conhecimento da legislação em relação à Internet............119

Gráfico 32 – Cruzamento das respostas quanto à necessidade de controle da Internet x conhecimento da legislação em relação à Internet............120

Gráfico 33 – Análise social quanto ao Caso Guarujá Alertas............................121

Gráfico 34 – Questionamento quanto à busca de conhecimentos sobre riscos na Internet..122

Gráfico 35 – Cruzamento das respostas quanto ao risco no uso da Internet x busca de conhecimento sobre os riscos na Internet............123

Gráfico 36 – Cruzamento das respostas quanto à "necessidade" de regulação da Internet e o conhecimento da legislação brasileira sobre o assunto.....127

Figura 4 – O "termostato" do risco...146

Figura 5 – Diferentes tipos de risco..148

Figura 6 – Onde estão as chaves? "luz da ciência"..149

Figura 7 – Círculo dos riscos na Internet – Proposta......................................154

Lista de siglas e abreviaturas

ABPI............Associação Brasileira da Propriedade Intelectual
ABRACE........Associação Brasileira pelo Combate Efetivo aos Crimes Virtuais
ARPA..........Avenced Resarch Agency
ARPANET......Advanced Research Projects Agency Network
CASD-ND......Câmara de Solução de Disputas Relativas a Nomes de Domínio
CBO.............Classificação Brasileira de Ocupações
CCT.............Comissão de Ciência, Tecnologia, Inovação, Comunicação e Informática
CcTL...........Dcountry-coded Top Level Domain
CETIC..........Centro Regional de Estudos para o Desenvolvimento da Sociedade da
Informação
CF...............Constituição Federal
CGI.br..........Comitê Gestor da Internet no Brasil
CJC.............Comissão de Constituição e Justiça e de Cidadania
CNS.............Conselho Nacional de Saúde
CP...............Código Penal
CSD-PI.........Centro de Solução de Disputas, Mediação e Arbitragem em Propriedade
Intelectual
DCD.............Diário da Câmara dos Deputados
DDoS...........Distributed Denial of Service
DNS.............Domain Name System
DoS.............Denial of Service
DOU............Diário Oficial da União
EBC.............Empresa Brasil de Comunicação S/A
G1..............Site de notícias do Grupo Globo
HD...............Hard Disk
IANA...........Internet Assigned Numbers Authority
ICANN.........Internet Corporation for Assigned Names and Numbers
IP................Internet Protocol
IRC..............Internet Relay Chat
ITU..............International Telecommunication Union
JN...............Jornal Nacional
LAN.............Local Area Network

LCD............Lei Carolina Dieckmann (Lei 12.737/2012)
MAN............Metropolitan Area Network
MC.............Ministério das Comunicações
MCI.............Marco Civil da Internet (Lei 12.965/2014)
MCT............Ministério da Ciência e Tecnologia
NIC.br..........Núcleo de Informação e Coordenação do Ponto BR
NSF............National Science Foundation
ONG............Organização Não Governamental
PAN............Personal Area Network
PL..............Projeto de Lei
PLC.............Projeto de Lei da Câmara
PLS.............Projeto de Lei do Senado
R7..............Site de Notícias do Grupo Record
SACI-Adm......Sistema de Administração de Conflitos de Internet
SPCCO.........Comissões de Segurança Pública e Combate ao Crime Organizado
TCLE...........Termo de Consentimento Livre e Esclarecido
TCP/IP.........Transmission Control Protocol/Internet Protocol
TI...............Tecnologia da Informação
TLD.............Top Level Domain
URL............*Uniform Resource Locator*

Apresentação

Apresentar uma obra do quilate da que ora se apresenta não é tarefa das mais fáceis. Primeiro, porque, por ser altamente técnica, representa um desafio mesmo para o mais experiente dos Professores acostumado a tarefas desse porte. Para superar esse desafio, é preciso, pois, apossar-se do texto, tomá-lo para si, desposá-lo; é preciso tornar-se íntimo de cada linha sua, de cada parágrafo, e entendê-lo. E sempre se corre o risco de não conseguir cumprir tal tarefa a contento. Segundo, porque, no meu caso – por ter os pés fincados no solo de uma carreira de Estado onde predominam a dogmática jurídica, a técnica e a sistematicidade, bem típicas de um positivismo jurídico que, avesso aos sinais dos tempos, teima em resistir –, a tarefa de apresentar uma obra que se destaca por realizar uma pesquisa empírica séria, bem típica da Sociologia, em especial da Sociologia do Direito (ou Sociologia Jurídica, sem querer entrar aqui na discussão da terminologia), ganha, ainda mais, ares de dificuldade e, por que não dizer, dramaticidade. Terceiro, porque não estou aqui apresentando uma obra qualquer, mas o resultado de uma dissertação de Mestrado, que foi avaliada por Professores-Doutores, docentes comprometidos com a Academia, cuja competência, portanto, sequer se discute. A quarta razão, no entanto, que torna ainda mais difícil apresentar a presente obra – e, curiosa e paradoxalmente, mais prazerosa –, talvez seja a principal. O autor, Delegado de Polícia Civil, atual Chefe de Polícia do Estado do Rio Grande do Sul, agora Mestre em Direito, Dr. Emerson Wendt, é meu amigo; um irmão destes que não são "irmãos de sangue", mas que a gente tem a alegria e a sorte de adquirir ao longo da caminhada existencial. É a vida, portanto, que nos contempla com tal dádiva. Daí o paradoxo da tarefa: difícil e fácil; árdua e prazerosa, tudo ao mesmo tempo.

Conheci o Emerson por meio de um grande amigo, outro irmão que a vida me deu, o Dr. Márcio Steffens, também Delegado de Polícia em nosso Estado, hoje Titular da Delegacia Regional de Pelotas. Ambos, a par das reconhecidas inteligência e competência, têm, para mim, a maior das virtudes: a lealdade. E são essas três virtudes que o leitor poderá encontrar nas entrelinhas do texto de Emerson: inteligência para compreender o que significa a Internet como modulador das comunicações entre os sistemas, em especial o sistema do Direito Penal, cuja fragmentação vem deslegitimando-o como instrumento democrático de controle social; competência para "colocar no papel" o resultado dessa intelecção, dessa compreensão; e lealdade com a Academia, demonstrada por meio da pesquisa séria, objetiva, tanto do ponto de vista da dogmática jurídico-penal como do ponto de vista empírico-social.

A partir dessas considerações, passo, então, ao que interessa em termos de apresentação de uma obra como a que nos é presenteada por Emerson.

No primeiro capítulo, "Cultura do medo e fragmentação do Direito Penal: interlocuções entre Direito e Internet", de início, são trazidas à baila duas características de um dos principais meios de comunicação contemporâneos, a Internet: a atemporalidade e a perda da noção de espaço. Essas duas características ficam muito patentes na instantaneidade das informações quanto aos acontecimentos e a projeção dessa comunicação para além da compreensão humana, possibilitando transpor barreiras antes intransponíveis. A Internet, assim, é um médium de comunicação, possuindo uma única linguagem e, atualmente, abrangendo bilhões de pessoas no globo. É a era digital na sociedade digital.

É possível, assim, compreender a Internet como um sistema ou subsistema autônomo, com características especiais. Ao mesmo tempo, ela pode ser havida como o principal modulador das comunicações entre os diversos subsistemas sociais: Direito, Política, Religião, Moral etc.

Mas há consequências nesse cenário de comunicação: a cultura do medo é amplificada com o uso da rede mundial de computadores. Daí a importância de se discutir a cibercriminalidade, tanto pela ótica dos subsistemas do Direito e da Política quanto pela ótica da própria Internet, como subsistema com características *sui generis*.

A tecnologia, que cada vez mais evolui, possibilita a solução de problemas. Esse é um dos lados, o positivo. Há outro, o negativo: a tecnologia possibilita a criação de novos problemas. Daí o excesso de possibilidades. E isso, na ótica da Teoria dos Sistemas, em especial a que é trabalhada por autores como Niklas Luhmann, Raffaelle De Giorgi e Gunther Teubner, é complexidade. Como tratar a complexidade é o grande desafio do Direito e da Política.

A Internet consolidou a Sociedade de Informação. Dentre suas características, segundo Emerson Wendt, podem ser apontadas a massificação das informações, o acesso a sistemas e dados, a multidiversidade de assuntos e, principalmente, o autodesenvolvimento. Esta última é uma característica que a aproxima da noção de sistema. E, como sistema – ou subsistema autônomo –, ela, a Internet, tem suas próprias regras; está fechada operativamente, tendo, porém, no seu entorno, o sistema psíquico (usuários) e utilizando a comunicação para interagir com os demais sistemas sociais – tais como o Direito, a Economia, a Moral –, irritando-os ou por eles sendo irritada. Por ser um subsistema auto-organizado, a Internet tem construído suas próprias estruturas de funcionamento e funcionalidade; continua a evoluir com o tempo, de acordo com as necessidades de outros subsistemas, principalmente o econômico.

Além de um novo médium, o ciberespaço – e aqui Emerson irá beber das lições de Gottfried Stockinger – é, portanto, um sistema autônomo – *sui generis*, como dito – que amplia a comunicação social, preservando, porém, o caráter autopoiético e a auto-organização, funcionando como um mecanismo de acoplamento estrutural entre os sistemas, contando, para tal fim, com uma transmissão ágil de dados, instantaneidade e com o transpasse das barreiras físicas que antes eram praticamente intransponíveis. Daí a atemporalidade e a fragmentação da noção de espaço, a que fiz menção anteriormente.

Com isso é possibilitada uma interação entre os sistemas via comunicação por Internet. E isso, essa interação, se converte em interpenetração dos sistemas; uma interpenetração, como explica Wendt, que chega a tal ponto que a autopoiese dos demais sistemas sociais passa a depender da cibercomunicação. Da mesma forma, os cibersistemas concebidos em forma de mídia passam a viver do seu uso pelos sistemas sociais. Nada mais nada menos que uma dependência mútua que se reproduz e passa a fazer parte de cada sistema por meio da interpenetração e do acoplamento estrutural.

A interação dos usuários (sistema psíquico) também é um ponto destacado por Emerson Wendt, também com base em Gottfried Stockinger. Os horizontes da comunicação, os limites da comunicação, não são dados pelos usuários, mas pelo sistema operacional eletrônico do qual os usuários fazem parte apenas do ambiente. Dito de outro modo, os usuários usam as aplicações da rede, tais como o Facebook e o Twitter, que nada mais são que elementos para interagir na rede. Permanecem, porém, no seu entorno.

Outro autor importante, também devidamente trabalhado por Emerson, é Gunther Teubner. Teubner, em que pese reconhecer a clausura operacional da autopoiese, sabe muito bem que um subsistema não pode valer-se dela para restar imunizado ao Direito. O Direito, portanto, necessariamente causará irritações na Internet, acontecendo também o contrário. Gunther Teubner propõe, assim, num mundo caracterizado pelo pluralismo jurídico, um intervencionismo fundado na ideia dos "atratores", nome dado às diferentes possibilidades de solução. O Direito, nessa perspectiva, atentando para o fato de que os sistemas auto-organizacionais são, por si sós e sequencialmente, estáveis e recursivos, pode tentar, pela produção normativa geral ou por atos jurídicos especiais, produzir perturbações de forma orientada e, apesar de todo o caos individual, irritar os sistemas recursivos de maneira que eles consigam mudar de um estado atrator a outro, com o qual o objetivo legal seja, pelo menos, compatível. É assim, com esse ato intervencionista, que se pode conseguir a regulação jurídica contextual, necessária e objetivadora do comportamento desejável por parte de um sistema recursivo. E a Internet, aqui vista como um sistema recursivo, não fugirá à regra, pois, embora diferencialmente autopoiética e vista como sistema social sui generis, está dentro do contexto e do pluralismo jurídico.

A Internet, em síntese, irrita o (sub)sistema político para atender às expectativas normativas, gerando direito. Mas como isso se dá em termos mundiais? Wendt chamará atenção aqui para o fato de que algumas legislações internacionais, inclusive do ponto de vista penal, têm reduzido o tempo de reação em relação às evoluções advindas do subsistema da Internet. No Brasil, porém, os "comportamentos" legislativos do sistema político, comparativamente, são mais lentos, embora quando do friccionamento do sistema do Direito possa haver maior rapidez para criminalizar comportamentos (produzir mais direito) do que para descriminalizar condutas.

A tendência, portanto, em *terrae brasilis*, é de reforço do Direito Penal: um projeto normativo, próprio da sociedade do risco e da cultura do medo, que visa à segurança e certeza, não se buscando necessariamente algo bom, mas tão somente evitar o mal. A Internet faz proliferar a cultura do medo. Por vezes, porém, esse é um "falso" medo porque baseado em estimativas irreais, mas que constituem fonte de sofrimento, determinando, assim, políticas legislativas equivocadas.

Medo. Esta é a palavra. Nosso autor nos lembra dela a todo o momento. O medo está associado à existência de um mal que pode ou não ser visível. Também está associado ao risco. Quanto maior o medo de uma sociedade maior será o controle social formal pelo Direito Penal.

Do ponto de vista da tecnologia, o aspecto principal com relação ao medo está na vitimização: no risco – que é uma aquisição evolutiva do tratamento de contingências – e na potencialidade de se transformar em vítima quando do uso dos recursos de tecnologia digital. Noutras palavras, a Internet, como médium, adquire forma e sentido pela repetição dos processos de percepção. É aí que se começa a vislumbrar a maior ou menor sensação de medo, de vitimização. Nesse sentido é que Emerson irá afirmar, então, que um distúrbio de pequena importância pode acarretar consequências incontroláveis.

Sem dúvidas – e aqui as lições são de Raffaelle De Giorgi –, o risco possibilita clarear, tornar evidentes os limites dos sistemas. Tome-se o exemplo do Direito e da Economia. O risco, porém, não pode ser transformado em Direito. O risco pode, sim, ser monetarizado. A inserção do risco no sistema de Direito termina por causar sua sobrecarga porque se passam a inserir regras normativas que não evitam o risco, mas se constituem tão somente em estratégias de retardamento, de canalização do risco. É necessária, porém, uma constante repoliticização do risco. Mas isso também pode ser arriscado para a Política, tanto quando decide como quando não decide sobre o risco. Veja-se que a própria autoevolução dos conhecimentos na Internet pode restar prejudicada pela Política. O exemplo dado por Emerson não poderia ser melhor: a criminalização da conduta de criação de software capaz de ser utilizado para invadir dispositivo informático, hoje prevista no tipo penal do art. 154-A, § 1º, do Código Penal.

A Internet também possibilita a criação de grupos de risco. É que a Internet, da mesma forma como ocorre nos espaços urbanos, é segregativa, social e culturalmente. Basta verificar a presença dos códigos binários – belo/feio, legal/chato, acesso/não acesso – demonstradores da autoseletividade dos usuários da Internet. A sensação de anonimato, por sua vez, talvez seja a principal característica do uso da web, podendo refletir em consequências danosas, embora não necessariamente possa gerar a sensação de medo que faz com que se possa reconhecer o risco.

O caso "Carolina Dieckmann", no contexto político-jurídico brasileiro, é paradigmático. É ele que serve de mola propulsora para Emerson montar e conduzir sua pesquisa. Mas por que esse caso se revela tão importante? Porque demonstra a fragmentação do Direito Penal e o *modus operandi* do legislador pátrio: legislar com urgência com relação a fatos sociais envolvendo personalidades e que ganham repercussão via meios de comunicação em massa. Foi o que ocorreu no caso acima referido, em que fotos de Carolina Dieckmann, conhecida atriz da televisão brasileira, foram expostas na Internet e nos meios

Internet & Direito Penal
RISCO E CULTURA DO MEDO

de comunicação em massa. A partir desse fato, a atriz passou a sofrer exigências dos autores no sentido de que entregasse a eles valores em dinheiro a fim de que as fotos não fossem publicadas na Internet. Daí adveio a Lei nº 12.737/12, que ficou conhecida como "Lei Carolina Dieckmann" – LCD –, que nada mais é que o reflexo daquilo que praticamente todos já sabem: o legislador brasileiro legisla rápido quando a repercussão é midiática.

Foi assim que um fato, que já era penalmente relevante por haver conduta típica – no caso, extorsão – prevista no Código Penal, somou-se ao medo – a ameaça mais "insidiosa" para a democracia (Ferrajoli) –, dando origem, então, a uma nova Lei Penal que passou a fazer parte do já inflacionado rol de leis penais pátrias. É a ênfase midiática irritando mais uma vez o sistema político e produzindo mais direito: o enfoque midiático de invasão de privacidade, de "roubo" das fotos, a superexposição das fotos e a visualização por milhões de pessoas, foram os fatores que conduziram o legislador a agir do modo rápido como agiu. Ou seja, aquilo que deveria ser entendido como realmente ocorreu, a fim de que se pudesse obter uma opinião mais técnica sobre o assunto, foi objeto de aprovação em tempo recorde pelo Congresso Nacional, que, para legislar, se baseou num fato isolado e sem maiores discussões.

Mais uma vez a discrepância nossa para com outros países. Países como Estados Unidos e França têm tomado providências no sentido de coibir os crimes que surgiram com o advento dos meios digitais de comunicação. No Brasil, porém, essas ações são tomadas sempre a reboque dos fatos. Assim é que foi necessário tão somente um episódio isolado, envolvendo uma atriz de televisão, para que o Legislativo se movimentasse pela aprovação de regras que, quem sabe, possam vir a suprir lacunas existentes em nosso ordenamento legal, desatualizado se comparado às práticas cibercriminosas. Avanços? Sim. Tarde? Talvez. Pode atender aos anseios sociais de modo adequado e equilibrado? Não se sabe.

É a partir daqui que nosso autor passa a explorar e analisar dogmaticamente os dispositivos legais introduzidos pela Lei nº 12.737/2012, a fim de verificar se os fins teleológicos da Lei podem ser obtidos, isto é, se o contingenciamento pelo Direito, criado pela Política, é adequado. E uma das conclusões, dentre tantas, a que chega Emerson Wendt é a de que as disposições legais têm de ser interpretadas do ponto de vista tecnológico porque determinados conceitos – como, por exemplo, o conceito de dispositivo, previsto no art. 154-A do Código Penal – sequer podem ser interpretados se o intérprete não compreender que o Direito deve interagir com a tecnologia, e que, portanto, os próprios verbos nucleares do tipo e demais elementos normativos dependem daquilo que é definido na área tecnológica. Para Wendt, a Lei nº 12.737/2012 não é adequada para a solução da conflituosidade digital e tampouco para solucionar os problemas das indeterminações tecnológicas em rede, com seus consequentes riscos e medos dela derivados. Ao contrário, a Lei traz mais incertezas no que diz com a sua aplicação.

A aplicação de conceitos essencialmente tecnológicos na elaboração da Lei Penal, por sua vez, não parece preservar direitos e garantias fundamentais e proporcionar o acesso universal à web com maior sensação de segurança e diminuição de riscos e medos. Há muitos conceitos abertos. Esses conceitos abertos podem gerar interpretações muito distintas. E isso, como se sabe gera insegurança jurídica.

No segundo capítulo – "Percepção do risco na sociedade brasileira: levantamento empírico sobre a sensação do medo na Internet e (a necessidade d)o Direito" –, Mestre Emerson realiza uma pesquisa empírica para tentar compreender a percepção social do risco na sociedade brasileira no que diz com o uso da Internet, e a sensação de medo que daí deriva. De plano, uma das primeiras conclusões é a de que a Lei Penal, como mecanismo de controle formal social, pode não ser a alternativa para as indeterminações e contingências necessárias para a diminuição dos riscos propiciados pela Internet e a consequente sensação de insegurança tecnológica. Na expressão de Emerson, os "porquês normativos" devem ser avaliados do ponto de vista social, cultural e tecnológico. Isso porque a solução do problema pode estar fora do Direito Penal. Logo, não há por que irritar o sistema de Direito e produzir mais direito.

Emerson Wendt propõe-se aqui, por meio do levantamento empírico, a verificar, primeiro, se a cultura do medo na Internet faz com que a percepção (exterior), pensamento (interior) e comunicação da sociedade de risco possam influenciar e exigir contingenciamento jurídico-penal (elaboração/formatação de novos tipos penais como solução) para os riscos/ameaças na rede mundial, e, segundo, se o contingenciamento do risco na Internet exige menor atuação do Direito (Penal) e maior (atuação) dos mecanismos tecnológicos e comportamentos adequados, social e moralmente, para imprimir uma melhor sensação de segurança no uso de novas tecnologias baseadas em redes.

É neste ponto da obra que, penso, está a maior contribuição de Emerson para a Academia, que cada vez mais necessita da pesquisa empírica, que cada vez mais se cerca de teorias como a Teoria sistêmica de Niklas Luhmann, por exemplo, e que necessita, cada vez mais, questionar o sentido do Direito, não apenas como ciência jurídica, mas como ciência social. Lembro aqui, para ficar apenas com dois dos maiores, de Émile Durkheim e Max Weber. Eles levaram a pesquisa empírica a sério. Por isso são o que são no mundo da Sociologia.

O levantamento empírico sobre a sensação do medo na Internet e a necessidade (social/individual) ou não do Direito, enquanto mecanismo de contingenciamento do risco na Internet, imprimindo, assim, sensação de segurança frente às vulnerabilidades e ameaças decorrentes do uso de novas tecnologias baseadas em redes, é o que busca analisar nosso Mestre. Em síntese, quer analisar a percepção do risco na sociedade brasileira no que diz respeito às condições de possibilidade ou impossibilidade da Internet.

Dentre tantas conclusões, ressalto aqui a conclusão de que a preocupação com a perda da privacidade em virtude de coleta de dados dos provedores de aplicação na Internet (Facebook, Google, Twuitter etc.) é maior do que aquela com o desvio de dinheiro de contas bancárias. A solução, porém, para a diminuição da sensação do medo e situações de risco na Internet não parece estar na punição dos autores de ilícitos, mas na educação dos usuários e no conhecimento quanto à melhor forma de usá-la. Também se conclui que há necessidade de algum tipo de regulação na Internet, embora, para muitos, não seja arriscado usá-la. A tendência, porém, quanto à regulação, consoante aproximadamente um terço dos entrevistados, continua sendo a tendência punitivista, com o incremento de tipos penais.

De resto, não se pode afirmar que todo o risco percebido no uso da Internet seja transformado em medo. Há, claro, relação entre o não-risco e o não-medo. Em relação ao risco não percebido, não há resposta com o medo. Então, em síntese, a ausência de medo não necessariamente corresponde à percepção ou não dos riscos. E a ausência da percepção dos riscos, via de regra, conduz à ausência de medos. Quando os riscos passam despercebidos, não há, assim, qualquer influência na conduta dos usuários da Internet. Dito noutras palavras, sem risco não há medo. O medo, porém, pode existir sem o risco. Não há relação direta de risco e medo com a necessidade de mais produção de Direito Penal, embora ambos possam influenciá-la.

A necessidade de mais direito, em especial o Direito Penal, decorre de aspectos culturais e sociais, e não do risco e do medo. O usuário brasileiro está inclinado à atualização/incremento das regras de Direito, mas não necessariamente de Direito Penal. Para mitigar riscos e diminuir a sensação do medo, no entanto, como dito, há necessidade de educação dos usuários e desenvolvimento do seu conhecimento.

No terceiro e último capítulo – "Risco e dano na Internet: aspectos da ofensividade das ações humanas frente à tecnologia digital" –, nosso autor pretende verificar se o legislador brasileiro, diante da fragmentação do Direito, da globalização e proliferação do uso das tecnologias baseadas em rede (Internet/intranet) e dos medos delas derivados, estão preparados para interpretar a complexidade contemporânea e elaborar a lei penal adequadamente. Mais que isso, Emerson quer investigar se a adoção de novos tipos penais e/ou readequação dos existentes, com conceitos inerentes às tecnologias baseadas em rede, em especial a Internet, além de preservar direitos e garantias fundamentais, podem proporcionar a manutenção do acesso universal à web com maior sensação de segurança e diminuição dos riscos e dos medos. Daí a importância de analisar o risco e o eventual dano correspondente, como pressuposto essencial para a criação de novos tipos penais e/ou readequação dos existentes.

Para proceder à análise, Emerson Wendt trabalha, a partir de Claus Roxin, com a ideia de que a função do Direito Penal é de proteção de bens jurídicos, não só como fator limitador do legislador, mas como vetor restritivo da punibilidade e indicador da proporcionalidade e legitimação do tipo penal. Esse seria o Direito Penal do Estado Democrático de Direito. A atenção do Direito Penal ao bem jurídico leva em conta os aspectos fundamentais à manutenção da liberdade e garantia dos direitos humanos e fundamentais. Então, as perguntas que devem ser feitas são as seguintes: quais seriam os bens jurídicos a serem tutelados no ambiente da Internet, uma vez que eles não possuem realidade material, ainda que digam respeito ao mundo físico? Quais os bens jurídicos, em face da Internet, que constituiriam objetos legítimos de proteção de normas penais, que precisariam ser protegidos para uma coexistência "equilibrada"? A (re)criação de novos tipos penais, no Brasil, em face dos danos (potenciais ou existentes) causados por condutas humanas na Internet, pode adotar os critérios da proteção e da ofensividade ao bem jurídico?

De fato, como há alguns anos ensinava o saudoso Luiz Luisi, meu estimado Professor de Filosofia do Direito na Graduação em Direito da antiga FADISA, hoje IESA, lá da minha terra natal, Santo Ângelo, no Brasil se criminaliza "por atacado". O Direito Penal, sabe-se, é um redutor de complexidades. Mas, nessa condição, ele somente é utilizável se outras formas de construção normativa para atenderem expectativas não puderem ser elaboradas. É necessário, portanto, rever a função do Direito Penal. E isso é algo muito difícil, uma vez que o Estado punitivo no Brasil não dá qualquer sinal de reversão. Ao contrário, o que se vê é uma constante produção de leis e reformas criminalizadoras e antigarantistas; tudo reforçado pela produção de decisões judiciais criminalizadoras e encarceradoras.

Para que o Direito Penal se reencontre consigo há necessidade de estabelecer uma adequada relação de análise empírica sobre o real funcionamento do sistema punitivo, resgatando-se, assim, o potencial controle da dogmática e das promessas da modernidade. Isso talvez possa resgatar a legitimidade do sistema penal vigente. Emerson, aqui, vai no ponto: "A sustentação do estado atual das coisas, com seu enfoque punitivista, embora tenha a ver com a constante volta da pauta da 'segurança pública' ou 'sensação de insegurança pública', potencializadas pela mídia e absorvidas e reproduzidas socialmente, está vinculada à deslegitimidade do sistema penal vigente, porquanto não dá respostas adequadas e tende a se fortalecer em face de um garantismo voltado a justificar a punição nos termos constitucionais. O que deveria ser uma correta política criminal torna-se uma política de segurança pública, com utilização do sistema penal para fins de procurar gerar mais estabilidade na sociedade".

Voltemos os olhos, junto com o autor, para a Constituição. Uma das características das constituições contemporâneas apresenta-se no fato de que, por um lado, encontramos nelas princípios do Estado Liberal de Direito e, por outro, do Estado Social. Assim, como pontuava Luiz Luisi, embora os princípios liberais possam traduzir programas de descriminalização, os princípios do Estado Social se traduzem em criminalização para defesa de bens coletivos. Então, temos em nossa Constituição o resguardo de um Direito Penal que possibilita a defesa de garantias individuais contra o Estado, contra a intervenção penal estatal, e, ao mesmo tempo, preceitos que alargam o espectro de atuação do Direito Penal, ampliando a área objeto de sua proteção. Em síntese, de um lado, limites do poder punitivo do Estado com resguardo de prerrogativas individuais; de outro, normas que impulsionam o Direito Penal a instrumento de tutela de bens indispensáveis à consecução do Estado Social. Esse condicionamento da atuação interventiva do Estado pela Constituição (veja-se o princípio da legalidade, por exemplo) e os balizadores ao legislador infraconstitucional, no entanto, não têm sido suficientes para frear a "nomorreia" (Luisi) da legislação penal.

A ampliação do Direito Penal, ao invés de proteger direitos humanos, vem, assim, se tornando uma forma de agressão a esses direitos. Com o aprimoramento da tecnologia e a expansão da comunicação por meio da Internet, a tendência parece permanecer a mesma.

O desafio, assim, está em construir uma tutela penal com garantias mínimas, ajustadas, porém, ao sistema penal vigente. Isso significa repensar a aplicação da pena e a restrição da liberdade como se fossem a única solução possível para o problema da criminalidade. Devemos, assim, fugir de leis simbólicas e reestruturar o Direito Penal para que só atue quando estritamente necessário. O Direito Penal não pode mais ser subsidiado pelo medo, pelo populismo penal. O que se quer, portanto, é um Direito Penal cujas leis não sejam meramente simbólicas e que seja restringido a uma estrutura mínima, inadmitindo-se normas jurídico-penais motivadas unicamente por ideologias ou atendando contra direitos humanos e fundamentais. Bem por isso, sem bem jurídico a proteger, não há por que criar tipo penal. Bem por isso, simples atentados contra a moral não podem ser considerados suficientes para justificação da norma penal. Também por isso atentados contra a própria dignidade não podem ser considerados lesões a um bem jurídico – vide os casos de divulgação de fotos próprias, que têm a ver com discussão moral ou cultural – e tampouco a consciente autolesão ou seu fomento podem legitimar uma sanção punitiva (lembremo-nos de que a proteção de bens jurídicos tem por objeto proteção frente a outros cidadãos, e não a si mesmo).

Emerson Wendt nos lembra a todo o momento que leis penais simbólicas não visam à proteção de bens jurídicos. Leis penais simbólicas são inúteis para assegurar a vida em comunidade. Daí por que regulações de tabus, por exemplo, também não devem ser objeto de proteção pelo Direito Penal.

Um ponto de destaque do capítulo e que percorre toda a obra, às vezes explicitamente, às vezes nas entrelinhas, é o de que o risco, ou a atividade geradora do risco, é permitido em algumas circunstâncias. Então, há riscos permitidos. Quando estiver ausente, portanto, a permissão da conduta de riscos, aí é que a Lei Penal poderá pontuá-la como conduta reprovada. Os tipos penais, ao menos na linha da Teoria da Imputação Objetiva desenvolvida por Günther Jakobs, devem ser interpretados no sentido de que o texto penal esteja conectado à realidade social. Assim, não se pontua tão somente a relação de causalidade entre conduta e resultado, mas se analisa, no plano normativo, a concepção dos riscos não permitidos e dentro de um contexto social de interação entre pessoas. Para Emerson, a referida teoria pode ser aplicada no âmbito da criminalidade cibernética, das condutas no âmbito da Internet. Nosso autor considera possível a correlação da redação do texto da lei penal com o substrato da realidade social e o estado evolutivo em que se encontra, ou seja, dentro do contexto social em que as pessoas interagem. Para sua aplicação, porém, há

Internet & Direito Penal
RISCO E CULTURA DO MEDO

que se avaliar, conjuntamente, a ofensividade das condutas aos bens jurídicos em tutela, atendendo a critérios de adequação, utilidade e necessidade, dadas as complexidades inerentes à sociedade contemporânea (periférica ou semiperiférica). Essa ofensividade, entendida como elemento de danosidade social, reforça, segundo Wendt, a concepção de exclusão de aspectos puramente morais, religiosos e éticos dos tipos penais.

A ofensividade, nesse sentido, passa a ser uma "dimensão insuprimível" da teoria dos bens jurídicos, devendo aquela ser desenvolvida com base na compreensão e delimitação desta. O chamado "princípio da ofensividade" – e aqui Emerson apropriar-se-á das lições do Professor Fábio D'Ávila – reflete-se em: comprometimento forte do Estado para com os direitos e garantias fundamentais; busca de punição dos fatos; necessidade de se trabalhar com critérios positivos capazes de conferir limites razoavelmente seguros para o processo de criminalização ou descriminalização, e necessidade de se trabalhar com os critérios constitucionais que orientarão os processos legislativo e de aplicação do direito.

A conclusão de toda a análise levada a cabo por Emerson Wendt é a de que a Lei nº 12.737/12 foi elaborada sem uma preocupação com as exigências constitucionais de validade – lembremo-nos da distinção vigência-validade proposta por Luigi Ferrajoli – e sem maior rigor técnico. E isso faz com que a responsabilidade seja jogada toda para o intérprete que deverá, então, preocupar-se com o entendimento sobre ofensividade que, por certo, deveria ter sido preocupação do legislador. Dito de outro modo, lei deficiente, aplicação discricionária.

Fica plasmado no trabalho de Emerson Wendt que o Direito Penal não produz, por passe de mágica, o desaparecimento da delinquência. Insegurança, portanto, não tem a ver com Direito Penal. Sempre há o risco. E risco, consoante Ulrich Beck, pressupõe decisões humanas. Devemos aceitar, portanto, o risco. Isso faz parte do contexto de calculabilidade em relação aos benefícios daí advindos. O Direito é uma das possibilidades de ação. Mas não é a única. E aí há que se mirar na contingência, na multiplicidade de escolhas que levam à multiplicidade de ações, e que, por conseguinte, leva à complexidade das decisões e ações.

O risco é um fenômeno decorrente da interação. O comportamento de equilíbrio de uma pessoa tem consequência para outras. Veja-se, por exemplo, o compartilhamento de uma notícia na Internet, a emissão de uma opinião sobre um tema na Internet. A interação de risco, no entanto, ensina Emerson, na Internet pode acontecer frequentemente em termos de grande disparidade, de conhecimento ou desconhecimento. Tome-se, por exemplo, o compartilhamento de uma notícia falsa para usuários de e-mail. Em síntese, a compreensão do risco, no âmbito da Internet, deve ser a seguinte: o risco não contempla, necessariamente, a presença de dano. O dano aparece, sim, na concretização das probabilidades. Se comportamentos de risco podem ser regulados, o Direito não vai impedi-los. O Direito apenas escolheu, dentre o universo de complexidade, dentre as distintas possibilidades, aquela a ser contingenciada juridicamente. Daí a ideia de riscos juridicamente aceitos e juridicamente não aceitos.

A Internet é fundada na liberdade. Sua notoriedade em termos de comunicação vem acompanhada de riscos tecnológicos. Nem todas as condutas e comportamentos de risco na Internet concretizam dano, ofensividade ou mesmo reparação. Os riscos e possíveis danos, decorrentes do uso da Internet, até podem criar expectativas normativas. A criação de novos tipos penais, porém, não pode ser considerada a solução adequada para tais problemas, pois pode haver violação de direitos e garantias fundamentais, como o acesso à Internet e ao conhecimento dele resultante. A pesquisa de Emerson aponta que a solução está na educação do usuário e seu conhecimento quanto ao uso da Internet. E a correção dos problemas deve-se dar do ponto de vista tecnológico, ficando o Direito Penal como a *ultima ratio*, sustentado pelos postulados do Estado Democrático de Direito e adequado a uma intervenção necessária mínima.

Por tudo é que a presente obra merece uma leitura atenta. Trata-se de um livro indispensável aos operadores do Direito para que possam preparar o futuro e lidar criticamente com o presente.

De Santa Rosa/RS, na tarde quente de inverno do dia 6 de agosto de 2016, para Porto Alegre/RS, onde há previsão de chuva anunciando a vinda de mais frio.

Adalberto Narciso Hommerding
Pai da Helena Krein Hommerding.
Juiz de Direito no Estado do Rio Grande do Sul.
Professor-Doutor em Direito pela Unisinos/RS.
Pós-Doutor em Direito pela Universidade de Alicante, Espanha.

1. Introdução

A criação e a proliferação dos acessos à Internet na segunda metade do Século XX transformaram a atividade comunicacional e intensificaram as relações humanas e sociais, possibilitando o incremento dos saberes cultural, político e econômico, seja individual, seja coletivo. Mais que isso, abriu as portas do mundo aos cliques dos curiosos e ansiosos pela mesa informacional disposta em telas representativas de desejos, sonhos e iluminação. Também descondensou aspectos relativos à ética e à moral, incrementando-lhes a complexidade.

Esse expansionismo das relações sociais da contemporaneidade, assim possível também pela interação efetiva, constante e imediata d(est)a era das conexões em rede, também gerou a criação de novos riscos, baseados na tecnologia digital e no seu uso. A modernidade, que pautava seu discurso na segurança e certeza, paira distante, e as transformações advindas com a tecnologia abriram espaço para a complexidade do mundo contemporâneo, no qual mais possibilidades estão disponíveis do que se possa realizar ou controlar e, inclusive, as contingências apontadas ou canalizadas também não são suficientes para solucionar as questões e conflitos que são criados/gerados nesse ambiente.

Neste contexto, o Direito tem sido chamado a ser um provedor, um porto seguro, frente à segurança perdida na contemporaneidade, seja ela social, seja ela jurídica. Mais que isso, o Direito, em especial o Penal, tem sido visto como um instrumento produtor da paz social. Ou seja, a percepção quanto ao Direito tem sido diversa da sua função principal diante das complexidades e indeterminações existentes, qual seja a de canalizar os problemas de insegurança e conflituais, de procedimentá-los e não necessariamente de evitá-los.

Assim, esta obra se concentra sobre o modo como a evolução social e a tecnologia têm sido analisadas/abordadas e (esse contexto) influenciado na produção das normas penais na 'era digital', em especial as ações humanas, positivas/negativas, que redundam em danos

Internet & Direito Penal
RISCO E CULTURA DO MEDO

aos usuários na Internet, analisando a fragmentação do Direito (Penal) e a proliferação da cultura do medo na Internet, gerando expectativas de contingenciamento jurídico, tendo em vista as (im)possibilidades de interpretação da legislação penal (e correspondente enquadramento aos tipos penais existentes) em face das novas tecnologias (digitais), em especial as infrações penais cometidas através da rede mundial de computadores.

Relacionado à ocorrência da fragmentação do Direito, em especial do Penal, pretender-se-á contextualizar como este tem sido "corrompido" social e técnico-juridicamente, e se atualiza (ou não) em face das (a) tecnologias inovadoras da sociedade complexa hodierna, como a Internet, e (b) suas indeterminações daí decorrentes. Também como a lógica do medo tem sido usada, seja pela mídia, seja pelo legislador, para inflar o Direito Penal com novos tipos penais com a promessa de mais segurança.

Para tanto, propõe-se a resposta do seguinte problema de pesquisa: Os legisladores enquanto autores do Direito, diante da fragmentação do Direito, da globalização e proliferação do uso das tecnologias baseadas em rede (Internet/intranet) e os medos derivados, estariam preparados para interpretar a complexidade hodierna e avaliar/formatar a lei penal adequadamente? Mais que isso, a adoção de novos tipos penais e/ou readequação dos existentes, com conceitos inerentes às tecnologias baseadas em rede, em especial a Internet, além de preservar direitos e garantias fundamentais, proporcionarão a manutenção do acesso universal à web com maior sensação de segurança e diminuição dos riscos e dos medos?

O questionamento tem por base o fato de os operadores jurídicos não criarem o Direito, interpretando-o, aplicando, pois, a lei. E a lei penal, por garantias legais e constitucionais, é criada pelo legislador. No entanto, no contexto da sociedade globalizada, caracterizada pela celeridade das trocas e do tráfego constante da informação, a lei penal, como mecanismo de controle formal social, pode (não) ser a alternativa para as indeterminações e contingências necessárias à diminuição dos riscos na Internet e a consequente sensação de insegurança digital/tecnológica, momento e espaço em que os "porquês normativos" devem ser avaliados não só sob o aspecto social e econômico, mas também e principalmente, tecnológico.

Assim, são hipóteses desta pesquisa: (a) há relação entre os mecanismos de contingenciamento jurídico-penal (pelo legislador brasileiro) para os riscos/ameaças na rede mundial de computadores e traços característicos de uma cultura do medo estabelecida (na sociedade brasileira); (b) essa relação é diretamente proporcional entre a adoção de mecanismos de contingenciamento do risco na Internet e a atuação do Direito (Penal); (c) os mecanismos de contingenciamento do risco na Internet e/ou no Direito imprimem sensação de segurança frente às vulnerabilidades decorrentes do uso de novas tecnologias baseadas em redes e respeitam os direitos e garantias fundamentais; (d) o Direito (Penal) acompanha as mudanças verificadas na Internet e cabe a ele "regular" a conflituosidade digital (penal) no contexto complexo atual.

Visando a negar ou a afirmar, mesmo que relativamente, tais hipóteses deste livro, objetiva-se verificar como a cultura do medo e os aspectos inerentes à complexa e atual sociedade de risco influenciam na elaboração/formatação de novos tipos penais frente à conflituosidade tecnológico-digital contemporânea. Em específico, busca-se (a) investigar se a cultura do medo na Internet faz com que a percepção (exterior), pensamento (interior) e comunicação da sociedade de risco influenciam e exigem contingenciamento jurídico-penal (elaboração/formatação de novos tipos penais) para os riscos/ameaças na rede mundial; (b) explorar se o contingenciamento do risco na Internet exige menor atuação do Direito (Penal) e maior (atuação) dos mecanismos tecnológicos e comportamentos adequados, social e moralmente, para imprimir uma melhor sensação de segurança no uso de novas tecnologias baseadas em redes; (c) investigar se o contingenciamento jurídico-penal, como solução da conflituosidade digital, é adequado (no contexto complexo atual) a solucionar os problemas das indeterminações tecnológicas em rede e seus consequentes riscos e medos derivados, seja na sensação de insegurança gerada seja na resposta à ocorrência da vulnerabilidade prevista ou não; (d) perscrutar se com a aplicação de conceitos essencialmente tecnológicos na elaboração/formatação da Lei Penal haverá preservação de direitos e garantias fundamentais e proporcionará/manterá o acesso universal à web, com maior sensação de segurança e diminuição dos riscos e dos medos.

Sendo assim, o livro ingressa nas bases do sistema penal com o intento de aplicar os fundamentos dessa Ciência do Direito no processo de (re)análise e (re)interpretação da sociedade e sua complexidade atual, visando a (re)definição (ou não) de tipos penais (ou sua criação) e (re)análise da Lei Penal com base nas novas tecnologias, em especial a Internet, e avaliar se essa alternativa de solução à conflituosidade digital atende à proteção (ideal e necessária) ou atenta contra os direitos e garantias fundamentais.

O método de análise é qualitativo e dedutivo, partindo-se do geral para o particular. Assim, esta investigação será pautada em pes-

Internet & Direito Penal
RISCO E CULTURA DO MEDO

quisa bibliográfica e empírica (documental e questionário). A revisão bibliográfica será explorada com base nos conhecimentos das áreas do Direito e Tecnologia, cruzando-os não só conceitualmente, mas técnico-juridicamente.

O levantamento de dados empíricos deu-se, principalmente, através de pesquisa de campo que visou coletar e analisar dados envolvendo um caso que tem vinculação com o uso da Internet. A escolha do caso se fez pela relevância do fato, ocorrido e dado conhecimento em massa pela Internet, e pela sua repercussão, fatores levados em consideração para a (célere e não técnica) produção legislativa e/ou pela falsa compreensão e percepções sociais/pessoais quanto ao mesmo e suas repercussões jurídico-penais. Nesse sentido, o caso escolhido para análise é o da atriz Carolina Dieckmann, ocorrido em 2012, quando teve suas fotos expostas na Internet e os meios de comunicação em massa propagaram a situação, ocasionando a célere aprovação da Lei 12.737/12, denominada popularmente de "Lei Carolina Dieckmann". Nesse caso, buscou-se trabalhar com pesquisa documental, como debates legislativos constantes nos sites do Congresso Nacional brasileiro (Câmara dos Deputados e Senado Federal), notícias e eventuais análises do caso, usando-se a metodologia do estudo do caso proposta por Yin (2015).

Assim, o capítulo inicial ingressa, após revisão bibliográfica a respeito da cultura do medo, as interações entre Direito e Internet, correlacionando o tema com a fragmentação do Direito Penal com o estudo de caso mencionado, analisando a influência da mídia na proliferação do medo e produção legislativo-penal, no caso da Lei 12.737/12, conhecida por Lei Carolina Dieckmann.

No capítulo sequencial, explora-se o levantamento empírico realizado através de questionário composto por perguntas de múltipla escolha, aplicado aos usuários da Internet (usuários do Facebook), avaliando-se, então, as variáveis de acordo com as hipóteses da pesquisa. Com isso, quer-se avaliar a percepção do risco na sociedade brasileira e a correlação que os usuários da Internet fazem com o medo e a necessidade de produção de mais Direito, em especial o Penal.

Já no capítulo final, analisa-se, em conjunto, o risco na Internet e a (des)necessidade de produção de mais Direito Penal, fundando-se em critérios objetivos, em especial que se refiram à ofensividade (efetiva) a bens jurídicos selecionados pelo legislador com base em critérios que respeitem direitos e garantias fundamentais e atendam a critérios da intervenção penal mínima necessária. Assim, examina-se como o risco pode servir para a análise na (re)criação de novos tipos penais, bem como o risco gerado pela conduta humana na prática de ações comportamentais tidas como tipos penais.

Assim, tem-se como fundamental nessa obra a contextualização de (a) bases teóricas sobre a cultura do medo e os aspectos inerentes à complexa e atual sociedade de risco e (b) dados empíricos, sejam analisados através de estudo de caso em que há influência da mídia no processo legislativo, sejam coletados em levantamento empírico, com a percepção social sobre o risco de uso da Internet e o medo correspondente, ou seja, o quanto ambos influenciam na exigibilidade de formatação de novos tipos penais frente à conflituosidade tecnológico-digital contemporânea.

2. Cultura do medo e fragmentação do Direito Penal: interlocuções entre Direito e Internet

C'è un aspetto irrazionale che oggi acomuna le politiche penali della maggior parte dei paesi occidentali. [...] Ma credo che esso segnali una tendenza presente, in maniera più o meno accentuata, in tutti i paesi democratici.

(Ferrajoli, 2012, p. 37).

A temporalidade e perda da noção de espaço são as características principais daquilo que se tornou um dos principais meios de comunicação nas últimas décadas: a Internet. No Brasil, segundo os dados do Comitê Gestor da Internet, referentes ao ano de 2013,[1] eram mais de 30 milhões de domicílios com computador (49% dos domicílios brasileiros), passando para 50% em 2014,[2] ou seja, 32,3 milhões de domicílios. Também em 2013 já foi detectado um aumento do número de domicílios com mais de um dispositivo, com tendência para os dispositivos móveis (computador portátil e *tablets*). Assim, a pesquisa referente a 2014 demonstrou que 60% dos domicílios possuíam computadores portáteis (*notebook, netbook, laptop*).[3] Comparativamente, em 2013 mais de 3,8 milhões de domicílios possuíam *tablets*, o que correspondia a 12% dos domicílios brasileiros, passando em 2014 para 33%.

---

[1] Esses dados e outros, coletados pelo Comitê Gestor na Internet no Brasil, referentes a 2013, estão disponíveis em <http://www.cetic.br/media/docs/publicacoes/2/TIC_DOM_EMP_2013_livro_eletronico.pdf>. (PESQUISA SOBRE..., 2014).

[2] Os dados referentes a 2014 e divulgados em setembro de 2015 estão disponíveis em <http://cetic.br/pesquisa/domicilios/indicadores>. (CETIC.br, 2014a). Há que se referir que a base de pesquisa é de outubro de 2014 a março 2015 e com pessoas de 10 anos ou mais, o que corresponde a uma base de 172.749.643 pessoas. A pesquisa foi divulgada pelo Comitê Gestor da Internet por meio do Centro Regional de Estudos para o Desenvolvimento da Sociedade da Informação (Cetic. br), do Núcleo de Informação e Coordenação do Ponto BR (NIC.br).

[3] Dados dos domicílios com computadores, computadores portáteis e *tablets*, referentes a 2014, estão disponíveis em <http://cetic.br/tics/usuarios/2014/total-brasil/A2/>. (CETIC.br, 2014b).

Destes domicílios, 50% deles estão conectados à Internet, o que equivale a uma estimativa de 32,3 milhões de residências com acesso à rede mundial de computadores,[4] sendo que 105,3 milhões de brasileiros (61%) já acessaram a Internet.[5] Também nessa pesquisa, divulgada em 2015, verificou-se que 47% dos brasileiros com 10 anos ou mais usaram Internet pelo telefone celular em 2014, o que representa, em números totais, 81,5 milhões de pessoas. Na mesma pesquisa verificou-se a preferência dos dispositivos utilizados pelos indivíduos para acessar a Internet:[6] (a) pelo telefone celular (76%),[7] (b) pelo computador de mesa (54%), (c) pelo *notebook* (46%), (d) pelo *tablet* (22%), (e) pela televisão (7%), e, (f) pelo aparelho de videogame (5%). Além disso, 84% dos usuários de Internet pelo celular afirmaram acessá-la todos os dias ou quase todos os dias.

Portanto, a instantaneidade das informações quanto aos acontecimentos e a projeção dessa comunicação para além da compreensão humana, perpassando barreiras antes intransponíveis, integram esse *medium* de comunicação amplamente utilizado atualmente e que possui uma única linguagem (de *bits* e *bytes*) comunicacional, codificada (STOCKINGER, 2003, p. 186), entre seus mecanismos de trocas de informações, através dos protocolos chamados de TCP/IP (*Transmission Control Protocol/Internet Protocol*),[8] abrangendo, conforme relatório da Comissão da Banda Larga para o Desenvolvimento Digital da UNESCO, 43,4% da população mundial, ou seja, 3,2 bilhões de pessoas.[9] Assim, afirma-se a era digital em uma *sociedade digital*.

A compreensão da Internet como um sistema ou subsistema autônomo, com características especiais, ao mesmo tempo em que se ca-

---

[4] Vide resultado em <http://cetic.br/tics/usuarios/2014/total-brasil/A4/>. (CETIC.br, 2014c). Em 2013 o Brasil possuía mais de 85 milhões de usuários de Internet, com mais de 143 milhões de brasileiros usavam celular, dos quais 52,5 milhões eram usuários de Internet (usando essa mobilidade). Vide Relatório TIC Domicílios 2013, disponível em <http://cetic.br/media/docs/publicacoes/2/TIC_DOM_EMP_2013_livro_eletronico.pdf>. (CETIC.br, 2014d).

[5] Vide <http://cetic.br/tics/usuarios/2014/total-brasil/C1/>. (CETIC.br, 2014e). Anote-se que a pesquisa se dá com pessoas com mais de 10 anos.

[6] Vide <http://cetic.br/tics/usuarios/2014/total-brasil/C16/>. (CETIC.br, 2014f).

[7] Segundo a pesquisa divulgada pelo CGI.br, 92% dos domicílios no Brasil possuem celular. Vide <http://cetic.br/tics/usuarios/2014/total-brasil/A/>. (CETIC.br, 2014g).

[8] Não se avaliará, nesse aspecto, eventual processo de estabelecimento de controle através dessa linguagem única estabelecida no âmbito da organização da Internet.

[9] Esses dados são referentes ao estudo da UNESCO e da ITU (*International Telecommunication Union*) e divulgados em setembro de 2015. (THE STATE OF BROADBAND, 2015). Os dados da *Internet World Stats* são similares e se referem a junho de 2015, dando a compreensão de 45% da população conectada à Internet. A população mundial total ultrapassa os 7,2 bilhões de pessoas. Segundo esses mesmos dados, os continentes onde há maior acesso à Internet são a América do Norte, com 87,9 %, e a Europa, com 73,5 %. Na América Latina e Caribe a porcentagem de acesso à Internet, seria de 53,9%. (INTERNET WORLD STATS, 2015).

racteriza como um modulador atual principal das comunicações entre os diversos subsistemas sociais, tais quais do direito, da política, da religião, da moral etc., é contextualizada neste trabalho, transpassando, inicialmente, essa nova concepção, baseada em Niklas Luhmann (1983; 1985; 2011; 2014), desenvolvedor da Teoria dos Sistemas,[10] para analisar não só a cultura do medo, amplificada com o uso da rede mundial de computadores, mas a cibercriminalidade, tanto sob a ótica dos subsistemas do direito (principalmente) e da política quanto sob a ótica da própria Internet, como subsistema com características *sui generis*.

A tecnologia tem evoluído num ritmo frenético,[11] tornando-se cada vez mais complexa, possibilitando a solução de problemas e também a criação de novos, ou seja, a tecnologia carrega consigo uma vastidão de possibilidades, opções e escolhas. Junto com ela, desde os primeiros estágios na década de 1970, houve a idealização da Internet e suas peculiaridades comunicativas céleres e constantes inovações, principalmente a partir da década de 1990, mais especificamente após a criação da rede "www" por Tim Berners-Lee.[12] No Brasil, passou a ser mais usual após 1995, quando deixou de ser de uso exclusivo das universidades e passou a ter acesso público e comercial. Também foi criado o Comitê Gestor da Internet no Brasil (CGI.br), pela Portaria

---

[10] O ponto de partida da análise sistêmica com base em Luhmann tem por princípio a diferença entre sistema e seu entorno, sendo aqueles estruturalmente orientados para sua auto-organização, porém não podem existir sem o entorno. Assim, os sistemas se constituem e se mantêm mediante a criação e a conservação da diferença com seu entorno, utilizando de seus limites (código e programação) para regular (e preservar) dita diferença. Assim, os sistemas são autopoiéticos autorreferenciais, pois são unidades fechadas e sua organização é tal que o único produto é ele mesmo, evoluindo por seus próprios meios, referem-se a si mesmos e produzem seus elementos constitutivos a partir dos elementos dos quais são compostos. Produzem-se e se reproduzem a si mesmos e suas operações e o modo de reprodução são por natureza autônomos, sendo que a relação que entabulam com o entorno (meio ambiente) é estabelecida (por sua diferenciação funcional) segundo a medida de sua forma operativa. Assim, por serem autopoiéticos, os sistemas são autorreferenciais, auto-organizados e autorreprodutivos. Essa relação – do sistema – estabelecida com o entorno é realizada por meio da comunicação, que é mecanismo de acoplamento estrutural entre ambos, em estímulos constantes e processamento autoestruturado da informação resultante da diferença sistema/entorno. A comunicação, assim, é o meio pelo qual é possível acesso ao sentido, indispensável para o processo coevolutivo dos sistemas sociais: a comunicação é que faz possível a diferença sistema/entorno.

[11] O termo "frenético" é aqui empregado como um sinônimo à impossibilidade de acompanhamento, por todos os seres humanos, da evolução tecnológica na era digital.

[12] Sobre os conceitos de *ciberespaço*, *Internet* e *Web*, conferir Canabarro e Borne (2013). Ponderam os autores que "o *ciberespaço*, por excelência, é formado por diferentes sistemas que podem ser (mas não necessariamente são) conectados ao grande *backbone* formado pelas linhas de comunicação que sustentam o tráfego da Internet. Da mesma forma, esses sistemas podem ser (mas não necessariamente são) acessíveis por aplicações de Internet (entre elas, a Web). A interconectividade de sistemas distintos e desses com a Internet, assim como a criação de intranets (mais ou menos conectadas à grande Rede) que empreguem os protocolos próprios da Internet, são uma opção técnica, que pode ser implementada de maneiras diversas".

Interministerial (MCT/MC) n° 147, de 31 de maio de 1995, alterada pelo Decreto Presidencial n° 4.829, de 3 de setembro de 2003.[13]

Além das várias características conhecidas da Internet, que solidificou a chamada "Sociedade de Informação",[14] como a massificação das informações, o acesso a sistemas e dados, multidiversidade de assuntos, uma "superhighway" (SYDOW, 2013, p. 31) etc., o autodesenvolvimento[15] é a principal (característica). Além disso, vários setores mundiais e nacionais[16] defendem a continuidade da autorregulação (governança) da rede mundial de computadores, a Internet.[17]

Após 1980, entidades não governamentais assumiram, não oficialmente, a regulamentação do ciberespaço, estabelecendo padronizações e regras. Duas dessas entidades são a ICANN – *Internet Corporation for Assigned Names and Numbers* – e a IANA – *Internet Assigned Numbers Authority* –, esta última responsável pela distribuição/organização de "números" na Internet, como os endereços dos protocolos de Internet – IP – e portas de comunicação. (SYDOW, 2013).[18]

---

[13] Até chegar às configurações atuais, o CGI tem sofrido alterações, conforme se analisa na sequência deste trabalho (item 2.1).

[14] Borges (2000, p. 29) sintetizou as características da Sociedade da Informação, como consequência da sociedade pós-industrial, assim resumidos: a informação é um produto e o saber um fator econômico; a distância e o tempo entre a informação e o destinatário não têm mais sentido, ou seja, há perda de noção de tempo e espaço; há "valor agregado" à informação, revolucionado pelas tecnologias da informação e comunicação que, além de revolucionar o mercado, criando novos serviços, empresas, empregos, transformaram o mundo em uma "aldeia global" (McLuhan); o "ciclo informativo" se transformou, pois além do usuário também se tornar produtor, há para isso um baixo custo, mesmo quando se trata de armazenamento de grande volume de dados; o processamento, recuperação e acesso às informações se tornou mais célere, seguro e eficaz, possibilitando o monitoramento e avaliação dos dados/informações.

[15] Luhmann, como dito, faz referência à "autorreprodução". Pode-se dizer, neste viés, que a Internet possui as duas características: autodesenvolvimento e autorreprodução. As ideias que se concebem a partir do uso e interações acabam por propiciar o desenvolvimento e aprimoramento da rede; o autorreproduzir-se, no caso da rede, ocorre sempre no sentido de que um (micro)sistema, como o *microblog* Twitter, acaba por, para continuar a evoluir, necessitar outras aplicações e complementos, que faz com que não só ele, como a própria rede Internet, possa se aprimorar e reproduzir, através de outras aplicações que interagem com ele (Twitter). Pode-se exemplificar com as aplicações de fotos e vídeos para o Twitter, inclusive online, além dos serviços de encurtamento de URLs (links), facilitando os *tweets*, limitados a 140 caracteres.

[16] No Brasil, o Comitê Gestor da Internet prima pela liberdade de evolução da Internet.

[17] Lucero (2011), ao diferenciar "governo" e governança, esclarece que esta estaria relacionada a atividades "apoiadas em objetivos comuns, que podem ou não derivar de responsabilidades formais, porém não dependem do exercício do poder coercitivo para serem aceitas", englobando o conceito de "governo" mas não se limitando a ele, tendo emergido no plano internacional a partir de 1992. Para Baruch (2007), o conceito de governança se refere ao conjunto de mecanismos, acordos e estruturas, por meio das quais um grupo social coordena sua ação.

[18] Fazem parte da governança da Internet, como ferramenta de auto-organização e autodesenvolvimento, livre e gratuito, por exemplo, os protocolos IP (Internet Protocol), os sistemas de nomes de domínio (*TLD – Top Level Domain –* e *ccTLD – country-coded TLD*: Domínios de Primeiro Nível (.com, .net, .org, .biz, .info, .museum, .aero, .cat etc.) e Domínios de Primeiro Nível geográficos (nacionais), estabelecidos e relacionados a países, com terminações relativas a uma entidade

Aliás, como um (sub)sistema autônomo, *sui generis* no referencial de Stockinger (2003),[19] a Internet tem suas próprias regras e está fechada operativamente, porém tendo em seu entorno os sistemas psíquicos (usuários) e utilizando, também, a comunicação para interagir com os demais sistemas sociais (direito, moral, economia etc.), irritando-os ou sendo irritado.

É um (sub)sistema auto-organizado, pois tem construído suas próprias estruturas de funcionamento e funcionalidade, que se iniciaram em 1969 com a ARPANET[20] e, após uma divisão com a criação da Milnet,[21] no início de 1980 e posterior interligação (1986) com os supercomputadores da NSF,[22] criou-se a "espinha dorsal" de uma rede formada por computadores superpotentes (*blackbones*), que evoluiu e continua a evoluir com o tempo, de acordo com as necessidades de outros (sub)sistemas, principalmente o econômico.[23]

Gottfried Stockinger (2003), apoiado na teoria dos sistemas de Niklas Luhmann (1983; 1985), vê o ciberespaço como um sistema autônomo (*sui generis*) e não apenas como um novo *medium* (meio pelo qual passam as comunicações), no dizer do referido autor "é – funcionalmente falando – um mensageiro" (STOCKINGER, 2003, p. 162) que amplia a comunicação social. É autopoiético, pois produz elementos para continuar produzindo mais elementos estando, como referido, auto-organizado, a exemplo da larga teia mundial (rede "www") lançada em 1992 e com estruturas e elementos definidos quanto à distribuição de domínios e conjuntos de protocolos de Internet (IP) por

---

nacional, como, por exemplo, .br, .py, .uy, .pt, .mx, .fr, .de, .uk, .us. etc.). Assim, também por exigir uma organização local da Internet, em cada país foi atribuída a uma entidade a função de coordenação e integração dos serviços de Internet. A escolha dessa "entidade" não é padronizada mundialmente, bastando para isso ver as informações no site da IANA, responsável pela coordenação global do DNS raiz (sistema de nomes de domínio), endereçamento IP, e outros recursos de protocolo Internet. O banco de dados "Root Zone Database" (acessível através do link <http://www.iana.org/domains/root/db>) representa os detalhes da delegação de domínios de nível superior, incluindo gTLDs como ".com", e código de país TLDs como ".br".

[19] A identificação como sistema autônomo *sui generis* é dada por Stockinger (2003) para explicar a diferença para com os demais (sub)sistemas. Pode parecer contraditória com a teoria luhmaniana, pois que um sistema sempre é diferenciado dos demais. Não existem, no entanto, estudos posteriores que trabalhem esta questão da Internet como sistema e, por isso, preferimos, neste estudo, repeti-la.

[20] *Advanced Research Projects Agency Network*, oriunda de uma decisão da Arpa (*Avenced Resarch Agency*: Agência de Projetos e Pesquisas Avançadas), formada pelo Departamento de Defesa dos Estados Unidos em 1957.

[21] A Milnet é uma rede exclusiva para troca de dados militares.

[22] *National Science Foundation.*

[23] Dos treze servidores raiz existentes dez estão nos Estados Unidos (GETSCHKO, 2008), porém além deles também existem os chamados espelhos, como o instalado em 2010 no Ponto de Troca de Tráfego em Porto Alegre (<http://nic.br/noticia/releases/nic-br-opera-nova-copia-de-servidor-dns-raiz/>).

Internet & Direito Penal
RISCO E CULTURA DO MEDO

todo o mundo. De outra parte, do ponto de vista de ser um processo de comunicação, entre os (sub)sistemas, pode ser tido como um *super* mecanismo de acoplamento estrutural entre eles (os sistemas), não só pela agilidade de transmissão de dados, mas pela instantaneidade e pelo transpasse de barreiras físicas, antes intransponíveis ou difíceis de serem derrubadas.

A interdependência dos sistemas, ponderada na importante contribuição de Stockinger (2003, p. 184) sobre a interação entre os sistemas através da comunicação via Internet, reforça a concepção de sua fundamentalidade, estabelecendo uma espécie de "ciberdependência":

> Quando sistemas sociais passam a usar a autopoiese, elementos e relações comunicativas eletrônicos (por exemplo *e-mails*), estes farão, daqui em diante, parte integrante das ações e comunicações sociais. A interpenetração chega a tal ponto que a autopoiese de sistemas sociais passa a depender da cibercomunicação. Do mesmo modo, os cibersistemas concebidos em forma de mídia, "vivem" do seu uso por sistemas sociais. Tal dependência mútua também se reproduz e passa, assim, a fazer parte de cada sistema, através da interpenetração e acoplamento estrutural.

Especificamente sobre a interação dos usuários (sistemas psíquicos), Stockinger (2003, p. 185) enfatiza que já "não são os usuários que estabelecem os limites e o horizonte da comunicação. É um sistema operacional eletrônico, em relação ao qual os usuários formam apenas o seu ambiente". Em outros termos, os usuários utilizam-se das aplicações da rede, como Twitter, Facebook, Flickr, YouTube, e-mails etc., que são os elementos para interagir na rede, permanecendo, no entanto, no seu entorno.

Assim, dada a característica autopoiética *sui generis* da Internet, com capacidade de "fazer emergir construções culturais e sociais inéditas, que se transformam praticamente em sujeito" (STOCKINGER, 2003, p. 185), tem-se, portanto, a existência de um sistema complexo.

Para Teubner (2005, p. 37) isso não significa que não possa haver "intervenção humana ativa", caracterizada por um "intervencionismo estatal ativo". Aliás, dado o pluralismo jurídico[24] na sociedade contemporânea,[25] mesmo com regras próprias, um determinado (sub)sistema

---

[24] De acordo com Neves (1995), o pluralismo jurídico surge como contestação da pretensão exclusivista do Estado, construindo-se a concepção de concomitância de ordens jurídicas no tempo e espaço e, desse contexto, nega-se a onipotência do Estado.

[25] Como recorte terminológico usar-se-á "contemporâneo" ou "contemporaneidade", de Giorgio Agamben (2009) ao invés de "pós-modernidade" ou "modernidade líquida". (BAUMAN, 2001; 2007; 2008; 2009). Para Agamben (2009, p. 58-59), "Pertence realmente ao seu tempo, é verdadeiramente contemporâneo aquele que não coincide perfeitamente com aquele, nem se adéqua a suas pretensões e é, portanto, nesse sentido, inatual. Mas, justamente por isso, a partir desse afastamento e desse anacronismo, é mais capaz do que os outros de perceber e de apreender o

(no caso, a Internet ou o Ciberespaço), como enfatiza Teubner (2005, p. 29), não pode se valer da "clausura operacional da autopoiese", ou seja, de estar imunizada contra o Direito. Este (Direito), necessariamente causará irritações naquele (Internet) e o contrário também acontece.

A ideia de intervencionismo, proposta por Teubner (2005, p. 37--38), seria possível diante do surgimento da ideia de "atratores", elemento novo/agregado no estudo da teoria dos sistemas. As diferentes possibilidades de solução são chamadas de "atratores". Os sistemas auto-organizacionais são, por si só e sequencialmente, estáveis, recursivos. Nesse ponto que entra o Direito, pois que, segundo Teubner (2005, p. 38):

> O direito pode tentar, por produção normativa geral ou por atos jurídicos especiais, produzir perturbações de forma orientada e, apesar de todo o caos individual, irritar os sistemas recursivos de maneira que eles consigam mudar de um estado atrator a outro, com o qual o objetivo legal seja, pelo menos, compatível.

Nesse ato intervencionista pode-se conseguir, assim, a regulação jurídica contextual, necessária e objetivadora do comportamento desejável por parte do sistema recursivo. A Internet não foge à regra e, embora *diferencialmente* autopoiética e enquanto vista como sistema social *sui generis*, está dentro do contexto e do pluralismo jurídico.

Também não é diferente, portanto, o raciocínio no contexto do Direito Penal, porquanto embora tenha suas regras próprias, a Internet gera situações e comportamentos de seus usuários (sistemas psíquicos), operadores de seu entorno (ambiente), "compatíveis", por assim dizer, com os tipos penais existentes nas mais variadas legislações ou, ainda, comportamentos, positivos ou negativos, que podem gerar danos e/ou que tenham ou venham ter reflexo no contexto do processo legislativo, gerando a necessidade de sua regulação, penal ou não, porém dentro de uma racionalidade legislativa, pois, conforme Lira (2014, p. 82), "O processo de irritação/(des)juridificação é cíclico".[26]

---

seu tempo. [...]. Essa não coincidência não significa, naturalmente, que seja contemporâneo quem vive em outra era, um nostálgico que se sente mais cômodo na Atenas de Péricles, ou na Paris de Robespierre e do Marquês de Sade do que na cidade e no tempo em que lhe coube viver. Um homem inteligente pode odiar o seu tempo, mas sabe que irrevogavelmente lhe pertence, sabe que não pode fugir de seu tempo. [...]. A contemporaneidade é, pois, uma relação singular com o próprio tempo, que adere a este e, ao mesmo tempo, toma distância dele. Mais exatamente, é "essa relação com o tempo que adere a este, por meio de uma defasagem e de um anacronismo". Os que coincidem de um modo excessivamente absoluto com a época, que concordam perfeitamente com ela, não são contemporâneos, porque, justamente por essa razão, não conseguem vê-la, não podem manter seu olhar fixo nela.

[26] Sobre as fases da racionalidade legislativa, ver Lira (2014, p. 109-143).

Algumas legislações internacionais, aliás, mesmo do ponto de vista penal, têm reduzido o tempo de reação em relação às evoluções daí advindas, irritando o (sub)sistema político para atender às expectativas normativas, gerando direito, o que não é necessariamente o caso do Brasil, cujos "comportamentos" legislativos do sistema político, comparativamente, são mais lentos, embora quando do friccionamento do sistema do direito há uma rapidez para criminalizar comportamentos (produzir mais direito), muito mais veloz do que para descriminalizar condutas (LIRA, 2014, p. 81), ou seja, a desjuridificação é mais lenta.[27] A Itália, por exemplo, modificou o seu Código Penal, enfocando determinados delitos para o combate aos delitos informáticos em 1993, enquanto que a Alemanha o fez já em 1986, o Reino Unido, em 1990, e a Holanda, em 1992. (CRESPO, 2011). No Brasil, as primeiras modificações ocorreram em 2000, com a Lei 9.983/2000,[28] seguindo-se em 2008 com a alteração do Estatuto da Criança e do Adolescente[29] e com a aprovação da Lei 12.737/2012, que trata da inserção, também no Código Penal, de dispositivos penais relativos aos delitos informáticos.

Esses países podem até ser referência em matéria legislativa quanto ao assunto, mas o que deve ser levado em conta é a própria evolução da Internet no Brasil, a partir de 1995, momento em que se acentuou o ritmo da evolução tecnológica e somatizaram-se as circunstâncias necessárias e provocadoras do contingenciamento jurídico-penal. Assim, em comparação com as realidades (econômicas, de evolução tecnológica etc.) enfrentadas pelos países, poder-se-á citar a Argentina, que em 2008 modificou seu Código Penal e introduziu os "delitos informáticos" (CRESPO, 2011, p. 150-153), e a Colômbia, que fez as modificações legislativas em 2009, com "la protección de la información y de los datos". (COLÔMBIA, 2009).

De certa forma, a omissão legislativa específica não afasta a (re)análise e (re)definição da legislação penal e sua aplicação, pelo Judiciário, em relação às condutas praticadas via Internet, preservando-se direitos e garantias fundamentais. A tendência é que haja um

---

[27] V.g., quanto ao adultério, que desde 1977 a regulação passou a ser cível, mas só em 2005 houve a descriminalização, juntamente com o delito de rapto consensual.

[28] Com a referida Lei foram acrescentados, por exemplo, dispositivos de delitos informáticos como a "Inserção de dados falsos em sistema de informações" (art. 313-A do Código Penal), a "Modificação ou alteração não autorizada de sistema de informações" (art. 313-B do Código Penal), além da inserção de parágrafos ou incisos nos artigos 153, 296, 297, 325 e 327 do Código Penal.

[29] A Lei 11.829/2008, alterou o art. 241 do ECA e inseriu os arts. 241-A a 241-E, tratando da criminalização das condutas que atentem contra a liberdade sexual de crianças e adolescentes, aplicando-se aos atos praticados através da rede mundial de computadores.

reforço no Direito Penal[30] em face da propagada sociedade do risco, com a proliferação da cultura do medo na Internet. Aliás, o projeto normativo (da sociedade do risco) é o da segurança, da certeza, não se buscando necessariamente algo bom, apenas evitando-se o mal. (MACHADO, 2005, p. 74-75).[31] Segundo Glassner (2003, p. 12), ao comentar sobre o tema no mundo ocidental, estamos diante de uma *cultura do medo* e, por consequência, dentro de uma *sociedade do medo*, na qual "nascemos e crescemos":

> A disseminação desse medo específico influencia o comportamento dos cidadãos e dita as políticas de segurança. É certo que o medo, baseado em avaliações reais, é um instrumento de auxílio ao escape ou enfrentamento de perigos reais. O falso medo, porém, aquele baseado em estimativas irrealistas, é fonte de sofrimento e determina políticas equivocadas.

O *medo*, por si só, não pode ser definido corretamente, se não quando comparado com sua ausência. (BAUMAN, 2008). Porém ele está associado diretamente à presença de alguns fatores, como a existência de um mal (visível ou não) e/ou um risco.

Segundo Costa (2011, p. 220), quanto maior o medo (sensação de insegurança) de uma sociedade, maior é o "controle social formal" pelo Direito, principalmente o Direito Penal.[32] Talvez derivativo do fato de que o Estado não conseguir satisfazer e reestabelecer por outros mecanismos a sensação de segurança e relativizar o medo, acaba-se não só "privatizando" meios de segurança (fragmentação dos espaços urbanos, por exemplo), mas também focando sua ação para o contingenciamento legislativo-normativo, como uma forma de mostrar sua parte de ação, muitas vezes açodadamente.

Do ponto de vista tecnológico, pode-se afirmar que o aspecto principal em relação ao medo está na vitimização, ou seja, no risco, na potencialidade de se transformar vítima quando do uso dos recursos baseados em tecnologias digitais. Essa sensação é maior ou menor quanto mais representativo o processo de percepção/pensamento luhmanianos e as respectivas comunicações (GUIBENTIF, 2011), ou seja, quando o *medium* (no caso a Internet) adquire forma (pela repeti-

---

[30] Esse reforço, necessariamente, deve ser compreendido como a criação de novos tipos penais e/ou agravamento das penas nos tipos penais já existentes.

[31] A sociedade do risco é caracterizada, como referido, pelo fim das certezas, e também pela produção das complexidades. No contexto da sociedade do risco fala-se em segurança e não em solidariedade, esta característica do Estado-Providência. (COSTA, 2014).

[32] Shecaira (2004) traz a concepção de "controle social" como a plêiade de mecanismos e conjunto de sanções sociais que visam a submeter o indivíduo aos modelos e normas sociais (comunitários). No caso do controle social formal, a atuação é do aparelho político e organizacional do Estado (polícia, justiça, sistema penitenciário, exército, entre outros).

ção dos processos de percepção/pensamento) e sentido, vislumbra-se uma maior ou menor sensação de medo (de vitimização).

Porém é óbvio que a maior ou menor percepção (exterior, com delimitação do objeto) e consequente assimilação (pensamento, interior, com qualificação do objeto) dependem não só da utilização da tecnologia como do conhecimento que as pessoas vão adquirindo, pelo uso ou por repasse pelos meios de comunicação. Assim, o (não) acesso às ferramentas tecnológicas, derivado ou não por condições sociais, pessoais, econômicas e políticas, faz com que se possa estabelecer uma maior ou menor sensação de medo. Ela pode ser aumentada, também, pelos meios de comunicação em massa, principalmente TV, jornais, Internet, pela difusão de notícias dos riscos na área tecnológica.

Como observa Costa (2011, p. 229), as percepções sobre a insegurança consequente, mesmo a derivada do uso da Internet, e as dimensões do medo não são lineares, já que, conforme explicitado, "as reações psicológicas e comportamentais são variáveis" e por que não dizer instáveis, pois podem ser alteradas a qualquer nova notícia sobre vírus, cavalos de troia, ataques cibernéticos, guerra cibernética, violações da privacidade/intimidade etc.

De outra parte, poder-se-ia afirmar que a fragmentação dos conhecimentos, em especial o tecnológico e sobre a Internet, faz com que no seu paradoxo, não conhecimento, surjam sentimentos/sensações de insegurança, proliferando-se o medo. Giorgi (2013) revela que o risco está no não saber. Tal sensação de insegurança se sobressai nos chamados "delitos de intervenção", em que o tipo penal não pressupõe que a vítima participe no comportamento, bastando a ação unilateral do autor. (SYDOW, 2013, p. 112).

Parametrizando o tema, tratando-se das relações do risco com os sistemas, expõe Giorgi (1998) que mesmo um distúrbio de pequena importância pode trazer consequências incontroláveis, o que ocorre não só nos sistemas sociais quanto nas organizações dos sistemas complexos da tecnologia moderna (leia-se e compreenda-se, atualmente, a Internet). É o risco, então, uma aquisição evolutiva do tratamento das contingências que, se exclui toda segurança, exclui também todo destino. Diferencia-se ele (o risco, como modalidade de vínculo com o tempo) do Direito, pois este fixa "os pressupostos que permitem a orientação das próprias expectativas no futuro"; também se diferencia da economia, pois ela que determina as modalidades de acesso aos bens. (GIORGI, 1998, p. 198). Assim, o risco torna evidentes os limites com que se deparam estes sistemas (direito, economia etc.) quanto à construção de vínculos com o futuro, que se efetua no *medium* da probabilidade/improbabilidade, tendo este "medium" como referência a incerteza, o não saber e a fatalidade.

Giorgi (1998, p. 198) também pontua que o risco é modalidade de distribuição de *bads* e não de *goods*, pois se baseia "na suportabilidade, na aceitação e não na certeza das próprias expectativas". Em razão disso, os riscos não podem ser transformados em direito, embora possam ser monetarizados. Do contrário, a inserção do risco no Direito causa sua sobrecarga, com inserção de regras normativas que na verdade são apenas estratégias de retardamento, de canalização, do risco e não de estratégias que evitam o risco: são estratégias de redução de complexidades. De outra parte, é necessária uma contínua repolitização dos riscos, embora seja, para a política, arriscada tanto a situação que se decide quanto a que não se decide sobre os riscos, pois neste caso pode-se, inclusive, sobrestar a autoevolução dos conhecimentos na Internet, como a opção de criminalizar a conduta de criação de *software* capaz de ser utilizado para invadir dispositivo informático (art. 154-A, § 1º, Código Penal[33]).

De outra parte, também na Internet podem/estão sendo gerados os chamados "grupos de risco", não só criados pela mídia – meios de comunicação em massa (COSTA, 2011, p. 236), mas pela própria Internet. Tal qual os espaços urbanos, a Internet também é segregativa, não apenas socialmente, mas culturalmente, onde os códigos binários belo/feio, legal/chato (*cool/not cool*), certo/errado, acesso/não acesso, funcional/não funcional, por exemplo, são constantes de autosseletividade dos seus usuários (sistemas psíquicos), cada qual com seus critérios de valoração e concepção de verdade. Isso, por outro lado, pode ser uma falha (dos usuários da Internet) na percepção e gerar um sentido diverso do real, do correto, já que a sensação (concepção) de (suposto) anonimato é uma das principais características do uso da *web*, podendo ter consequências danosas e não necessariamente gerar a sensação de medo, que faz com que se reconheça o risco. É, mais uma vez, o não saber!

Assim, há que se ter em mente que, usando não só os raciocínios de Giorgi (1998) e Bauman (2007; 2008), mas também de Costa (2011), o simbolismo de eventual legislação penal aplicável à Internet não pode surtir o efeito necessário: gerar segurança ou, ao menos, proporcionar sensação de segurança.[34] O contingenciamento jurídico, que deverá se valer/ser avaliado não só do ponto de vista social, principalmente tecnológico-jurídico, não evitará o risco; será, no entanto, a resposta do

---

[33] Inserido pela Lei 12.737/12, que será o foco da análise do primeiro capítulo deste texto.

[34] Voltar-se-á a este ponto no último capítulo.

(sub)sistema político à indeterminação ou indeterminações no campo da tecnologia (digital), alterando o direito. São, portanto, as irritações de um (sub)sistema no outro, produzindo as alterações necessárias baseadas nas suas coevoluções (principalmente, Internet, Direito e Política).

Por outro lado, preocupa-nos também essa forma de reação do sistema político em relação às evoluções de ritmo frenético dos outros subsistemas sociais que, com base em uma mídia espetacularizadora, pode causar o aumento de edição de normas penais em branco[35] ou com tipos penais abertos,[36] ou seja, com *standards* bastante abrangentes[37] e que podem gerar interpretações diversas.

Portanto, este capítulo visa, a partir de um fato específico – o vazamento das fotos da atriz Carolina Dieckmann –, analisar o contexto midiático que redundou desde a exploração da situação até a aprovação da Lei 12.737/12, num curto espaço temporal (7 meses). Posteriormente, correlacionar-se-á os dados obtidos através de levantamento empírico realizado sob a forma de questionário na Internet, analisando-se, assim, as percepções de risco e medo correspondentes e o anseio (ou não) de contingenciamentos, técnicos e/ou jurídicos, para o problema da conflituosidade digital para, ao final, discutir criticamente se o Direito Penal é forma de gestão desse conflito.

2.1. Fragmentação do Direito Penal: a Lei 12.737/12 e o Caso "Carolina Dieckmann"

Neste tópico buscar-se-á detalhar o caso da atriz Carolina Dieckman, analisando-se o contexto sociocultural que levou à criminalização das condutas através da Lei 12.737/12, que passou a ser denominada popularmente como "Lei Carolina Dieckmann" (LCD).[38]

---

[35] A lei penal em branco é a que, segundo Mestieri (1990, p. 108), traz tipos penais necessitados de complementação, sendo que essa complementação pode vir contida na mesma lei, em outra lei do mesmo poder que emanou a primeira ou, ainda, em disposição normativa de um outro poder.

[36] Nos tipos penais abertos, diferentemente dos tipos penais fechados em que há descrição completa do "modelo" da conduta proibida, há ausência dessa descrição ou ela é incompleta. Assim, o intérprete, aplicador da norma e da adequação do fato ao tipo penal, tem a tarefa de tipificar cada conduta, valendo-se, para tanto, de concepções e elementos não integrantes do tipo penal.

[37] A preocupação aqui é o uso de normas jurídicas passam a regular os fatos sociais por meio de textos indeterminados. A terminologia "standards" é referenciada com base nos estudos de Rodriguez (2004) sobre Franz Neumann, no qual os "standards legais" quanto mais imprecisos, vagos, maior é a discricionariedade e, em caso de serem disseminados indiscriminadamente colocam em perigo a racionalidade do direito, tal qual ocorreu no nazismo, no nacional-socialismo.

[38] Esta nomenclatura, difundida pela mídia, está no site da Câmara dos Deputados, como explicação da Ementa da Lei aprovada, "conhecida como Lei Carolina Dieckmann". (CÂMARA DOS DEPUTADOS, 2011b).

A escolha do caso se fez pela relevância do fato, ocorrido e dado conhecimento em massa pela Internet, e pela sua repercussão, fatores levados em consideração para a (célere e não – necessariamente – técnica) produção legislativa e/ou pela falsa compreensão e percepções sociais/pessoais quanto ao mesmo e suas repercussões jurídico-penais. Nesse sentido, o caso de Carolina Dieckmann ocorreu em 2012, quando a atriz teve suas fotos expostas na Internet, e os meios de comunicação em massa propagaram a situação, ocasionando a célere aprovação da Lei 12.737/12.

Nesse caso, trabalhou-se com pesquisa documental, como debates legislativos (sites da Câmara dos Deputados e do Senado Federal) e notícias, usando-se a metodologia proposta por Yin (2015),[39] visando a compreender os porquês e fases do processo legislativo envolvendo a edição da Lei 12.737/12: por que foi proposto o Projeto de Lei; por que houve a tramitação célere; por que foram suprimidas discussões mais amplas e técnicas, e; como isso repercute na efetividade da norma penal criada. Assim, esse estudo de caso visa, a partir de e ao final do trabalho, verificar se há alguma relação entre os mecanismos de contingenciamento jurídico-penal para os riscos/ameaças na rede mundial de computadores e traços característicos de uma cultura do medo estabelecida (na sociedade), além de auxiliar na investigação de haver ou não relação (entre riscos e ameaças na Internet e contingenciamento jurídico-penal) e, em havendo, se a mesma é inversa ou diretamente proporcional, entre a adoção de mecanismos de contingenciamento do risco na Internet e a atuação do Direito (Penal).

Para a busca de dados sobre o fato utilizou-se preferencialmente a Internet, meio de pesquisa deste trabalho. A ferramenta de busca utilizada foi o Google em razão da praticidade de uso de seus operadores e parâmetros de busca, principalmente a limitação (parametrização) dos resultados a serem obtidos. Assim, a primeira pesquisa realizada teve como parâmetros o nome da atriz entre parênteses ("Carolina Dieckmann") e o período de tempo inicial pesquisado foi da data em que houve a divulgação das fotos da mesma na Internet (04/05/2012) até a data da aprovação da Lei (30/11/2012), em toda a Web ("Qualquer País") e independente de idioma ("Em qualquer idioma").

O buscador do Google, além disso, permitia dois parâmetros de pesquisa complementares para os resultados: (a) "classificados por re-

---

[39] Segundo Robert Yin (2015, p. 4), o estudo do caso pode ser utilizado para explicar "como" ou "por que" de tal fenomenologia social, bem como para uma descrição ampla e "profunda" de algum fenômeno na sociedade.

levância", em que o número de resultados era de aproximadamente 550,[40] e (b) "classificados por data", com o número aproximado de resultados de 1000 (um mil) registros.[41] Há que se esclarecer, que além dos dados sobre o fato em análise e sobre a proposta de Lei em debate no Congresso, também existem notícias sobre o cotidiano da atriz e, inclusive, ofertas para o acesso às fotos da mesma, além de comentários e opiniões sobre o tema.

Procurou-se, nessa gama acentuada de resultados, para cada um dos parâmetros, colacionar, para análise, apenas as notícias e fatos que digam respeito com o assunto tratado: fato do vazamento das fotos e repercussão legislativa, tendo em vista interessarem para o exame proposto, ou seja, da relação entre os traços característicos de uma cultura do medo estabelecida na sociedade brasileira, reforçada pela mídia através das notícias, e o incremento dos mecanismos de contingenciamento jurídico-penal para os riscos/ameaças na rede mundial de computadores.

De outra parte, para a busca de dados sobre o contexto da produção legislativa da LCD, os documentos analisados são os constantes dos sites da Câmara dos Deputados[42] e do Senado Federal.[43]

2.1.1. Brasil e o atavismo criminalizador: do Projeto de Lei Azeredo ao Marco Civil da Internet

A Lei 12.737/12 surgiu no Direito brasileiro em um período de discussões sobre a regulação civil da Internet, aprovada em 2014 através da Lei 12.965/14, o denominado "Marco Civil da Internet" (MCI). Regalo e Carneiro (2012), antes da edição do MCI, destacaram que "deveríamos cobrar do poder público uma atenção prioritária em relação à defesa da vida privada e da intimidade diante de qualquer tipo de intromissão, pública ou particular". O contexto e recorte metodológico dos autores foi a regulação e proteção penal. Essa foi, aliás – em face dos intensos debates sobre o PL 84/99 (Projeto de "Lei Azeredo"), que criminalizava condutas praticadas na/através da Internet e foi chamado de "AI-5 Digital" –, a principal motivação para a elaboração de um "marco regulatório civil da Internet" brasileiro.

---

[40] Link da pesquisa, com os resultados classificados por relevância (do Google): <http://goo.gl/4UaVaJ> (acesso em 22 dez. 2014).

[41] Link da pesquisa, com os resultados classificados por data: <http://goo.gl/OB9OK6> (acesso em 22 dez. 2014).

[42] Acesso através do site <http://www.camara.gov.br/> (acesso em 22 dez. 2014).

[43] Idem.

Furtado (2013, p. 242-247) traz um histórico dos fatos e contextos que levaram à criação do projeto do MCI. Em suma, as críticas ao PL 84/1999 eram muitas (concretização das disposições da Convenção de Budapeste, a qual o Brasil não foi signatário;[44] responsabilização dos provedores de Internet; violação quanto aos direitos de acesso à Internet; questionamento sobre os limites e abrangência da neutralidade da rede), porém o que mais se levou em conta foi a "criminalização de condutas antes da definição dos princípios regentes e dos direitos dos usuários da Internet". (FURTADO, 2013, p. 243).[45]

Assim, no ano de 2009 (junho), portanto no décimo ano de debates sobre a criminalização das condutas praticadas na/através da Internet, após uma manifestação do então Presidente da República, Luís Inácio Lula da Silva, no 10° FISL (Fórum Internacional de Software Livre), em Porto Alegre, considerando-o um projeto que aplacava a censura na utilização da rede (LULA CLASSIFICA COMO..., 2009), foi pontuada e declarada a abertura dos debates sobre a constituição de um "Marco Civil da Internet".

Mesmo assim, neste percorrer dos debates, em 2012, surgiu o caso da atriz Carolina Dieckmann e o anseio quanto a uma legislação penal sobre o tema voltou aos debates, aproveitando a existência de outro Projeto de Lei na Câmara dos Deputados, n° 2.793, construído, por assim dizer, a partir do debate político com a sociedade. Para compreender esse "debate" que gerou a LCD é importante analisar os seus principais marcos factuais e o destaque dado pela mídia a um único fato, potencializador da regulação penal de condutas danosas na Internet.

De pronto, destaca-se que o processo de construção, midiático e célere da LCD é uma constante do Congresso brasileiro, atávico repercutidor das "vontades" ou vozes sociais repercutidas pela mídia.[46]

---

[44] Também denominada de "Convenção sobre o Cibercrime", a Convenção de Budapeste, aprovada em novembro de 2001 e em vigor desde julho de 2004, é um tratado internacional de Direito Penal e Direito Processual Penal e objetivou instituir uma política criminal mundial comum no contexto da cibercriminalidade (violações de direito autoral, fraudes relacionadas a computador, pornografia infantil e violações de segurança de redes) e, também, estabelecer marcos, diretos ou indiretos, de regulação da Internet. Poucos países ratificaram os termos da Convenção realizada em âmbito no Conselho da Europa com apoio dos Estados Unidos, do Canadá e do Japão, inclusive o Brasil que, conforme Santarém (2010, p. 57), "não houve a possibilidade de o Brasil tomar parte de um fórum internacional transparente para a sua redação. Além disso, diversas críticas são feitas ao conteúdo da norma, cujas disposições não são integralmente compatíveis com o ordenamento jurídico brasileiro vigente". (CONVENÇÃO SOBRE O CIBERCRIME, 2001). A Convenção de Budapeste contém quatro Capítulos (Terminologia, Medidas a Tomar a Nível Nacional, Cooperação Internacional e Disposições Finais) e 48 artigos.

[45] Voltar-se-á a analisar o contexto da discussão sobre o PL 84/1999 e sua relação com a Lei 12.737/12, gerada com base no PL 2.793/2011. (CÂMARA DOS DEPUTADOS, 1999b).

[46] São famosos os casos, como a Lei dos Crimes Hediondos (Lei 8.072/90), entre outros.

2.2. A cultura midiática do medo, Internet e a Lei 12.737/12: estudo do "Caso Carolina Dieckmann"

Esta parcela do estudo não tem a intenção de exaurir a colaboração da mídia na proliferação da sensação do medo ou, simplesmente, a sua "cultura midiática do medo". No entanto, busca, sim, abordar como as reportagens elaboradas pela mídia em geral (TV, rádio, jornais e, principalmente, Internet) colaboraram para a rápida aprovação da Lei 12.737/12, a LCD.

Glassner (2003, p. 20) alerta que nossas preocupações "vão além do razoável" em vários temas, como saúde e segurança, e um "único evento anormal cria grupos diversos de pessoas a temer". (GLASSNER, 2003, p. 22). No caso da atriz Carolina Dieckmann, passaram então a ser os "hackers" as pessoas a temer.[47] O mesmo autor também pontua a mídia, que nos bombardeia com histórias sensacionalistas, "idealizadas para aumentar os índices de audiência" e, embora seja uma "explicação popular" para o medo que se sente, "possui uma boa parcela de verdade". (GLASSNER, 2003, p. 30).

O fato estar no noticiário pode, assim, ter efeitos nos leitores e nos espectadores, sendo uma das fontes do medo, falsos ou válidos,[48] principalmente quando a retórica jornalística aborda o tema emotivamente e não objetivamente. (GLASSNER, 2003, p. 31-32). Para Ferrajoli (2012, p. 62), o medo é e sempre foi a principal fonte e o principal recurso do poder:

> O medo, com efeito, rompe os laços sociais, alimenta tensões e lacerações, gera fanatismos, xenofobias e setorizações, gera desconfianças, suspeitas, ódios e rancores.

---

[47] Sobre os conceitos de "hacker" e "cracker", Aspis (2009, p. 53) pontua: "O termo hacker geralmente é usado pelo senso comum para designar pessoas peritas em programação de computadores, que entram sem permissão e ilegalmente em sistemas alheios para roubar informações e, muitas vezes, dinheiro. No entanto segundo alguns hackers assumidos e especificamente Pekka Himanen em *A Ética dos Hackers e o espírito da era da informação* a definição de alguém que invade sistemas de outrem para fazer uso ilícito de seus conteúdos se aplicaria mais ao que podemos chamar de cracker, o que em português seria "quebrador". Para aqueles que se autodenominam hackers e se orgulham disto a atividade de quebrar sigilos e cometer delitos digitais nada tem a ver com eles. Poderíamos afirmar que o que fundamentalmente diferencia hackers de crackers é a ética na qual está baseada a atividade de cada um desses grupos [...]". Assim, do ponto de vista legal não há uma diferenciação, mas ela existe técnica e eticamente. No direito, em especial o penal, o que deve pautar o estudo não são os conceitos de "hacker", "cracker" ou qualquer outro, mas sim a conduta penalmente relevante ou não. Cabe, no entanto, pontuar a lição de Castells (2003, p. 38): "Os hackers não são o que a mídia diz que são. Não são uns irresponsáveis viciados em computador empenhados em quebrar códigos, penetrar em sistemas ilegalmente, ou criar o caos no tráfego de computadores. Os que se comportam assim são chamados "crackers", e em geral são rejeitados pela cultura hacker, embora eu pessoalmente considere que, em ternos analíticos, os crackers e outros cibertipos são subculturas de um universo hacker muito mais vasto e, via de regra, não destrutivos.

[48] Conforme Glassner (2003, p. 24), "Os medos válidos têm sua razão de ser: dão-nos dicas sobre perigo. Os medos falsos e exagerados causam apenas apuro".

Envenena, em pouco tempo, a sociedade, fazendo-a retroceder ao estado selvagem e para a ausência de civilidade. E esta regressão, como é óbvio, representa o principal terreno da cultura de criminalidade e de violência, ademais a ameaça mais insidiosa para a democracia. (FERRAJOLI, 2012, p. 75, tradução livre).

Assim, também na esteira desse raciocínio e o de Glassner (2003, p. 39), observa-se, pelas notícias e nos discursos públicos, que "os medos proliferam por meio de um processo de troca. A cultura do medo cresce cada vez mais por meio de correntes de temores e contra temores". Essas "correntes de temores e contra temores" são visivelmente perfectíveis no âmbito da Internet com a geração de conteúdo pelos sites de notícias e sua difusão pelas redes sociais (Twitter,[49] Facebook[50] etc.) e meios instantâneos de comunicação digital (Whatsapp, Skype, Viber, Telegram etc.).[51]

Assim, procurar-se-á analisar o contexto do fato envolvendo a atriz Carolina Dieckmann na mídia e a "repercussão" no legislativo brasileiro, com a aprovação da referida lei, que acrescentou/alterou tipos penais do Código Penal.[52]

2.2.1. O fato e a mídia

Vários já foram os casos de vazamentos de imagens e vídeos envolvendo famosos, no Brasil e no mundo (IH, VAZOU!, 2011),[53] porém o caso da atriz Carolina Dieckmann teve uma repercussão maior, com reportagens produzidas pela mídia.

O fato (envolvendo a atriz) veio à tona no dia 4 de maio de 2012, virando notícia em vários sites brasileiros. (VAZAM NA INTERNET..., 2012; CONFIRA SUPOSTAS FOTOS..., 2012; ZMOGINSKI, 2012a). Todos os sítios destacavam o vazamento de 36 fotos da atriz,

---

[49] Site: <www.twitter.com>.

[50] Site: <www.facebook.com>.

[51] As aplicações referidas (Whatsapp: <http://www.whatsapp.com/?l=pt_br>; Skype: <http://www.skype.com/pt-br/>; Viber: <https://www.viber.com/pt/>; Telegram: <https://telegram.org/>) são mecanismos de comunicação instantânea, aptos a trocas de mensagens, fotos, vídeos e/ou arquivos.

[52] Pela proposta de Yin (2015), o estudo de caso é uma pesquisa empírica, um procedimento que compreende o todo, desde o planejamento, as técnicas de coleta de dados e sua análise. O conhecimento originado através do estudo de caso é distinto do conhecimento originado através de outras pesquisas, por ser mais sólido, por descrever um contexto, por ser voltado para o leitor e sua interpretação, baseando-se em certa população para referência. Ainda conforme Yin (2015), o estudo de caso dá enfoque a uma situação, um acontecimento particular, no caso Carolina Dieckmann com reflexos em toda a sociedade brasileira.

[53] Os casos brasileiros que mais chamaram a atenção envolveram os jogadores Ronaldinho Gaúcho e Adriano, além dos atores Rômulo Arantes Neto, Carlos Machato e André Sigatti. (IH, VAZOU!, 2011, s/p.).

total ou parcialmente nua, "com partes íntimas expostas" (VAZAM NA INTERNET..., 2012, s/p.), "os seios de fora, além de alguns nus frontais" (SUPOSTAS FOTOS..., 2012) e/ou que ela foi "vítima do furto de imagens de seu celular ou computador pessoal". (ZMOGINSKI, 2012a, s/p.).

No dia referido, o fato (vazamento das fotos) foi o mais comentado no microblog Twitter.[54] (ZMOGINSKI, 2012a; CAEM NA REDE..., 2012). Nos três dias seguintes, o assunto foi explorado na mídia (FOTOS DA ATRIZ..., 2012), em especial na Internet[55] (com reproduções de jornais e TV e reportagens exclusivas), porém com novos dados sobre a forma como o fato teria acontecido, ou seja, que os autores teriam exigido, durante aproximadamente um mês, valores para que as fotos não fossem publicadas na Internet. Desde já, percebe-se, então, que o fato era penalmente relevante e a conduta típica já prevista na legislação penal brasileira como 'extorsão'.[56]

No entanto, algumas reportagens, de veículos de mídia/Internet de grande circulação nacional usaram termos denotativos do medo. A Rede Record, através de seu canal de TV e do site de notícias R7, enfatizou o fato de que as fotos da atriz haviam sido "roubadas" (FOTOS ÍNTIMAS DE..., 2012), e pela manifestação do advogado de Carolina Dieckmann, Antônio Carlos de Almeida Castro, foi solicitada a abertura de investigação, pois seria fundamental que "o responsável pelo *roubo* das imagens guardadas no computador pessoal da atriz seja descoberto". (CARVALHO, 2012, s/p., grifo nosso).

> — Essa pessoa deixou rastros, mandou e-mails para o empresário de Carolina tentando chantageá-la antes de divulgar as imagens. Assim que tiver a identificação oficial do autor do roubo apresentarei uma ação civil e uma criminal. *O caso tem um agravante, o responsável pelo delito expôs uma criança.* O filho dela, de 4 anos, aparece numa das fotos — afirmou Almeida Castro.

---

[54] Microblog com mais de 30 milhões de perfis no Brasil, acessível através do <www.twitter.com>. (OS NÚMEROS DE..., 2014).

[55] Nesse período, são mais de 1000 resultados sobre a atriz, baseado nos parâmetros "Carolina Dieckmann" e de 4/05/2012 a 6/05/2012 (<http://goo.gl/e6tHX9>).

[56] Dispõe o art. 158 do Código Penal: "Art. 158 – Constranger alguém, mediante violência ou grave ameaça, e com o intuito de obter para si ou para outrem indevida vantagem econômica, a fazer, tolerar que se faça ou deixar fazer alguma coisa": Pena – reclusão, de quatro a dez anos, e multa. § 1º Se o crime é cometido por duas ou mais pessoas, ou com emprego de arma, aumenta-se a pena de um terço até metade. § 2º Aplica-se à extorsão praticada mediante violência o disposto no § 3º do artigo anterior. Vide Lei nº 8.072, de 25.7.90. § 3º Se o crime é cometido mediante a restrição da liberdade da vítima, e essa condição é necessária para a obtenção da vantagem econômica, a pena é de reclusão, de 6 (seis) a 12 (doze) anos, além da multa; se resulta lesão corporal grave ou morte, aplicam-se as penas previstas no art. 159, §§ 2º e 3º, respectivamente (Incluído pela Lei nº 11.923, de 2009)".

Segundo o advogado, ao começar a ser chantageada, há aproximadamente um mês, Carolina procurou a polícia. O responsável pelo roubo das fotos teria exigido R$ 10 mil da atriz.

— Ela buscou a ajuda da polícia, só não divulgou o caso. Carolina não cedeu à chantagem — disse Almeida Castro. (CARVALHO, 2012, s/p., grifo nosso).

O caso seguiu sendo acompanhado pela mídia, que relatou desde o depoimento de Carolina Dieckmann na Delegacia de Repressão aos Crimes Informáticos do Estado do Rio de Janeiro, realizado em 7 de maio de 2012 (CAROLINA DIECKMANN DEPÕE..., 2012), praticamente em uma narrativa de chegada no órgão policial (CAROLINA DIECKMANN CHEGA..., 2012, grifo nosso), enfatizando que fotos íntimas dela foram *roubadas do computador* da atriz e se espalharam pela Internet", de estada (CAROLINA DIECKMANN PRESTA..., 2012) e, após aproximadamente 7 horas de depoimento, de saída do ato formal da investigação. (APÓS DEPOIMENTO..., 2012).

As reportagens não relatam o conteúdo do depoimento, mas o fato em si, tanto como "roubo" das fotos, quanto como violação da intimidade da artista e da família. Segundo Neves (2012, s/p.), o relato público veio apenas através do advogado, já referido, que declarou que

[...] as fotos "eram para a intimidade do casal". Segundo ele, a atriz foi chantageada por duas semanas através de ligações e e-mails, e tentava armar um flagrante com ajuda de um amigo que trabalha com segurança pública. "Tenho convicção de que chegaremos ao autor desse crime. É interessante que se discuta a regulamentação da internet", disse o advogado [...].

Outra notícia, também divulgada pela Rede Record e pelo canal de Internet da emissora, R7 (IDENTIDADE DE QUEM..., 2012, grifo nosso), destaca em seu título ser um mistério a "identidade de quem *roubou* as fotos íntimas" da atriz Carolina Dieckmann.

Ao mesmo tempo em que se explora, portanto, a violação da intimidade e privacidade de uma figura pública, uma celebridade, enfoca-se na necessidade de "regulamentação da Internet", destacando, erroneamente, a ausência de legislação aplicável ao caso.[57]

2.2.2. Tipo penal aplicável x mídia

No segundo dia de notícias sobre o vazamento das fotos de Carolina Dieckmann – 5/5/2012 – o motivo do ato já veio à tona, eviden-

---

[57] Em um artigo de Lemos (2012), para a área de Tecnologia do Jornal Folha de São Paulo, enfatiza ele que qualquer um "pode ter sido Carolina Dieckmann sem saber" e que esse "é um desafio a ser enfrentado pelo direito. O Brasil protege a privacidade na Constituição Federal. Mas, paradoxalmente, não há lei específica que regule o tema no país. Com isso, os limites de atuação do judiciário não são claros".

ciando que a atriz teria sido chantageada a pagar valores em dinheiro para não ter as fotos publicadas na Internet, ou seja, já havia possibilidade da correspondente tipificação penal da conduta dos agentes delituosos.[58] O site Ego (GUTERRES, 2012, s/p.) noticiou essa circunstância, enfatizando as expressões do advogado da atriz:

> [...] "Pediram R$ 10 mil para que não divulgassem as fotos, mas o mais importante foi ela não ter cedido. As imagens estavam em seu computador".
>
> [...] Carolina não tinha ideia da dimensão das ameaças: "A pessoa dizia que eram apenas duas fotos".
>
> [...] "Carolina está abatida e muito chateada. Ela nunca cogitou a possibilidade de posar nua porque sempre se preservou [...]".

O site G1, do mesmo grupo de comunicação do Ego, também noticiou as circunstâncias do fato e que a "atriz Carolina Dieckmann foi chantageada por um mês para que fotos em que ela aparece nua não fossem divulgadas na internet". (MENDES, 2012). A reportagem procurou, por assim dizer, esclarecer como o fato teria ocorrido:

> A gente tem informação de que o computador foi arrumado. Essa é uma das questões que estão sendo levantadas, mas a investigação da polícia é muito mais ampla. [...] Na verdade, é uma pessoa que teve acesso ao computador e fez uma chantagem por um certo período. Ela não cedeu à chantagem e a pessoa colocou a foto lá, afirmou Kakay. (MENDES, 2012, s/p.).

Três dias depois – 08/05/2012 – o jornal Folha de São Paulo procura delinear as circunstâncias prévias à divulgação, destacando a extorsão que a atriz "sofreu" (BRITO, 2012), porém, em nenhum momento há esclarecimento sobre o que consiste o crime de extorsão.

> [...] Responsável pelas investigações, o delegado Gilson Perdigão disse que foi aberto registro de ocorrência de extorsão qualificada pelo concurso de agentes [quando há mais de um envolvido no crime], difamação e furto.
>
> [...]
>
> O advogado disse que, nas duas últimas semanas, a atriz recebeu três ligações e ao menos cinco e-mails do chantagista. O criminoso também teria procurado seu empresário por telefone e internet (BRITO, 2012, s/p.).

Por outro lado, destaca a fala do advogado da atriz no sentido da necessidade de legislação para a matéria: "Esses crimes deixam rastros e vamos chegar até o criminoso. *É importante que esse caso surja para que se discuta a legislação de crimes na internet*", disse o advogado. (BRITO, 2012, s/p., grifo nosso).

---

[58] Tipicidade penal é a subsunção perfeita da conduta praticada pelo agente delituoso ao modelo abstrato previsto na lei penal; já o tipo penal corresponde à descrição, o modelo, o padrão da conduta, dada em lei, que o Estado visa proibir.

As reportagens, assim, não exploram e explicam em que consiste ser o crime de extorsão e qual a punição já prevista no art. 158 do Código Penal brasileiro. Pelo contrário, procuram dar a entender a falta de legislação quanto às circunstâncias que violem a intimidade e privacidade na Internet.

2.2.3. O Caso Carolina Dieckmann: investigação criminal x mídia

Embora as notícias sobre o vazamento das fotos destacarem que a atriz procurou, antes do vazamento, orientações de como agir, bem como de que houve tentativa de flagrante dos autores da "chantagem" (MERCHED, 2012), a Polícia Civil do Rio de Janeiro passou a investigar o fato após o registro de ocorrência pela atriz, tomando o depoimento dela e de outras pessoas (VÍTIMA DE HACKERS..., 2012) e, também, encaminhando seu computador à perícia. (VÍTIMA DE HACKERS..., 2012; BORGES; WENECK, 2012).

O site IG Gente (VÍTIMA DE HACKERS..., 2012) destaca que "na área criminal, o caso será enquadrado como furto e tentativa de extorsão" e que "o computador da atriz passou por manutenção há pouco tempo e que o conteúdo pode ter sido copiado". Borges e Weneck (2012, s/p.) procuraram reproduzir o enquadramento penal informado pela Polícia Civil do Rio de Janeiro: "extorsão qualificada, difamação e furto".

Na sequência, conforme o site TecMundo e o programa Fantástico, da Rede Globo (POLÍCIA DESCOBRE..., 2012; POLÍCIA ENCONTRA..., 2012), o processo investigativo da Polícia Civil carioca revelou as ações criminosas de cada um dos autores e como teria ocorrido o fato:

> Conforme as apurações apresentadas, o *grupo possui mais três integrantes* – sendo um deles menor de idade. Ao contrário do que se especulou no início das investigações, que as imagens teriam sido obtidas durante um procedimento de manutenção do PC, a atriz foi vítima de um golpe virtual.
>
> Ela teve a *sua conta de e-mail invadida pelos hackers através de um spam*, como explica Rodrigo Valle, inspetor do Grupo de Operações de Portais:
>
> Foi por uso de um software mal-intencionado enviado pra conta de e-mail dela, que a gente chama de spam, e a vítima fatalmente clicou nesse spam. Ela abriu esse spam no computador ou no portátil dela ou no próprio PC e provavelmente ela tenha deixado esse arquivo ser reenviado, respondido para o autor, comentou a autoridade (DAQUINO, 2012, s/p., grifo nosso).

A notícia, assim, indica o nome dos autores e a responsabilidade de cada um no fato que levou ao vazamento das fotos da atriz

(DAQUINO, 2012).[59] No entanto, ao final reproduz o somatório das penas dos delitos investigados (ao todo, 15 anos) como se todos os autores tivessem cometido os mesmos delitos, não individualizando as penas.

A produção do programa Fantástico (POLÍCIA ENCONTRA..., 2012) divulgou o acompanhamento, nos bastidores, da investigação criminal que levou à prisão dos envolvidos e a busca e apreensão, no Estado de São Paulo, na residência de um dos suspeitos, além de diligências no Estado de Minas Gerais. O subtítulo da reportagem enfoca a "investigação policial que desmontou uma *quadrilha de hackers*, especialistas em *invadir computadores*". (POLÍCIA ENCONTRA..., 2012).

A reportagem também especifica que o "Brasil não tem lei específica para crimes de informática", embora também refira que "não significa que quem comete crime virtual fique sem punição. A Justiça se baseia no Código Penal, e no caso da atriz os envolvidos serão indiciados por furto, extorsão qualificada e difamação". (POLÍCIA ENCONTRA..., 2012).

A divulgação sobre como realmente foi a ação dos autores e as ações investigativas ocorreu em menos de três semanas. Não se trata de avaliar se em face da repercussão o fato foi valorado e priorizado pela polícia, mas sim, de contextualizar os aspectos técnicos e o enquadramento jurídico-penal existente à época. Conforme Zmoginski (2012b), o policial que lhe concedeu a entrevista explicativa[60] pontuou "a ausência de leis específicas contra cibercrimes", além de que, sob a ótica procedimental, "obter logs de acesso dos provedores é fundamental para identificar criminosos", negando "que a polícia seja rápida e competente apenas quando há atenção da mídia sobre ela".

2.2.4. Legislativo brasileiro e mídia

Paralelamente à divulgação do vazamento das fotos da celebridade, poucas notícias, como a do O Globo (MACHADO, 2012), procuravam esclarecer como ele teria acontecido[61] e qual a interpretação

---

[59] Não se reproduz esse contexto da notícia por conter o nome dos autores.

[60] Rodrigo Mello, entrevistado por Zmoginski (2012b), declarou que "Furtar dados de terceiros e invadir uma rede segura não é considerado crime no Brasil. Após a investigação, os delegados observam se é possível enquadrar o cracker em crimes como estelionato, difamação ou extorsão, pois simplesmente não há no código penal artigos próprios para o crime digital. Isto nos impede de punir muitos crackers, o que é ruim para a segurança de todos os internautas".

[61] Exceto a reportagem assinada por Felipe Zmoginski (2012b), que entrevistou um dos policiais responsáveis pela investigação do caso. Porém, tal circunstância ocorreu após a movimentação do legislativo brasileiro e a consequente aprovação, pela Câmara dos Deputados, do PL 2.793/2011.

adequada ao mesmo, embora tenham atribuído a ação a um ataque de *phishing*,[62] o qual sequer restou tipificado pela redação da LCD.[63] Da mesma forma, essa análise procurou dar ênfase a dados que causem ainda mais temor ao leitor.

> Segundo dados do FBI, *só nos EUA acontecem 31 mil ataques de phishing por mês*, *ou seja, mais de mil por dia*, e 11 milhões de pessoas tiveram suas identidades digitais roubadas em 2011. No mundo, *187 milhões dessas identidades foram roubadas no ano passado*, segundo a Symantec, e um entre cada 239 e-mails continha *malware*. (MACHADO, 2012, s/p., grifo nosso).

O ponto crucial, por assim dizer, da atividade midiática veio aos telespectadores e leitores na segunda-feira – 14/05/2012 – com a divulgação, em cadeia nacional, da entrevista dada por Carolina Dieckmann ao programa de notícias Jornal Nacional. A chamada da notícia chama a atenção pelo termo apelativo na fala da atriz vítima e da mídia: "sensação de faca no peito". ('SENSAÇÃO de faca no peito'..., 2012). A frase foi dita após a atriz ter sido questionada sobre ver ou não "diferença entre o crime digital do qual você foi vítima e um crime convencional". A entrevista bateu recordes de audiência, conforme o F5 (ENTREVISTA DE..., 2012), atingindo a marca de 36 pontos de média, o que equivale a mais de 2 milhões de telespectadores, além das visualizações nos sites que propagaram a mesma (entrevista).[64]

Por outro lado, a entrevista com a atriz demonstra como a mídia e as pessoas, pelo senso comum,[65] tratam a subtração de dados na Internet, ou seja, como "roubo".

> *JN*: Qual foi a sensação de ver essas fotos sendo roubadas e publicadas em sites de pornografia fora do Brasil?
>
> *Carolina Dieckmann*: Pior para mim foi ter sido roubada desse jeito. A pessoa ter tentado tirar dinheiro de mim com uma informação sobre a qual ela não tem direito. Não é dele, é minha ("SENSAÇÃO de faca no peito"..., 2012, grifo do original).

---

[62] Segundo Wendt e Jorge (2013, p. 39), o termo *phishing* pode ser utilizado para definir "a fraude que consistia no envio de e-mail não solicitado pela vítima, que era estimulada a acessar sites fraudulentos. Os sites tinham a intenção de permitir o acesso às informações eletrônicas da pessoa que lhe acessava, como por exemplo, número da conta bancária, cartão de crédito, senhas, e-mails e outras informações pessoais. [...] Atualmente esta palavra é utilizada para definir também a conduta das pessoas que encaminham mensagens com a finalidade de induzir a vítima a preencher formulários com seus dados privados ou a instalar códigos maliciosos, capazes de transmitir para o criminoso cibernético as informações desejadas".

[63] Voltar-se-á a análise do conteúdo normativo da LCD nos próximos tópicos e capítulos.

[64] O IBOPE (<www.ibope.com.br>) possui sistema de medição da audiência, em rádio e TV, principalmente relativos aos Estados de São Paulo e Rio de Janeiro. (IBOPE, 2015). O canal F5 da Folha online (<http://f5.folha.uol.com.br/>) divulga, constantemente, os índices de audiência, com base nas medições do IBOPE. Último acesso aos links citados em 25 jun. 2015.

[65] O conceito de "senso comum" aqui é trabalhado no enfoque do conhecimento com que o homem comum define a vida cotidiana, dando-lhe realidade. (MARTINS, 1998, p. 3).

Também, por essas notícias, pode-se concluir que o senso comum desconhece qual a ação adequada prevista, já contingenciada pelo Direito para o caso em concreto ou circunstâncias semelhantes, ou seja, que se trate de um caso de extorsão.

JN: Que tipo de punição você acha que essas pessoas devem ter? Que roubaram e divulgaram suas fotos?.

Carolina Dieckmann: Não sei ("SENSAÇÃO de faca no peito"..., 2012, grifo do original).

Em outra reportagem do jornal O Globo (GOULART, 2012) há o destaque para as declarações da atriz e, também, sobre como o procedimento policial evoluiu e o que buscou de evidências.

De uma forma ou de outra, vários veículos de imprensa e meios de comunicação com páginas na Internet acabaram por noticiar o fato, reproduzindo total ou parcialmente as notas dos principais veículos de comunicação brasileiros (das Redes Globo – G1, O Globo etc. –, Record – R7 –, SBT, entre outros) e opiniões, conforme referido, quanto à necessidade de legislação e punição de autores (CAROLINA DIECKMANN, SOBRE..., 2012; TEIXEIRA, 2012).[66]

Essa ênfase midiática acabou por, no dizer de Luhmann (1983; 1985; 2011; 2014), irritar o sistema político brasileiro e produzir mais direito. Os enfoques midiáticos de "invasão de privacidade" (TEIXEIRA, 2012), "roubo" (IDENTIDADE DE QUEM..., 2012), a superexposição das fotos e visualizações por "milhões de pessoas" (FOTOS NUAS DE..., 2012),[67] além da publicação das fotos em um site de empresa pública, da Companhia de Tecnologia de Saneamento Ambiental de São Paulo – CETESB (HACKERS PUBLICAM FOTOS..., 2012; JUNGBLUT, 2012; HACKERS POSTAM..., 2012) tiveram[68] um efeito relevante na decisão da Câmara dos Deputados em aprovar Projeto de Lei que tramitava sobre o tema.

Conforme destaca a notícia do jornal O Globo (JUNGBLUT, 2012, s/p.):

---

[66] Em reportagem para o site Uol Entretenimento, Teixeira (2012, grifo nosso) enfatiza a opinião do advogado de que a atriz Carolina Dieckmann queria a punição dos autores do crime praticado contra ela: "Segundo ele, são mais de quatro pessoas envolvidas e chegar a autoria era o que mais interessava Carolina. "Ela [Carolina Dieckmann] *não queria que houvesse impunidade nesse caso específico. E outro fato importante é a discussão dessa matéria em vários fóruns. A internet não pode ser considerada um [sic] terreno sem lei*, frisou Antônio Carlos. Quatro pessoas foram identificadas e ao que tudo indica um menor é o responsável pela tentativa de extorsão. Carolina foi chantageada em R$ 10 mil".

[67] O blog Pipoca Moderna, pertencente ao grupo Uol, destaca estudo da ONG Safernet estimando em aproximadamente 8 milhões de visualizações das fotos da atriz Carolina Dieckman em 5 dias.

[68] O enfoque aqui, pela análise realizada, vai além da probabilidade de ter sido o legislativo influenciado a aprovar o PL.

A Câmara aprovou nesta terça-feira projeto que tipifica os chamados crimes ciberné-ticos, ou praticados via internet. Incluída às pressas na pauta de votação da Câmara, a proposta foi aprovada em segundos e ainda sob o impacto do caso da atriz Carolina Dieckmann, que teve 36 fotos pessoais vazadas na internet no início do mês. O proje-to, de autoria do deputado Paulo Teixeira (PT-SP), altera o Código Penal e torna crime entrar indevidamente em e-mail de terceiro, por exemplo, ou roubar via internet dados pessoas de terceiros. As penas variam conforme o tipo de ação. A pena mínima é de detenção de três meses a um ano, mais multa. Esta pena inicial aumenta de um sexto a um terço, no caso de causar prejuízo econômico à vítima.

[...]

O deputado Paulo Teixeira disse que o projeto quer coibir crimes como o roubo de dados pessoais e até senhas de banco, via internet.

– O cidadão rouba os dados na internet, as senhas e, a partir daí, comete crimes – dis-se Paulo Teixeira.

O presidente da Câmara, deputado Marco Maia (PT-RS), disse que a medida estava sendo votada por causa do caso da atriz.

– A proposta criminaliza o uso indevido da internet, os famosos crimes cibernéticos. *É a penalização dos de quem invadiu os dados de Carolina Dieckmann* – disse Marco Maia. (Grifo nosso).

Paralelamente, o Diário Pernambucano (CAROLINA DIECK-MANN VAI COBRAR..., 2012) informa que a atriz "Carolina Dieck-mann vai cobrar da Polícia resolução para outros crimes virtuais", destacando sua adesão ao projeto da Associação Brasileira pelo Combate Efetivo aos Crimes Virtuais (ABRACE).

Assim, enquanto alguns tentam entender como o fato realmente ocorreu para oferecer uma opinião técnica quanto ao assunto (CAP-PRA, 2012; XIMENES, 2012; SUFFERT, 2012), o Congresso Nacional, em tempo recorde, aprova o projeto em face de um fato isolado, sem maiores discussões,[69] o que merece análise, em específico, do trâmite legislativo, mesmo porque, até o momento, só foi enfatizada a aprova-ção pela Câmara dos Deputados, restando todo o processo legislativo até a sanção presidencial, em 30/11/2012.

2.2.5. O caminhar legislativo da LCD

O PL 2.793/2011 foi colocado em votação pelo Presidente da Câ-mara dos Deputados 11 dias após a primeira revelação pública do vazamento das fotos da atriz e, em menos de 5 minutos, foi aprova-do pela casa legislativa (CÂMARA APROVA..., 2012). No entanto, ele

---

[69] Diferente do PL 84/1999, denominado "Lei Azeredo", que teve 14 anos de discussão e teve uma análise bastante acurada, tanto acadêmica, quanto legislativa. Tramitação do PL 84/1999, desde sua proposição (CÂMARA DOS DEPUTADOS, 1999b). Desde que foi proposto, em 1999, o PL em questão teve mais de 30 pareceres, substitutivos, emendas e votos.

Internet & Direito Penal
RISCO E CULTURA DO MEDO

não foi criado em razão do fato "vazamento das fotos de Carolina Dieckmann", somente tendo a celeridade em razão dele, o que ficou bastante claro nas notícias de imprensa analisadas.

> *Estimulados pelo episódio envolvendo a atriz Carolina Dieckmann,* os deputados aprovaram nesta terça-feira projeto tornando crime invasão de computadores, violação de senhas, obtenção de dados sem autorização, a ação de crackers e a clonagem de cartão de crédito ou de débito – os chamados cibercrimes (CÂMARA APROVA..., 2012, s/p.).

O referido projeto foi proposto no final de 2011 como uma estratégia para não aprovação, não continuidade, do PL 84/1999, então denominado "PL Azeredo" ou simplesmente "Lei Azeredo".[70] Conforme o Relatório de Políticas de Internet (FGV, 2012), organizado e produzido pelo Comitê Gestor da Internet no Brasil em conjunto com a Fundação Getúlio Vargas:

> Ao longo das duas últimas décadas, diversos Projetos de Lei foram propostos para regular condutas na Internet, vários prevendo a criação de tipos penais. O próprio PL 84/99 foi resultado, na verdade, do desarquivamento de versão modificada de um projeto de lei anterior proposto em 1996. *O que diferenciou esse projeto dos demais – e que causou grande mobilização popular ao seu redor – foi a conjugação da criminalização excessiva de condutas tidas como cotidianas, banais ou indispensáveis à inovação na rede,* com a aceleração súbita em seu processo de tramitação, impulsionado especialmente pela bandeira do combate à pedofilia e à pornografia infantil.[71]
>
> Além de criar novos crimes para a Internet, o projeto também criava obrigações de vigilância e ampliava os poderes de investigação da polícia de forma demasiada, fato que levou alguns ativistas a denominar o projeto como "AI-5 Digital", em referência ao decreto da época da ditadura militar que suspendeu as garantias constitucionais. [...] Adicionalmente, redação fruto de má técnica legislativa, criminalizava o acesso não autorizado a um sistema informatizado – tipo que por si inviabilizaria a engenharia reversa, que é fundamental ao processo de aprendizado e de inovação tecnológica (art. 285-A).[72]
>
> De modo geral, ainda que fosse importante coibir a prática de crimes como a pedofilia, disseminação de vírus, dentre outras práticas aviltantes no âmbito da rede mundial de computadores, a redação do PL 84/99 apresentava problemas com relação à sua

---

[70] O PL 84/99 foi proposto pelo deputado Luiz Piauhylino, porém "carregou" esse nome – "Lei Azeredo" – em razão de seu principal defensor/articulador, o então deputado federal Eduardo Azeredo (PSDB/MG).

[71] A proteção à liberdade sexual de crianças e adolescentes recebeu a atenção da CPI da Pedofilia, instalada em 2008 e finalizada em 2010 (SENADO, 2010), tendo havido alteração/acréscimo de tipos penais no Estatuto da Criança e do Adolescente em 2008.

[72] O referido projeto, nos termos em que estava redigido, possuía uma abertura de interpretação muito ampla, possibilitando a criminalização de inúmeras condutas éticas. O dispositivo citado considerava como crime o acesso, indevido ou não autorizado, a dados ou informações armazenadas no computador ou em rede de computadores. Veja-se as observações feitas à Lei 12.737/2014, no item 2.3.

abrangência e imprecisão, que podiam gerar efeitos colaterais graves. (FGV, 2012, p. 13-14, grifo nosso).

O PL 84/1999 passou então, por assim dizer, por um processo de desconstrução, sendo a maioria dos artigos rejeitados no legislativo,[73] transformando-se na Lei 12.735/2012, com apenas dois artigos em vigor.[74] A estratégia para evitar a aprovação por completo do "AI-5 Digital",[75] então, levava em conta a imprecisão da redação dos artigos, com *standards* muito abrangentes e com possibilidades de inúmeras interpretações, além da evidente violação de direitos humanos, fundamentais ou não, como risco ao livre e pleno desenvolvimento da Internet.[76]

A articulação social, seja pelas assinaturas apostas em petição online (em torno de 160 mil participantes), seja pelo movimento Mega Não! (com atividades mobilizadores dentro e fora da Internet),[77] acabou por gerar uma estratégica política de proposição de outro Projeto de Lei, nº 2.793/11 (FGV, 2012, p. 17), que, ao final, redundou na aprovação conduzida midiaticamente em razão do caso envolvendo a atriz Carolina Dieckmann. Segundo o referido Relatório de Políticas de Internet, tem-se que:

---

[73] A redação final do PL 84/1999 contemplava quatro artigos, dois deles vetados na sanção presidencial da Lei 12.735/12: o art. 2º acrescentava um único parágrafo ao art. 298 do Código Penal, equiparando o cartão de crédito e de débito a documento particular, evitando, conforme a Mensagem presidencial de veto, "a coexistência de dois tipos penais idênticos, dada a sanção do crime de falsificação de cartão, com nomen juris mais adequado", ocorrida na mesma data, ou seja, com a Lei 12.737/12; já o art. 3º inseria incisos ao art. 356 do Código Penal Militar, sendo vetado, conforme a mesma mensagem, pela "amplitude do conceito de dado eletrônico como elemento de ação militar torna o tipo penal demasiado abrangente, inviabilizando a determinação exata de incidência da norma proibitiva".

[74] Os dois artigos remanescentes da Lei 12.735/12 possuem, o primeiro, caráter impositivo-indicativo ao Poder Público, pois que o art. 4º dispõe que "Os órgãos da polícia judiciária estruturarão, nos termos de regulamento, setores e equipes especializadas no combate à ação delituosa em rede de computadores, dispositivo de comunicação ou sistema informatizado." Já o art. 5º traz redação de cunho procedimental, eis que insere o inciso II no § 3º do art. 20 da Lei nº 7.716, de 5 de janeiro de 1989, em relação aos crimes resultantes de preconceito de raça ou de cor, possibilitando ao juiz determinar, "ouvido o Ministério Público ou a pedido deste, ainda antes do inquérito policial, sob pena de desobediência", "a cessação das respectivas transmissões radiofônicas, televisivas, eletrônicas ou da publicação por qualquer meio", quando a prática, indução ou incitação à discriminação ou preconceito de raça, cor, etnia, religião ou procedência nacional for perpetrada "por intermédio dos meios de comunicação social ou publicação de qualquer natureza" (art. 20 e §§ da Lei 7.716/89).

[75] O termo "AI-5 Digital" foi cunhado, conforme Martins, Faria e Paiva (2009) pelo sociólogo Sérgio Amadeu. Também, Santarém (2010, p. 81) faz referência à origem do termo.

[76] Não é objetivo deste trabalho apresentar todas as falhas dogmáticas apresentadas pelo PL 84/1999, concentrando-se nos seus aspectos mais gerais e que têm relação com o recorte metodológico adotado: a "Lei Carolina Dieckmann".

[77] O Mega Não! Tornou-se um movimento social, organizado via Internet (acesso através de <http://meganao.wordpress.com/>), e que adotou como objetivo principal a oposição ao que se define como "vigilantismo". (SANTARÉM, 2010). Atualmente, transformou-se em "Movimento Mega" – Mobilização, Empoderamento, Governança e Ativismo (acesso através de <http://movimentomega.org.br/>). Último acesso aos sites em 25 de jun. de 2015.

Internet & Direito Penal
RISCO E CULTURA DO MEDO

A reação ao projeto de crimes na Internet, dessa forma, criou uma rede de ativismo digital e participação popular no processo de regulação da Internet brasileira que conseguiu não só reverter o avanço da sua tramitação no Congresso, mas também deu ensejo à criação de importantes iniciativas legislativas para garantir a liberdade na rede e a proteção dos direitos dos usuários.

[...]

Em novembro de 2011, como parte de uma estratégia política para impedir a aprovação do PL 84/99, o deputado Paulo Teixeira, do Partido dos Trabalhadores de São Paulo, em conjunto com outros deputados, propôs o PL 2.793/2011, que também dispunha sobre a tipificação criminal de delitos informáticos, mas que o fazia de acordo com sugestões feitas em estudo elaborado pelo Centro de Tecnologia e Sociedade da FGV Direito Rio. *A estratégia consistia em aprovar um projeto de lei que contivesse o mínimo necessário para coibir práticas graves cometidas através da Internet e, assim, deixar o restante da regulação da rede para o Marco Civil da Internet. Dessa forma, o novo projeto restringiu substancialmente a criação de novos crimes, bem como delimitou a tipificação desses crimes para abordar as condutas absolutamente indispensáveis – e não condutas cotidianas e banais, como o PL 84/99 fazia* (FGV, 2012, p. 17-18, grifo nosso).

Assim, a estratégia política e baseada na participação social, na Internet ou fora dela, era perfeita naquele contexto, pois se discutiria a substituição de um projeto – com vários artigos que criminalizavam condutas na Internet – por outro, enxuto e com penas mais reduzidas, e, também, que eliminara a disciplina da guarda de registros de usuários (que foi deixada para o Marco Civil da Internet).

O PL 2.793/11 foi proposto em 29 de novembro de 2011 pelos deputados Paulo Teixeira (PT-SP), Luiza Erundina (PSB-SP), Manuela D'Ávila (PCdoB-RS) e João Arruda (PMDB-PR) e publicado no dia seguinte.[78] Aproximadamente 20 dias após é solicitado regime de tramitação de urgência,[79] cujo requerimento vem a ser apresentado em março do ano seguinte (14/03/2012). Apenas uma outra movimentação é realizada entre a data de proposição do PL e a data da aprovação na Câmara: requerimento de apensação do PL 3558/2012, que trata de tipificação do crime de modificação de dados em sistema de informações,[80] também indeferido na data da aprovação do projeto em análise.

---

[78] Diário da Câmara dos Deputados – DCD, (30/11/2011, p. 125-128).

[79] Diário da Câmara dos Deputados – DCD, (20/12/2011, p. 111), também com publicação de apensação do PL 4144/2004. Em 28/03/2012 é solicitada a desapensação do referido PL, o que é aprovado na Câmara junto com a aprovação do PL 2.793/2011, em 15/05/2012.

[80] O referido PL 3558/2012 encontra-se em andamento na Câmara dos Deputados, tratando, além dos aspectos da tipificação do crime de modificação de dados em sistemas de informação, aspectos relativos à "utilização de sistemas biométricos, a proteção de dados pessoais e dá outras providências" (DCD, 28/03/2012, p. 444-445). Acompanhamento do projeto (CÂMARA DOS DEPUTADOS, 2012).

O PL 2.793/2011 é aprovado em 15/05/2012, portanto, 11 dias após a primeira divulgação do vazamento das fotos da atriz Carolina Dieckmann. Na explicação da Ementa do PL, no site da Câmara dos Deputados, há informação da alteração do Código Penal e que a Lei é "conhecida como Lei Carolina Dieckmann".[81]

A redação final do texto é então remetida ao Senado Federal, casa legislativa na qual fica em debate por apenas 5 meses, sendo aprovado com Emendas. Durante esse período, destaca-se o "discurso político" do Deputado Federal Eduardo Azeredo, reconhecendo a influência da mídia no trabalho do legislativo quanto ao PL em questão:

> Países como Estados Unidos e França têm tomado providências no sentido de coibir esses crimes que surgiram com o advento dos meios digitais de comunicação. Mas no Brasil essas ações são tomadas sempre a reboque dos fatos. Só para lembrar, *foi necessário um episódio isolado, envolvendo a atriz Carolina Dieckmann, para que o Legislativo se movimentasse pela aprovação de regras que possam suprir lacunas existentes em nosso arcabouço legal, desatualizado se comparado às práticas cibercriminosas.*
>
> Foi assim que, *em maio, aprovamos aqui na Câmara, em regime de urgência, o Projeto de Lei nº 2.793, de 2011*, de autoria, entre outros, do Deputado Paulo Teixeira, do PT de São Paulo. Foi um avanço, não se pode negar. Mesmo tarde e movido pela mídia, o Governo atentou para a questão urgente dos delitos digitais.
>
> Esse projeto tem, no entanto, um longo caminho a percorrer. Aprovado pela Câmara, seguiu para o Senado. Precisará, então, retornar à Câmara e – aí sim – será encaminhado à sanção presidencial (AZEREDO, 2012, grifo nosso).[82]

Diferente da Câmara dos Deputados, na qual o PL 2.793/2011 não recebeu nenhum parecer das Comissões na primeira fase, no Senado Federal, com tramitação sob o PLC nº 35/2012, após mais de três meses recebe parecer da Comissão de Ciência, Tecnologia, Inovação, Comunicação e Informática (CCT), com 5 Emendas ao projeto aprovado na Câmara[83] e tentativa de aprovação na mesma data (29/08/2012). Dias após, em 13/09/2012, é incluído na ordem do dia, porém também não há acordo de lideranças para votação do PLC.

Em final de outubro de 2012 o PLC novamente é encaminhado ao Plenário do Senado Federal, colocado em votação e aprovado com base no Parecer nº 1.334, de 2012-CDIR (Comissão Diretora),[84] com as Emendas[85] ao projeto original, sendo, então, devolvido à Câmara dos

---

[81] Câmara dos Deputados (2011b).

[82] Íntegra do discurso citado disponível em <http://goo.gl/iclctZ> (último acesso em 04 de jan. de 2016).

[83] Parecer nº 1.054, de 2012 (CCT).

[84] SENADO. *Parecer nº 1.334, de 2012*. Disponível em: <http://www.senado.gov.br/atividade/materia/getPDF.asp?t=116129&tp=1>. Acesso em: 04 de jan. de 2016.

[85] Segundo reportagem da Confederação Nacional das Instituições Financeiras (CNF, 2012), as "emendas [propostas] aperfeiçoam o texto do projeto ao tornar os termos mais adequados às

Deputados, que recebe a comunicação no dia 05/11/2012 e o apresenta ao Plenário no mesmo dia. Porém é enviado às Comissões de Segurança Pública e Combate ao Crime Organizado (SPCCO) e de Constituição e Justiça e de Cidadania (CJC), cuja análise ocorreu em um dia apenas (06/11/2012) e o parecer foi escrito à mão,[86] no dia seguinte é colocado em votação, tendo a aprovação de três emendas do Senado Federal e a rejeição de outras duas.

Assim, em menos de um ano, o PL 2.793/2011 é aprovado e encaminhado à Presidência da República para sanção, gerando, em 30/11/2012, a Lei 12.737/2012, cuja vigência ocorreria depois de decorridos 120 dias da publicação no DOU (03/12/2012), ou seja, 02/04/2013.

2.3. Desconstrução de certezas: aspectos tecnológicos e jurídicos da Lei 12.737/12

Aprovada pelo sistema político e sancionada pelo Estado, na análise da Lei 12.737/12 não se poderá furtar de observação dos aspectos tecnológicos e jurídicos, porquanto a má concepção daqueles poderá importar violação de direitos e garantias fundamentais.

Visando a estabelecer a metodologia desta parcela de estudo e seu recorte metodológico, apartar-se-á os artigos e, mais especificamente, os termos (*standards* legais) a serem abordados criticamente. A Lei 12.737/12 acrescentou dois artigos ao Código Penal: art. 154-A e art. 154-B; da mesma forma, inseriu dois parágrafos a artigos distintos: o § 1º do art. 266 (renomeando o seu único parágrafo anterior para § 2º) e, o parágrafo único do art. 298. Destas disposições não há necessidade de análise do art. 154-B,[87] por se tratar de uma norma procedimental, que prevê o tipo de ação penal no caso do art. 154-A (ação penal condicionada à representação, em regra), e, também, não será analisada a inserção da "Falsificação de cartão" prevista no único parágrafo do art. 298.[88]

---

condutas que se pretendem incriminar e ao garantir punição menos branda aos crimes cometidos por meio informático".

[86] Disponível em <http://goo.gl/9hyJAD>.

[87] Redação do art. 154-B: "Nos crimes definidos no art. 154-A, somente se procede mediante representação, salvo se o crime é cometido contra a administração pública direta ou indireta de qualquer dos Poderes da União, Estados, Distrito Federal ou Municípios ou contra empresas concessionárias de serviços públicos".

[88] Redação do art. 298 (Falsificação de documento particular), incluindo seu parágrafo único, inserido pela Lei 12.737/12: Art. 298 – Falsificar, no todo ou em parte, documento particular ou alterar documento particular verdadeiro: Pena – reclusão, de um a cinco anos, e multa. Falsificação

Nesse passo, a análise desde o ponto de vista dogmático, técnico e jurídico, torna-se importante para verificar se o fim teleológico da Lei pode ser atendido, ou seja, se o contingenciamento pelo Direito, criado pelo sistema político nessas circunstâncias, pode atender aos anseios sociais de maneira adequada e equilibrada.

2.3.1. Violação de dispositivo informático

O art. 154-A possui, além de sua disposição principal, cinco parágrafos e todos devem ser analisados e interpretados em conjunto. Logicamente, esta observação teórico-crítica iniciar-se-á pelo *caput* do referido artigo:

> Art. 154-A. Invadir dispositivo informático alheio, conectado ou não à rede de computadores, mediante violação indevida de mecanismo de segurança e com o fim de obter, adulterar ou destruir dados ou informações sem autorização expressa ou tácita do titular do dispositivo ou instalar vulnerabilidades para obter vantagem ilícita:
>
> Pena – detenção, de 3 (três) meses a 1 (um) ano, e multa.

O tipo penal contém dois verbos nucleares, *invadir* e *instalar*, o que lhe dá um enfoque de delito comissivo, pois decorrente de uma atividade positiva do agente, embora também se possa conceber, na excepcionalidade, o comissivo por omissão, na hipótese em que o resultado deveria ser impedido pelos garantes (art. 13, § 2º, do CP).[89] É delito de prática instantânea, pois a conduta não se prolonga no tempo, embora seus resultados possam ser obtidos durante o período que perdurar a invasão ou enquanto estiver instalado o aplicativo no dispositivo informático.[90]

Conforme Maggio (2013, s/p.), é "tipo misto alternativo, onde o agente responde por crime único se, no mesmo contexto fático, praticar uma ou as duas condutas típicas (invadir e instalar)". Em todo o caso, o tipo penal não permite a modalidade culposa, e o elemento subjetivo do tipo é o dolo, baseado na vontade livre e consciente em executar os verbos nucleares, necessitando, também, da presença da finalidade especial na ação, qual seja, respectivamente, a invasão deve ser realizada com o fim de obter, adulterar ou destruir dados, ou informação e a instalação deve ocorrer com o objetivo de obtenção

---

de cartão (Incluído pela Lei nº 12.737, de 2012). Parágrafo único. Para fins do disposto no caput, equipara-se a documento particular o cartão de crédito ou débito.

[89] Poder-se-á exemplificar a posição de garante com a atividade do administrador de uma rede de computadores, o administrador de um banco de dados etc.

[90] Também é monossubjetivo, pois que pode ser praticado por um único agente.

de vantagem indevida. Ambas as condutas previstas no artigo (*caput*) permitem a tentativa.[91]

O verbo nuclear *invadir*, primeira conduta prevista no caput do art. 154-A, pressupõe penetrar, ingressar ou violar sem autorização, sem permissão, portanto usando força bruta (*brute force*),[92] seja por tentativas de acesso com uma variação de senhas (manualmente ou através de sistema robotizado), seja por explorar uma vulnerabilidade que permite a invasão, seja pela utilização de engenharia social,[93] entre outras possibilidades. O *invadir* se caracteriza por quem *não está dentro* querer/desejar estar; pressupõe o *estar fora* e a intenção de *estar dentro*, usando para isso os meios de força necessários. Mas também não é um *desejo simples* de estar dentro: é lá estar para obter, adulterar ou destruir algo, no caso, dados e informações armazenadas.

A conduta típica *invadir* é de forma vinculada e plurissubsistente, ou seja, exige a correlação de vários aspectos (atos) em conjunto: (a) a invasão deve ser em dispositivo informático; (b) o dispositivo deve ser alheio; (c) o dispositivo pode estar ou não conectado a uma rede de computadores; (d) a invasão deve ocorrer mediante a violação de mecanismo de segurança; (e) essa violação ao mecanismo de segurança deve ser indevida; (f) a invasão deve ter por finalidade a obtenção, adulteração ou destruição de dados ou informações, e, ainda, (g) a ação deve ser realizada sem autorização, tácita ou expressa, do titular do dispositivo. No entanto, tão só pelo verbo nuclear *invadir* estar-se-á, no caso da informática, frente a um universo de possibilidades de execução da ação, pelo que sua forma (de execução) é livre.

Destaca-se, do texto legal, quatro conceitos da área tecnológica: *dispositivo informático, rede de computadores, mecanismo de segurança* e

---

[91] A tentativa é possível tecnicamente, como nos casos em que o autor tenta invadir um computador ou *pen drive* com senha e não consegue ou, também, nas circunstâncias em que por tentativas tenta aceder a uma conta de e-mail e/ou rede social. A dificuldade, nestes casos, fica em relação à prova da tentativa. De outra parte, também pode gerar a discussão se o envio de e-mail com um arquivo ou link para instalação de um código malicioso é uma forma de tentativa, pois que busca fazer com que a vítima incorra em erro e baixe o programa, instalando-o no seu computador. Certo é que para os usuários que já conhecem a metodologia de ação criminosa, esse tipo de ato (envio de e-mail com arquivo ou link para código malicioso) é impossível de se concretizar, tornando-se uma tentativa de crime impossível.

[92] Método para quebrar senhas por tentativas com base em um banco de dados de palavras, números e caracteres especiais.

[93] Engenharia social é o termo (mais comum) utilizado para a técnica usada pelos criminosos para fazer com que a vítima forneça informações de modo voluntário e/ou execute alguma ação que vá beneficiar o autor, como com a coleta de dados e informações de seu computador, *tablet* ou *smartphone*. Segundo Crespo (2011, p. 82), a tradução ideal para o termo em inglês *social engineering* deveria ser *engenhosidade social* e corresponde ao "método de mascarar a realidade para explorar ou enganar a confiança de uma pessoa detentora de dados importantes a que se quer ter acesso".

dados ou informações. Em nenhum desses *standards* legais o legislador delimitou a abrangência/definição e deixou esta tarefa aos intérpretes, leia-se aplicadores da Lei.[94]

2.3.1.1. Standards legais do caput do art. 154-A: amplitude e restrição interpretativa

Pensar em *dispositivo informático* nos leva a imaginar um computador ou um *notebook*,[95] um pen drive ou um *Hard Disk* (HD) externo,[96] um celular ou um *smartphone*[97] etc. Mas estaria o legislador também tentando proteger dispositivos e/ou aplicativos que rodam na computação em nuvem[98] na Internet? O Facebook, o Twitter, os e-mails, fóruns privados enquanto aplicações na rede mundial de computadores, estariam abrangidos? Não ficou claro! Por isso, há necessidade de buscar socorro na conceituação dos termos do ponto de vista tecnológico.

O termo *dispositivo* tem origem no inglês *device* e, na definição dada pelo Dicionário Houais (HOUAIS; VILLAR, 2009, p. 696), é "o conjunto de componentes físicos ou lógicos que integram ou estão conectados a um computador, e que constituem um ente capaz de transferir, armazenar ou processar dados". Assim, seu contexto abrange qualquer máquina ou (conjunto de) componentes que se conectam a um computador, como no caso de pen drive, HD externo, mouse, teclado, *tablet*, *smartphone* etc., sendo que para os efeitos da lei em análise deve ter a possibilidade de conter dados ou informações que, por

---

[94] Não se tem a pretensão de questionar se é correto ou não o legislador trazer definições no próprio ato normativo, porquanto não é, necessariamente, sua função, embora, por vezes, têm usado dessa prática (v.g., na Lei 12.965/14, o Marco Civil da Internet).

[95] Notebook é o computador portátil com peso aproximado de 2kg. De tamanho menor são os *netbooks* e, de peso menor, são os *ultrabooks*.

[96] Pen drives e HDs são dispositivos de armazenamento de conteúdo, de dados e informações, usados não só para fins de portabilidade destes, mas também para segurança e guarda de dados, ou seja, *backup* de dados e informações.

[97] Smartphones são celulares com aplicações e funções de computadores, como recebimento e troca de e-mails, acesso às redes sociais, ferramentas de geolocalização etc.

[98] Computação em nuvem ou *cloud computing* é, segundo Sousa, Moreira e Machado (2009, p. 3), "é uma metáfora para a Internet ou infra-estrutura [sic] de comunicação entre os componentes arquiteturais, baseada em uma abstração que oculta a complexidade de infra-estrutura [sic]. Cada parte desta infra-estrutura [sic] é provida como um serviço e, estes serviços são normalmente alocados em *data-centers*, utilizando hardware compartilhado para computação e armazenamento." Ou, reduzindo complexidades conceituais, é a possibilidade de utilização, armazenamento, processamento e transmissão de dados ou informações não de um sistema no qual as partições a alocações são conhecidas pelos usuários, mas de ambientes digitais a ele "oferecidos" ou disponíveis para utilização, porém sem que ele saiba identificar a localização correta dos arquivos, se não apenas o responsável pela guarda do mesmo.

sua vez, tenham relação direta/indireta com o titular, seja ele pessoa física ou jurídica.[99]

Como se percebe, a expressão *dispositivo* já carrega em si a conexão com a *informática*, que tem origem na expressão francesa *informatique*, criada pelo francês Phillipe Dreyfus na década de 1960, como um acrônimo das palavras "informação" e "automática" (GUILLERMO LUCERO; ANDRÉS KOHEN, 2010, p. 15, tradução livre), referindo-se, portanto, ao tratamento automático de informações, sendo, segundo o Dicionário Houais (HOUAIS; VILLAR, 2009, p. 1082), a "ciência que se dedica ao tratamento da informação mediante o uso de computadores e demais dispositivos de processamento de dados".

Por isso, reforça-se a concepção de que *dispositivo informático* possa ser qualquer equipamento ou componente de equipamento computacional ou, ainda, que se conecte a um computador, ou seja, um hardware, mas que, para efeitos da aplicação do art. 154-A, também tenha o componente lógico, que é um *software*, capaz de processar, armazenar, organizar e estabelecer conexão com outros equipamentos computacionais, uma vez conectados.[100]

Ainda, acrescenta-se que, segundo os argentinos Guillermo Lucero e Andrés Kohen (2010, p. 16-17), para que se possa considerar um sistema informático se deve verificar, necessariamente, a realização das seguintes tarefas básicas: (1) entrada, com aquisição dos dados; (2) processo, com tratamento dos dados, e, (3) saída, com transmissão dos resultados.

Sendo assim, há que se compreender como incidente o tipo penal ao agente que invade, *v.g.*, o perfil de um usuário numa rede social ou em serviço de e-mail, assim como quando, por fraude, obtém acesso a uma conta de usuário em um banco de dados em nuvem.[101]

Em relação à *rede de computadores* ficou claro que não há necessidade de que o dispositivo informático esteja conectado a ela. O com-

---

[99] Segundo Fragomeni (1986, p. 187), dispositivo é: "1) Equipamento, aparelho, instrumento, componente ou qualquer engenho mecânico, elétrico ou eletrônico projetado para uma função específica. Não pode ser posteriormente reduzido ou dividido sem prejuízo de sua função (ex.: transistores, núcleos magnéticos, resistores, dispositivos de E/S). 2) Em um computador, qualquer das unidades periféricas ou facilidades internas físicas ou lógicas destinadas a realizar uma função específica. 3) Dispositivo ativo (v.)".

[100] Sydow (2013, p. 291) considera dispositivo informático "qualquer *hardware* que trabalhe com o trato automático de informações e possua em si capacidade de armazenamento de dados confidenciais".

[101] Sydow (2013, p. 291) entende de maneira diversa quanto às "contas em serviços exclusivamente on-line (por ausência de suporte/dispositivo), softwares (bens imateriais) e também aparelhos eletrônicos que não tenham por função específica o uso no ambiente informático e que não possuam dados resguardados pelo sigilo em si (por exemplo, relógios digitais) por não se adequarem ao destino da norma".

putador é uma máquina destinada ao processamento de dados, capaz de obedecer às instruções que visam produzir certas transformações nesses dados para alcançar um fim determinado. (HOUAIS; VILLAR, 2009).

A conexão, privada ou pública, entre 2 ou mais computadores é denominada de rede e tem o objetivo de, uma vez interligados, compartilhar dados e informações. A Internet é a "rede das redes", pois conecta todas entre si. No entanto, existem redes locais, privadas, denominadas de LAN (acrônimo de *Local Area Network*), que são redes locais de computadores, utilizadas na interconexão de equipamentos processadores com a finalidade de troca de dados dentro de uma pequena área geográfica, como escritório ou edifícios, não excedendo uma área de 1km. Além disso, existem as redes MAN, WAN e PAN: as redes MAN (*Metropolitan Area Network*) interligam várias LAN's geograficamente próximas, normalmente na mesma cidade ou cidades próximas, não excedendo a algumas dezenas de quilômetros; já as redes WAN (*Wide Area Network*), ou Rede de Longa Distância, é uma rede de computadores que abrange uma grande área geográfica, com frequência um país ou continente; finalmente, a rede PAN (*Personal Area Network*), são redes pessoais, presentes em regiões delimitadas, próximas umas das outras. (GRECO, 2014, s/p.).

No entanto, importante frisar que não abrange apenas computadores, ou seja, estações de trabalho, como PCs, *notebooks*, *netbooks*, *tablets*, *smartphones*, entre outros, mas também servidores (com alta capacidade de processamento), em especial aqueles com a função e aplicações para atividades em rede; ainda, dispositivos de rede, como roteadores, e protocolos de comunicação (que correspondem à linguagem de operação entre os equipamentos interconectados).

Nesse contexto, a norma penal estabelece a desnecessidade de conexão à rede de computadores. Por outro lado, o dispositivo invadido não necessita ser uma estação de trabalho, podendo sê-lo um equipamento de interconexão entre as máquinas que, uma vez tendo seu código de programação modificado pelo agente ou com o uso de algum código malicioso, permite que tenha acesso a dados/informações, podendo barrá-los (impedir o tráfego de dados), destruí-los (impedindo a continuidade do processamento desse dado) ou modificá-los (para que cheguem ao destino adulterados).

Quanto ao *mecanismo de segurança*, seria ele restrito a apenas algumas formas de proteção ou deveria englobar todo mecanismo computacional, desde uma senha ou um antivírus até a tecnologia mais moderna de detecção/barramento de intrusões e invasões?

Mecanismo de segurança, portanto, é outro *standard* legal do dispositivo que depende de interpretação frente ao contexto tecnológico, porquanto deve ser ele um método/procedimento realizado/programado pelo detentor do dispositivo para restringir o acesso não autorizado, tácita ou expressamente, de outrem a dados/informações seus. É, segundo Fragomeni (1986, p. 580), a prevenção "do acesso ao uso de dados ou programas sem autorização".

Portanto, o *mecanismo de segurança* deve (a) prover autenticidade no acesso ao dispositivo, como senhas, "*tokens*, cartões de numeração, criptografia, esteganografia, impressão palmar, leitura de íris" (SYDOW, 2013, p. 293), biometria (por voz ou impressão digital e reconhecimento facial), "a trava de segurança, o *firmware* que impede o acesso ao código fonte e outros dados do software do dispositivo" (MAGGIO, 2013, s/p.), "assinatura digital, chave de segurança" (REIS, 2014, p. 5987), e (b) evitar que terceiro não autorizado tenha acesso ao conteúdo, armazenado ou em tratamento, em dispositivo informático.

Diferente do que pensam vários autores: Eliezer e Garcia (2014, p. 76), Jahnke e Gossling (2013, p. 832), Cabette (2013, s/p.) e Cavalcante (2014, s/p.) afirmam, em suma, que antivírus é "sistema de segurança" para efeitos da Lei Carolina Dieckmann, mas nem sempre firewall (proteção contra acessos externos existente na maioria dos sistemas operacionais), antivírus, antimalware e/ou antispyware são mecanismos de segurança aptos a tentar impedir o acesso ao dispositivo. Em regra, esses softwares, por si sós, não são hábeis a barrar o acesso (direto) ao dispositivo, porém podem ser eficazes em barrar o acesso remoto ao dispositivo, quando o agente criminoso procura obter controle do dispositivo através do seu controle remoto, em regra instalando alguma vulnerabilidade. Porém, nesse caso, estaria configurada a qualificação delitiva prevista no § 3º, *in fine*, do art. 154-A.

Como visto, a ação de invadir deve ser voltada para atingir um fim específico, qual seja, obter, adulterar ou destruir *dados ou informações*. Conforme Guillermo Lucero e Andrés Kohen (2010, p. 16, tradução livre) "um dado por si mesmo não constitui informação; simplesmente é uma representação simbólica, atributo ou característica de uma entidade", ao passo que "a informação é um conjunto de dados processados que tem relevância, propósito ou utilidade para seu receptor".

> Es por ello que los datos se convierten en información cuando su creador les añade significado, siendo esto un proceso fundamental en el campo de la informática. (GUILLERMO LUCERO; ANDRÉS KOHEN, 2010, p. 16).[102]

---

[102] Em tradução livre: "É por isso que os dados são convertidos em informação quando seu criador acrescenta significado para eles, sendo este um processo essencial no campo da informática".

O fim específico do agente invasor, em relação ao dado/informação, deve ser de, sem autorização tácita ou expressa do titular do dispositivo (proprietário/possuidor e/ou usuário):

a) *obter*: apropriar-se indevidamente (SCARMANHÃ; FURLANETO NETO; SANTOS, 2014, p. 241); fazer cópia do dado ou acesso à informação (SYDOW, 2013, p. 291); acesso a simples conhecimento do teor de postagens em redes sociais (de compartilhamento específico para os amigos, sem acesso público, por exemplo),[103] a vídeos e imagens nos dispositivos;

b) *adulterar*: alterar, modificar, tanto o arquivo quanto o seu conteúdo (SYDOW, 2013, p. 291); corromper um arquivo (GRECO, 2014, s/p.);[104] e

c) *destruir*: inutilizar ou causar violação irreparável da integridade de arquivo (SYDOW, 2013, p. 291); aniquilar, fazer desaparecer, arruinar (GRECO, 2014, s/p.).

Entretanto, embora tenha de restar comprovado o fim específico, não há necessidade, para consumação do delito, que esse fim seja alcançado, o que seria mero exaurimento do delito.

Já a segunda parte do tipo penal, a partir do "ou", que contém o núcleo típico *instalar*, denota a necessidade de correlação com o termo, no plural, *vulnerabilidades*, que "tem o sentido de estabelecer brecha que permita a invasão indevida ao dispositivo informático" (SCARMANHÃ; FURLANETO NETO; SANTOS, 2014, p. 242), porém tem de possuir o agente o fim específico de obter vantagem ilícita de qualquer natureza, não necessariamente que seja vantagem econômica, "podendo ser sexual, competitiva, intelectual etc.". (SYDOW, 2013, p. 300).

Nesse contexto, de interpretação restritiva da norma penal, caso a instalação de aplicativo com o objetivo de obter vantagem indevida seja comprovada, mas que tenha sido detectada apenas *uma* vulnerabilidade instalada, a conduta é atípica. A instalação de vulnerabilidades deve ser comprovada através da perícia forense. Assim, pode ser instalada apenas uma aplicação, de índole maliciosa, porém deve explorar mais de uma vulnerabilidade, como, por exemplo, captação de dados digitados e captação de imagens do dispositivo.

---

[103] Observar que se a obtenção for de comunicações eletrônicas privadas, como e-mails, torpedos, etc., a figura típica penal não é a do caput do art. 154-A e sim a figura qualificada do § 3º do mesmo artigo. (MÁGGIO, 2013). De outro lado, se o acesso às comunicações eletrônicas privadas for por um procedimento de interceptação telemática ou de informática, o tipo penal a ser usado é o do art. 10 da Lei 9.296/96.

[104] Greco (2014, s/p.) coloca entre as possibilidades de adulteração o fato de alguém *estragar* o conteúdo de um arquivo. Porém, crê-se que a hipótese se enquadra na finalidade de *destruir*.

Importante frisar outro aspecto (duvidoso) da redação do caput do art. 154-A: o contexto do "instalar vulnerabilidades para obter vantagem ilícita" é continuidade alternativa do fim específico exigido no contexto de invasão e todos os complementos necessários (violação indevida de mecanismo de segurança etc.)? Ou, trata-se o artigo de tipo penal misto alternativo, sendo a conduta de instalar vulnerabilidades uma conduta autônoma? Tem-se, pela segunda hipótese, por pelo menos duas circunstâncias: a uma, a conduta de *instalar vulnerabilidades* tem um fim específico próprio, qual seja a obtenção de vantagem ilícita; a duas, a instalação de vulnerabilidades pressupõe, tecnicamente, a invasão de dispositivo informático alheio, violando mecanismos de segurança, diretos (usuário/senha) ou indiretos (antivírus, *firewall* etc.) e, dependendo da vulnerabilidade instalada/explorada, será de obter ou, ao menos, adulterar os dados e informações da vítima.

De outra parte, cumpre referir, tecnicamente, que não existe a possibilidade de "instalar vulnerabilidades", mas sim instalar uma aplicação capaz de explorar vulnerabilidade ou vulnerabilidades que já existem previamente e que foram descobertas pelo agente delituoso.

Relativamente ao bem jurídico protegido, deve-se observar que o artigo 154-A está inserido na Seção III (Dos Crimes contra a *Liberdade de Correspondência*) do Capítulo VI (Dos Crimes contra a *Liberdade Individual*) do Título I (dos Crimes contra a *Pessoa*) do Código Penal. Assim, logicamente, a proteção é em relação à *liberdade* individual no contexto da utilização dos dispositivos informáticos e seu potencial em armazenamento de dados, comunicação e reprodução, referindo-se, também logicamente, à necessidade pessoal de manter aspectos da vida privada e da intimidade em sigilo, reserva.

Não há, assim, a proteção à *rede de computadores* ou a *dispositivo informático*, mas ao que representa o *dado ou informação* em relação ao titular. Portanto, o contingenciamento jurídico criado pelo legislador infraconstitucional visa a proteger *dados ou informações* constantes em *dispositivos informáticos* do acesso alheio, da adulteração ou destruição por outrem, independente do conteúdo deste *dado ou informação*. Por isso, a proteção jurídica pretendida pelo legislador penal vai além da vida privada e da intimidade, incluindo o contexto econômico (empresarial, industrial), o ocupacional (trabalho), o lazer, o desejo, a produção intelectual,[105] entre outros.

---

[105] Não se confunda a proteção em relação ao armazenamento, eventual destruição ou adulteração de dados ou informações de cunho autoral protegidas pelo direito autoral, com a violação do direito autoral, prevista no art. 184, caput e §§, do Código Penal.

Logicamente, o ideal é que o legislador especificasse um bem jurídico específico no Código Penal e que se refira aos dados e/ou informações inseridos, armazenados, processados e transmitidos via sistema informático e/ou Internet. Voltar-se-á a esta discussão relativa ao bem jurídico no último capítulo deste trabalho.

2.3.1.2. Debates quanto aos parágrafos do art. 154-A do Código Penal

Os parágrafos do art. 154-A do Código Penal possuem, além de duas hipóteses de aumento de pena (§§ 2° e 5°), uma figura de equiparação (§ 1°) e outra de qualificação do delito de invasão a dispositivo informático (§ 3°), a qual tem previsão específica de aumento de pena (§ 4°).

Quanto às hipóteses de aumento de pena, a primeira é prevista no segundo parágrafo[106] do referido artigo referindo-se, tão somente, ao *caput* do mesmo, contemplando o aumento de um sexto a um terço da pena no caso de a invasão resultar prejuízo econômico, o qual deve ser comprovado por qualquer meio legal,[107] seja pela vítima, seja por perito, seja pelo contexto investigativo. Porém o prejuízo econômico não pode ser apenas alegado ou afirmado, mas devidamente comprovado, por cifras financeiras, contendo a correlação do prejuízo suportado pela ação de invasão.

A segunda hipótese de aumento de pena tem a ver com a condição especial da vítima, ou seja, sua ocupação, considerando-se o acesso que possuem a dados/informações de interesse do Estado. No caso, o aumento é de um terço à metade se o crime for praticado contra Presidente da República, governadores, prefeitos, Presidente do Supremo Tribunal Federal, Presidente da Câmara dos Deputados, do Senado Federal, de Assembleia Legislativa do Estado, da Câmara Legislativa do Distrito Federal ou de Câmara Municipal ou, ainda, dirigente máximo da administração direta e indireta federal, estadual, municipal ou do Distrito Federal.

No entanto, não restaram abrangidas da proteção outras pessoas que, em que pese sua qualidade especial e acesso a dados e informações restritas/sigilosas, também podem e são potenciais vítimas de invasão/acesso indevido aos seus dispositivos informáticos. Assim,

---

[106] Art. 154-A, § 2°: "Aumenta-se a pena de um sexto a um terço se da invasão resulta prejuízo econômico".

[107] Segundo Sydow (2013, p. 303), são exemplos de prejuízos econômicos a "contratação de um serviço de suporte para recuperação do dado, divulgação de segrego comercial, produto ou patente, mudança de senhas que gerem impacto econômico".

não haverá aumento de pena no caso de a vítima ser um Vice-Governador, um Vice-Prefeito ou diplomatas, embaixadores e, inclusive, dirigentes de empresas de tecnologia que detêm, por licitação, contrato de armazenamento/tratamento e disponibilidade de conteúdos de interesse do Estado/governos.

O art. 154-A, § 1º, contém uma figura típica equiparada ao *caput*, estabelecendo que "Na mesma pena incorre quem produz, oferece, distribui, vende ou difunde dispositivo ou programa de computador com o intuito de permitir a prática da conduta definida no *caput*". Assim, além dos verbos nucleares do tipo deverá a ação ser voltada a dispositivo ou programa de computador e com o intuito de permitir a prática da invasão de dispositivo informático ou instalação de códigos maliciosos (capazes de explorar vulnerabilidades).

Logicamente, haverá de ser comprovado o dolo do agente quanto à produção (criação, fábrica ou desenvolvimento) e intermediação de *dispositivo* ou *programa de computador* (leia-se *software*), através do oferecimento (exposição, exibição, proposição ou oferta), distribuição (entrega, dação ou doação, envio), venda (alienação, disposição ou cessão por valor definido) e difusão (transmissão, envio, propagação, compartilhamento) a terceiros.

No entanto, a produção e intermediação devem ser relativas a dispositivos que tenham por finalidade invadir outros dispositivos informáticos ou instalar neles vulnerabilidades, como os dispositivos interconectadores[108] a computadores ou similares, capazes de capturar dados de tarjas de cartões de crédito ou o que é digitado no teclado (popularmente denominados "chupa-cabras", que burlam mecanismos de autenticação do sistema) ou de possibilitar a "exploração" do sistema.

Por outro lado, quanto ao desenvolvimento ou repasse, a título gratuito ou oneroso, de programas de computador – como vírus,[109]

---

[108] Dispositivos tecnológicos produzidos com a finalidade de, uma vez conectados entre um computador ou similar e outro dispositivo, duplicar dados através de uma aplicação maliciosa ou, através da sua programação, possibilitar o acesso ao computador a que estiver conectado e/ou explorar o sistema nele instalado, com o fim de obter, destruir ou adulterar dados ou informações.

[109] Conforme salienta Crespo (2011, p. 74), os vírus de computador nada mais são do que programas como outros tantos, porém com a peculiaridade "de que, enquanto normalmente os programas visam um aumento de produtividade no ambiente de trabalho, o vírus intentará atravancá-lo, destruí-lo, dificultar-lhe o funcionamento". A finalidade principal dos vírus é destruição/obstrução dos sistemas onde são instalados. Em regra, o vírus muda a estrutura do sistema operacional onde está instalado, destruindo ou alterando dados ou fazendo outras ações nocivas. (ROSA, 2002, p. 67).

cavalos de troia (*trojans horses*),[110] *worms*,[111] entre outros – também devem ser criados com a intenção de serem utilizados em invasão a dispositivos informáticos ou para instalar vulnerabilidades. Caso não seja comprovado que o software foi criado com a finalidade dolosa de invadir dispositivo informático ou instalar vulnerabilidades não restará tipificada a conduta. Importante considerar que o *standard programa de computador* tem sua definição em lei e, conforme o art. 1º da Lei 9.609/1998, o *software* ou *programa de computador* é a expressão de um conjunto organizado de instruções em linguagem natural ou codificado, contido em suporte físico de qualquer natureza, de emprego necessário em máquinas automáticas de tratamento da informação, dispositivos, instrumentos ou equipamentos periféricos, baseados em técnica digital ou análoga, para fazê-los funcionar de modo e para fins determinados.

Portanto, softwares produzidos pelos estudantes de Ciências da Computação com finalidades acadêmicas e/ou criados por empresas da área de Tecnologia da Informação (TI) com a finalidade de testar a segurança e credibilidade de outros *softwares*/sistemas, não podem ser motivo/justa causa para iniciar uma investigação criminal. Tal circunstância, aliás, violaria direitos humanos, no caso, de acesso livre ao desenvolvimento e benesses da informática e da Internet.

Finalmente, o tipo penal de "invasão qualificada de dispositivo informático", e sua causa específica de aumento de pena (SYDOW, 2013, p. 304), estabeleceu o legislador, no art. 154-A, §§ 3º e 4º, que:

§ 3º Se da invasão resultar a obtenção de conteúdo de comunicações eletrônicas privadas, segredos comerciais ou industriais, informações sigilosas, assim definidas em lei, ou o controle remoto não autorizado do dispositivo invadido:

Pena – reclusão, de 6 (seis) meses a 2 (dois) anos, e multa, se a conduta não constitui crime mais grave.

§ 4º Na hipótese do § 3º, aumenta-se a pena de um a dois terços *se houver divulgação, comercialização ou transmissão a terceiro, a qualquer título*, dos dados ou informações obtidos. (Grifo nosso).

Trata-se, primeiramente, de tipo penal de caráter residual e aplicável de maneira restrita, porquanto se constituir delito mais grave

---

[110] Os cavalos de troia são programas maliciosos, propagados em regra por e-mail ou redes sociais, utilizados para capturar informações do usuário dos sistemas operacionais onde está instalado. São utilizados para coleta de dados bancários das vítimas, além das credenciais de acessos às contas de e-mail, redes sociais, companhias aéreas, entre outras. Assim, a coleta de dados/informações, visa, sobretudo a uma obtenção, sequencial, de vantagem financeira indevida.

[111] Os *worms* (vermes) podem ser considerados uma espécie de vírus, porém com a capacidade de autorreplicação e podendo conter várias programações, previamente definidas pelo seu criador. Podem, segundo Crespo (2011, p. 74), causar lentidão na máquina e até mesmo a perda de dados, podendo-se propagar para outros sistemas, além de possibilitar o controle remoto.

Internet & Direito Penal
RISCO E CULTURA DO MEDO

este deve ser considerado;[112] também, caso o objetivo da invasão for outro que não (a) o conteúdo de comunicações eletrônicas privadas, (b) segredos comerciais ou industriais, (c) informações sigilosas, assim definidas em lei, ou, (d) o controle remoto não autorizado do dispositivo violado, restará à tipificação do caput do art. 154-A. Assim, segundo Maggio (2013, s/p.), são duas as figuras qualificadas, a saber:

> (a) Se da invasão resultar a obtenção de conteúdo de comunicações eletrônicas privadas, segredos comerciais ou industriais, informações sigilosas, assim definidas em lei – São três hipóteses: (1) obtenção de conteúdo (ou simples conhecimento do teor) de comunicações eletrônicas, como, por exemplo: do Correio Eletrônico (e-mail) e do SMS (Short Messaging Service), por meio dos quais é possível enviar e receber mensagens de texto, imagens, vídeos e clipes de áudio etc.; (2) obtenção de segredos comerciais ou industriais (exemplos: fórmulas, desenhos industriais e estratégias para lançamento de produtos); (3) obtenção de informações sigilosas, assim definidas em lei (norma penal em branco) [...].

> (b) *Se da invasão resultar o controle remoto não autorizado do dispositivo* – Existem diversos programas (*softwares*) que permitem controlar um computador à distância (via *internet* ou rede interna), por meio de outro computador ou até mesmo pelo telefone celular, como se estivesse exatamente na frente dele. Na linguagem técnica de informática, o dispositivo informático do agente passa a se denominar *guest* (hóspede, convidado), e o da vítima, *host* (hospedeiro, anfitrião).

> Essa figura qualificada ocorre quando, após a invasão, o agente instala um programa para acesso e controle remoto do dispositivo, sem a autorização da vítima. (destaques no original).

Os elementos objetivos do tipo penal, *standards* legais do ponto de vista da análise em curso, *comunicações eletrônicas privadas*,[113] *segredos comerciais* ou *industriais*[114] – novamente merecem ser interpretados pelo operador jurídico, porquanto apenas há definição legal para o que é *informação sigilosa*, prevista no art. 4°, III, da Lei 12.527/2011: III – informação sigilosa: aquela submetida temporariamente à restrição

---

[112] Por exemplo, em se tratando de violação de sigilo bancário ou de instituição financeira, o crime é mais gravoso, conforme a Lei 7.492/86, art. 18 (reclusão, de um a quatro anos, e multa) e o agente responde por este delito e não o do § 3° do art. 154-A. Da mesma forma, a ação de coletar o conteúdo de comunicações eletrônicas privadas, segredos comerciais ou industriais, informações sigilosas, assim definidas em lei, sem autorização judicial através de procedimento invasivo de interceptação telemática/informática, restará inserida no tipo penal previsto no art. 10 da Lei 9.296/96 e não o do § 3° do art. 154-A.

[113] Neste conceito inserem-se as comunicações realizadas por e-mail, via chat, comunicadores instantâneos, mensagens privadas em redes sociais e, inclusive, "fax enviados por meio de programas específicos". (SYDOW, 2013, p. 305).

[114] Por exemplo, os pedidos de patentes, conforme Lei 9.279/1996.

de acesso público em razão de sua imprescindibilidade para a segurança da sociedade e do Estado.[115]

O *standard* remanescente e que necessita de interpretação é o "controle remoto" do dispositivo invadido. Segundo Sydow (2013, p. 309), o controle pressupõe determinar os acontecimentos que ocorrem no dispositivo (invadido), ou seja, "impor a sucessão de fatos telemáticos" ou informáticos. Esse controle remoto, portanto indireto ao dispositivo, pode ser feito através de rede lógica, pública ou privada, via ondas (infravermelho, rádio ou *bluetooth*), via sinal wireless (*wi-fi*) ou, também, por uma conexão física, direta, via cabo (conexão ponto a ponto). É de se afirmar que eventual controle remoto autorizado, mesmo havendo excesso por parte do agente, não caracteriza o tipo penal. Por outro lado, se da invasão resultar o controle remoto e isso for comprovado, não há necessidade da comprovação da obtenção de, por exemplo: acesso a arquivos, exclusão/modificação de programas ou cópia de arquivos.

Já a causa de aumento de pena, conforme o § 4º já citado, ocorre quando, no caso das condutas anteriores (do § 3º), há divulgação (tornar público o dado/informação), comercialização (colocar no mercado, estabelecendo preço/valor) ou transmissão (repasse a outra

---

[115] O conceito é complementado pelos arts. 23 e 24 da mesma Lei 12.527/2011, que estabelecem: "Art. 23. São consideradas imprescindíveis à segurança da sociedade ou do Estado e, portanto, passíveis de classificação as informações cuja divulgação ou acesso irrestrito possam: I – pôr em risco a defesa e a soberania nacionais ou a integridade do território nacional; II – prejudicar ou pôr em risco a condução de negociações ou as relações internacionais do País, ou as que tenham sido fornecidas em caráter sigiloso por outros Estados e organismos internacionais; III – pôr em risco a vida, a segurança ou a saúde da população; IV – oferecer elevado risco à estabilidade financeira, econômica ou monetária do País; V – prejudicar ou causar risco a planos ou operações estratégicos das Forças Armadas; VI – prejudicar ou causar risco a projetos de pesquisa e desenvolvimento científico ou tecnológico, assim como a sistemas, bens, instalações ou áreas de interesse estratégico nacional; VII – pôr em risco a segurança de instituições ou de altas autoridades nacionais ou estrangeiras e seus familiares; ou VIII – comprometer atividades de inteligência, bem como de investigação ou fiscalização em andamento, relacionadas com a prevenção ou repressão de infrações. Art. 24. A informação em poder dos órgãos e entidades públicas, observado o seu teor e em razão de sua imprescindibilidade à segurança da sociedade ou do Estado, poderá ser classificada como ultrassecreta, secreta ou reservada. § 1º Os prazos máximos de restrição de acesso à informação, conforme a classificação prevista no caput, vigoram a partir da data de sua produção e são os seguintes: I – ultrassecreta: 25 (vinte e cinco) anos; II – secreta: 15 (quinze) anos; e III – reservada: 5 (cinco) anos. § 2º As informações que puderem colocar em risco a segurança do Presidente e Vice-Presidente da República e respectivos cônjuges e filhos(as) serão classificadas como reservadas e ficarão sob sigilo até o término do mandato em exercício ou do último mandato, em caso de reeleição. § 3º Alternativamente aos prazos previstos no § 1º, poderá ser estabelecida como termo final de restrição de acesso a ocorrência de determinado evento, desde que este ocorra antes do transcurso do prazo máximo de classificação. § 4º Transcorrido o prazo de classificação ou consumado o evento que defina o seu termo final, a informação tornar-se-á, automaticamente, de acesso público. § 5º Para a classificação da informação em determinado grau de sigilo, deverá ser observado o interesse público da informação e utilizado o critério menos restritivo possível, considerados: I – a gravidade do risco ou dano à segurança da sociedade e do Estado; e II – o prazo máximo de restrição de acesso ou o evento que defina seu termo final.

pessoa, sem tornar público) a terceiro, a qualquer título, dos dados ou informações obtidas. Como bem observa Sydow (2013, p. 313), "A causa de aumento de somente poderá ser aplicada na circunstância em que fique demonstrado pericialmente que tanto a conduta quanto a obtenção de dado [ou informação] quanto à de publicização" tenham sido praticadas pelo(s) mesmo(s) agente(s), além de se confirmar, mediante prova na investigação criminal, o dolo em relação às condutas, respectivamente, de invasão (e coleta de dados e informações relativas a comunicações eletrônicas privadas etc.) e divulgação,[116] comercialização ou transmissão.

2.3.2. Interrupção ou perturbação de serviço telegráfico, telefônico, informático, telemático ou de informação de utilidade pública

O art. 266 do Código Penal padecia em desuso, dados os seus parâmetros com base em tecnologias hodiernamente consideradas antigas: serviços telegráficos ou radiotelegráficos. No entanto, a Lei 12.737/2012 reascendeu-lhe a chama ao ter nova redação:

Art. 266. Interromper ou perturbar serviço telegráfico, radiotelegráfico ou telefônico, impedir ou dificultar-lhe o restabelecimento:

Pena – detenção, de um a três anos, e multa.

§ 1º Incorre na mesma pena quem interrompe serviço telemático ou de informação de utilidade pública, ou impede ou dificulta-lhe o restabelecimento.

§ 2º Aplicam-se as penas em dobro se o crime é cometido por ocasião de calamidade pública.

Assim, apenas pelo *caput* do dispositivo em comento poder-se-ia imputar ao agente a ação delituosa voltada à *interrupção* ou *perturbação* de serviço telefônico ou dificultar-lhe o restabelecimento. No entanto, pelo parágrafo primeiro a ação de interrupção pode ser relativa ao serviço telemático ou de informação de utilidade pública. Não incluiu o legislador a mera perturbação ao serviço telemático ou informação de utilidade pública. No entanto, se o serviço telemático ou de informação de utilidade pública já estiver interrompido, será também considerado crime a ação do agente destinada a impedir ou dificultar o seu restabelecimento.

Assim, apontamentos podem ser feitos em relação às manifestações sociais através da Internet, pelos grupos de ativistas, atuação

---

[116] No caso de a divulgação ocorrer sem a autorização (de conhecimentos, informações ou dados confidenciais, utilizáveis na indústria, comércio ou prestação de serviços) e obtidos mediante outras ações que não a invasão a dispositivo informático (outros meios ilícitos ou mediante fraude), a tipificação remanescente é a do art. 195, XII, da Lei 9.279/1996.

denominada de *hacktivismo*, pois que se essas ações atingem sites e servidores de dados públicos, através, por exemplo, de ataques de negação de serviço (quando o site e/ou serviço fica fora do ar)[117] dependendo do contexto e do "serviço" público oferecido, se apenas de informações, conforme redação do § 1º do art. 266 do CP, ou de caráter essencial para a sociedade, conforme o art. 265 do CP,[118] podemos ter interpretações diferentes quanto ao tipo penal adequado.

Porquanto, a análise deve ser pormenorizada e avaliada do ponto de vista técnico para a adequada adaptação ao tipo penal previsto. Os *standards* legais do tipo penal complementar, sejam os verbos nucleares do tipo (interrupção, além do impedimento ou dificultamento), sejam os elementos normativos "serviço telemático" ou "informação de utilidade pública", devem ser interpretados e a área tecnológica interagir com o Direito.

De outra parte, essa ação de ataque de negação de serviço, que causa a interrupção de serviço ou até mesmo a perturbação, quando dirigida a particulares, principalmente empresas, terá outra adequação penal, em face dos tipos penais existentes no Brasil e sua (in)evolução legislativa na área ou, até mesmo, a nenhum tipo penal corresponderá, principalmente se não for tangível o dano imposto com a conduta danosa (art. 163 do CP).

***

Assim, analisadas a cultura do medo no âmbito da Internet e a fragmentação do Direito Penal, tanto revisando a bibliografia relativa ao assunto quanto realizando estudo de caso, há necessidade de, através de levantamento empírico realizado, compreender a percepção social do risco na sociedade brasileira quanto ao uso da Internet e a sensação do medo daí derivada. É o que se propõe no próximo capítulo!

---

[117] De acordo com Della Vecchia (2014, p. 38), ataques de negação de serviço "têm o objetivo de interromper atividades legítimas, como servidores de páginas *web*, sistemas *online*, entre outros. [...] Enfim, DoS não se trata de uma invasão propriamente dita, trata-se da inutilização (ou lentidão) de um dispositivo ou serviço, em um determinado período".

[118] Dispõe o art. 265 do CP: "Atentar contra a segurança ou o funcionamento de serviço de água, luz, força ou calor, ou qualquer outro de utilidade pública".

3. Percepção do risco na sociedade brasileira: levantamento empírico sobre a sensação do medo na Internet e (a necessidade d)o Direito

Todo risco é percebido, e a percepção se baseia em crenças.
(Adams, 2009, p. 14)

Analisadas, no capítulo anterior, a cultura do medo no âmbito da Internet e a fragmentação do Direito Penal, enfocou-se o assunto através da abordagem do caso Carolina Dieckmann, seus aspectos fáticos, jurídico-penais e midiáticos, com a recepção legislativa e a aprovação da Lei 12.737/12. Essas "certezas", alavancadas e normatizadas pelo legislador, se não foram desconstruídas, foram ao menos ponderadas, analisando-se, portanto, duas hipóteses lançadas no projeto deste trabalho.

Neste sentido, procurou-se demostrar, primeiro, que há relação entre os mecanismos de contingenciamento jurídico-penal (pelo legislador brasileiro) para os riscos/ameaças na rede mundial de computadores e traços característicos de uma cultura do medo estabelecida (na sociedade brasileira), amplificada, especialmente, pela mídia, e; segundo, que essa relação é diretamente proporcional entre a adoção de mecanismos de contingenciamento do risco na Internet e a atuação do Direito (Penal).

A escolha do caso Carolina Dieckmann pautou-se justamente por auxiliar a alcançar resposta a dois dos objetivos específicos deste estudo, pautados no problema de pesquisa e alicerçados no contexto da sociedade globalizada, hoje caracterizada pela celeridade das trocas e do tráfego constante da informação, em que a lei penal, como mecanismo de controle formal social, pode não ser – no sentido afirmativo –

a alternativa para as indeterminações e contingências necessárias à diminuição dos riscos na Internet e a consequente sensação de insegurança digital/tecnológica. Neste momento e espaço é que os "porquês normativos" devem ser avaliados não só sob o aspecto social, mas também e principalmente, cultural e tecnológico, pois se a solução está fora do sistema do Direito não há porque irritá-lo e produzir mais Direito, em especial o Penal.

Os objetivos específicos referidos eram, primeiro, de investigar se o contingenciamento jurídico-penal, como solução da conflituosidade digital, é adequado (no contexto complexo atual) a solucionar os problemas das indeterminações tecnológicas em rede e seus consequentes riscos e medos derivados, seja na sensação de insegurança gerada seja na resposta à ocorrência da vulnerabilidade prevista ou não. Percebeu-se, assim, que a Lei 12.737/2012 não foi adequada e trouxe, ainda mais, questionamentos e incertezas jurídicas de sua aplicação. Segundo, outro objetivo era perscrutar se com a aplicação de conceitos essencialmente tecnológicos na elaboração/formatação da Lei Penal haveria preservação de direitos e garantias fundamentais e proporcionaria/manteria o acesso universal à web, com maior sensação de segurança e diminuição dos riscos e dos medos. Também pode-se perceber que os conceitos abertos da referida Lei podem gerar interpretações várias, não se garantindo a proteção dos direitos e garantias fundamentais nem mantendo o acesso universal à web, porquanto o desenvolvimento de ferramentas e aplicações, bem como as atividades, podem ser restringidas em virtude das condutas previstas nos arts. 154-A, § 1º, e 266, § 1º, ambos do Código Penal.

Neste capítulo, especificamente, a exploração da percepção social através de levantamento empírico (questionário), procura responder a outros dois objetivos específicos, quais sejam: (a) se a cultura do medo na Internet faz com que a percepção (exterior), pensamento (interior) e comunicação da sociedade de risco influenciem e exijam contingenciamento jurídico-penal (elaboração/formatação de novos tipos penais como solução) para os riscos/ameaças na rede mundial; (b) se o contingenciamento do risco na Internet exige menor atuação do Direito (Penal) e maior (atuação) dos mecanismos tecnológicos e comportamentos adequados, social e moralmente, para imprimir uma melhor sensação de segurança no uso de novas tecnologias baseadas em redes.

Nesse passo, buscou-se analisar a percepção do risco na sociedade brasileira através de um levantamento empírico sobre a sensação do medo na Internet e a necessidade (social/individual) ou não do Direito, enquanto mecanismo de contingenciamento do risco na

Internet, imprimindo sensação de segurança frente às vulnerabilidades e ameaças decorrentes do uso de novas tecnologias baseadas em redes (outra hipótese aventada na elaboração da pesquisa). Ainda, pautou-se o questionário com base na concepção de construção social do risco, estudada com profundidade por John Adams (2009).[119]

3.1. Objetivos da pesquisa

É objetivo da pesquisa através de questionário, a ser respondido por usuários da Internet, investigar se a cultura do medo na Internet faz com que a percepção (exterior), pensamento (interior) e comunicação da sociedade de risco influenciem e exijam contingenciamento jurídico-penal (elaboração/formatação de novos tipos penais) para os riscos/ameaças na rede mundial.

Também pela pesquisa é possível explorar se o contingenciamento do risco na Internet exige, ao menos pela percepção social e individual dos usuários da Internet, menor atuação do Direito (Penal) e maior (atuação) dos mecanismos tecnológicos e comportamentos adequados, social e moralmente, para imprimir uma melhor sensação de segurança no uso de novas tecnologias baseadas em redes. Assim, avaliar-se-á se, caso o risco ocorra, o Direito, em especial, o Penal, tem o condão de gerar solução adequada ao caso e, através dessa solução, influir na sensação de segurança.

Em suma, o objetivo do levantamento empírico dos dados é conhecer a percepção do brasileiro quanto aos riscos no âmbito da Internet, as suas correspondentes sensações de medo ao navegar na rede e, paralelo a isso, verificar o quanto isso influencia na necessidade, na produção de mais direito, em especial quanto à regulação da Internet e, em especial, no caso, o Direito Penal.

No entanto, a abordagem sobre a influência social dos entrevistados na produção de mais direito está alicerçada apenas no aspecto normativo, na Lei, através de projetos de lei,[120] posto que também podemos compreender como "produção do direito" a elaboração de

---

[119] John Adams é professor emérito de geografia na Universidade de Londres e professor visitante da Faculdade de Goodenough. Pesquisou e pesquisa a questão do risco nos transportes, procurando entender por que algumas pessoas insistem em assumir atitudes arriscadas. Em 2006 foi eleito membro honorário do Instituto de Gerenciamento de Risco e é também membro da Comissão RSA sobre Risco na Faculdade de Goodenough. (ADAMS, 2016).

[120] O recorte e objetivo da pesquisa empírica tem, assim, em vista a percepção social a respeito do risco e do medo e a influência na produção legislativa.

Internet & Direito Penal
RISCO E CULTURA DO MEDO

decisões judiciais, formatando e modificando jurisprudência, além das demais fontes do direito, como princípios e costumes, por exemplo.

3.2. Metodologia Aplicada

O questionário foi elaborado com perguntas que, segundo Pierre (2008, p. 48) "[...] atendem melhor à complexidade do objeto estudado". Nesse passo, com base no problema proposto, operacionalizou-se as variáveis de acordo com as hipóteses da pesquisa e objetivos a serem alcançados, partindo-se (no questionário) de variáveis independentes, como idade, formação, ocupação, tempo e uso de Internet, correlacionando-as e cruzando-as com as variáveis dependentes (questões sobre o tema da pesquisa – percepção do risco e do medo no uso da Internet, além do conhecimento e necessidade de Direito). Assim, estudando esse conjunto de respostas visa-se a delinear conclusões hábeis a subsidiar as respostas às questões formuladas.

3.3. Instrumento de pesquisa e objetivos visados

A aferição dos dados empíricos demandou a elaboração de um questionário, quantitativo, composto por 22 questões (Anexo B – Questionário de levantamento empírico),[121] respondido pelos usuários da Internet, difundido através de rede social (Facebook) de maior abrangência e com link patrocinado (opção, assim, de abrangência em todo o território brasileiro e que visou obter retorno de usuários de todo o Brasil).

O questionário objetivou, assim, a contemplar, diante do seu perfil social, profissional e cultural, compreensões sobre a segurança na web, cultura (sensação) do medo e concepção de riscos e necessidade (ou não) de legislação penal para as condutas danosas na rede mundial de computadores. O questionário, como referido, foi realizado via Internet e formatado através da ferramenta do Google (*Google Forms*[122]), com Termo de Consentimento Livre e Esclarecido (TCLE) – ANEXO A –, e, excluindo-se a participação de pessoas com menos de 18 anos.

---

[121] O questionário foi elaborado com questões ou de escolha alternativa (opção única), ou de múltipla marcação, bem como algumas permitiam ao respondente preencher sua resposta em "Other" (outra opção).

[122] O Google Forms, como referido, é uma ferramenta de formulários do Google, gratuita, e que permite a elaboração e difusão de questionários, entrevistas e inscrições, por exemplo, bem como a coleta de respostas, em formato adequado, para serem analisadas. Vide <https://www.google.com/intl/pt-BR/forms/about/> e <https://support.google.com/docs/answer/87809?hl=pt-BR> (acesso em 14 out. 2015).

Como critério de inclusão foi utilizado o parâmetro "usuário da Internet no Brasil" e como critério de exclusão o parâmetro "ser maior de 18 anos", ou seja, dados eventualmente obtidos com usuários menores de 18 anos seriam imediatamente descartados.

Quanto aos riscos na realização da pesquisa e em relação aos entrevistados (participantes ou respondentes), neste estudo, pautado nos preceitos éticos e fundamentados pela Resolução CNS 466/12, entendeu-se e confirmou-se que não houve riscos ao sujeito de pesquisa.[123]

Por outro lado, quanto aos benefícios, leva-se em conta que o estudo visa, com base também na pesquisa por questionário, conhecer a amplitude da sociedade usuária da tecnologia da Internet quanto à sensação do medo e o conhecimento, primeiro sobre os riscos existentes na Internet e, em segundo momento, quais as soluções possíveis quanto a esses riscos e, também, quanto ao medo em usar a Internet e sofrer algum dano (pessoal/patrimonial). Assim, o benefício para o respondente do questionário é grande ao lhe apresentar, ao final da pesquisa, soluções para sua sensação/percepção quanto ao uso da Internet que não dependam (necessariamente) do Direito.

Assim, conforme já referido, os dados da pesquisa empírica, através do questionário, são analisados quantitativamente, correlacionando-se as variáveis independentes com as variáveis dependentes (PIERRE, 2008), considerando-se as hipóteses de pesquisa, em especial as duas últimas: (a) há relação entre os mecanismos de contingenciamento jurídico-penal (pelo legislador brasileiro) para os riscos/ameaças na rede mundial de computadores e traços característicos de uma cultura do medo estabelecida (na sociedade brasileira); (b) essa relação é diretamente proporcional entre a adoção de mecanismos de contingenciamento do risco na Internet e a atuação do Direito (Penal); (c) os mecanismos de contingenciamento do risco na Internet e/ou no Direito imprimem sensação de segurança frente às vulnerabilidades decorrentes do uso de novas tecnologias baseadas em redes e respeitam os direitos e garantias fundamentais, e; (d) o Direito (Penal) acompanha as mudanças verificadas na Internet e cabe a ele "regular" a conflituosidade digital (penal) no contexto complexo atual.

---

[123] Considerou-se eventual risco de identificação do usuário de Internet, respondente da pesquisa, porém não foram coletados referenciais típicos de identificação individual/pessoal como nome, endereço e cidade. Apenas outros dados, por assim dizer, periféricos ao pesquisado, visando conhecer seu perfil enquanto usuário da rede mundial de computadores. Dessa forma, caso estivessem presentes eventuais outros riscos, então desconhecidos quando da elaboração do questionário, estes seriam(ão) minimizados em relação aos benefícios advindos dos resultados da pesquisa (geral).

3.4. Amplitude da coleta e resultados alcançados

Entre aproximadamente 105 milhões de usuários da Internet no Brasil, dados considerados à época da elaboração do questionário e de sua submissão ao Comitê de Ética e Pesquisa,[124] conforme cálculo estatístico então realizado e, considerando nossa população de usuários (N=105.000.000), fixando-se o nível de confiança em 95%[125] e a margem de erro em 3%,[126] necessitaríamos de uma amostra n=1.067 respondentes.[127] Porém, considerando 4% de margem de erro, precisaríamos de n=600, e considerando 5% de margem de erro, n=384. Todos esses cenários referidos, com 95% de confiança nas respostas (a serem) obtidas.

Esse cálculo foi realizado com base em dados do IBOPE (2013)[128] quando da (re)formatação do projeto, nos anos de (outubro) 2013 e (junho) 2014. Já os dados do IBOPE em 2014 apontam para um aumento de usuários de Internet em torno de 120 milhões no Brasil. (NÚMERO DE PESSOAS..., 2014). A pesquisa TIC Domicílios 2014, do Comitê Gestor da Internet, referido no capítulo anterior, apontou pelo menos 105 milhões de usuários da Internet com pelo menos 10 anos de idade.[129]

O questionário foi elaborado no *Google Forms*[130] e, visando ter um controle da origem dos acessos (sem identificação do usuário) e dos clicks no link do questionário, utilizou-se a ferramenta de encurtamento de URLs do Google (Goo.gl).[131] Assim, o link encurtado foi compartilhado através de publicações no Facebook, primeiramente na

---

[124] Unilasalle – Canoas/RS.

[125] Nível de "confiança" em pesquisa estatística significa que a proporção estimada (%) tem 95% de chance de estar dentro da margem de erro estabelecida. Por isso, quanto mais alta mais próxima da realidade.

[126] A "margem de erro" serve como uma referência de medida de variabilidade da estimativa do parâmetro populacional. Quanto menor, mais próximo da realidade populacional. Por isso, a necessidade de mais respondentes para minimizá-la. Assim, "Margem de erro" e "Confiança" se relacionam de forma inversamente proporcional.

[127] A amostragem foi feita, naquela oportunidade, para satisfazer a representatividade mínima de observações para estimar parâmetros de proporção (%) da população em estudo. Assim, não é possível observar todas as unidades populacionais principalmente, entre outros fatores, em função do tempo e do custo que seria demandado.

[128] Os dados do IBOPE (2013) apontavam que no primeiro trimestre de 2013 haviam 102,3 milhões de usuários da Internet no Brasil, tendo havido um crescimento de 3% no segundo trimestre, com 105,1 milhões de usuários, tendo o Brasil ganhado 20 milhões de usuários em dois anos.

[129] Vide <http://cetic.br/tics/usuarios/2014/total-brasil/C1/> (CETIC.br, 2014h).

[130] Link da pesquisa, com o questionário realizado, no *Google Forms*: <https://docs.google.com/forms/d/1nDXvRFwmJfT1TosrmTUNg9ysqLhD62YXdEmDAY3h0r4/viewform?c=0&w=1>.

[131] Link encurtado <https://goo.gl/forms/zHXqr3MvaV>. Os links encurtados surgiram em razão do Twitter, cuja limitação de publicação é de 140 caracteres, fazendo com que a utilização

página do pesquisador[132] e, na sequência e em datas diversas – no período de 03 de abril a 02 de junho de 2015[133] –, através do perfil pessoal do pesquisador.[134]

Na página do pesquisador no Facebook houve três "postagens base", realizadas em face da possibilidade de "impulsionar a publicação" mediante pagamento de determinados valores, pela visualização ou cliques realizados,[135] ou seja, utilizar links patrocinados,[136] com possibilidade de alcance de até 89 milhões de usuários (brasileiros),[137] sendo esta a amplitude de busca aos respondentes do questionário:

Figura 1 – Sistema de anúncios do Facebook

Fonte: Pesquisa do autor.

---

de URLs originais ocupassem todos os caracteres, impossibilitando o acompanhamento de algo escrito.

[132] Página pessoal/profissional do pesquisador no Facebook, com publicações relativas à docência e segurança na Internet: <https://www.facebook.com/blogdoemersonwendt?ref=hl>.

[133] O proposto na elaboração do projeto era de realização da pesquisa nos meses de abril e maio de 2015, ou seja, dois meses. O período de dois meses foi respeitado, tendo sido retardado o início em razão da dificuldade prática na compreensão perfeita do funcionamento da ferramenta de links patrocinados do Facebook.

[134] Perfil pessoal do pesquisador no Facebook, para questões pessoais e profissionais, de interesse particular e policial, além de compartilhamento de assuntos relativos a Direito e Internet: <https://www.facebook.com/emersonwendt>.

[135] A simples visualização da publicação no Facebook significa tão somente que ela – publicação na rede social – foi lida pelo usuário. Já os cliques significam que o usuário, além de ler a postagem, clicou e teve acesso ao formulário (Termo de Consentimento Livre e Esclarecido), podendo optar por participar ou não participar da pesquisa.

[136] O fato de ser link patrocinado significa custo para o pesquisador.

[137] Informação coletada em 25 de jun. de 2015 no site do Facebook (<www.facebook.com>).

Os dados relativos às postagens realizadas merecem destaque e análise:[138]

a) primeira, realizada em 3/4/2015, pela tarde (16h25min), com 1587 pessoas alcançadas (400 orgânico[139] e 1187 pagos[140]), registrando 49 compartilhamentos (sendo 31 de uma publicação e 18 em compartilhamentos, de outras pessoas)[141] e 149 curtidas (26 em uma publicação e 123 em compartilhamentos),[142] além de 37 cliques na publicação (15 cliques no link e 22 outros cliques[143]);

b) segunda, realizada em 3/4/2015, pela noite (22h38min), com 515 pessoas alcançadas (218 orgânico e 297 pagos), registrando 13 compartilhamentos (sendo 2 de uma publicação e 11 em compartilhamentos, de outras pessoas) e 39 curtidas (17 em uma publicação e 22 em compartilhamentos), além de 10 cliques na publicação (2 cliques no link e 11 outros cliques).

Em relação às duas primeiras postagens houve a solicitação de impulsionamento da publicação, junto ao sistema automático do Facebook, porém as mesmas foram indeferidas pelas políticas anti-Spam da rede social, em razão da publicação conter basicamente texto, sendo exigido, no máximo, 20% (vinte por cento) de texto na publicação para poder impulsioná-la. O tempo decorrido entre essas publicações e a próxima deu-se para compreensão da ferramenta de impulsionamento da publicação no Facebook e das regras anti-Spam, gerando, então, a terceira publicação:

---

[138] Os dados estão disponíveis ao pesquisador através da URL <https://www.facebook.com/blogdoemersonwendt/insights/?section=navPosts> (acesso em 25 jun. 2015).

[139] O termo "orgânico" se refere ao fato de pessoas terem sido alcançadas com a publicação em virtude de serem seguidoras da página do pesquisador, ou seja, de terem curtido a página e acompanharem as publicações.

[140] O termo "pago" se refere ao fato de pessoas terem sido alcançadas com a publicação em virtude de ter havido link patrocinado, com custo para o pesquisador.

[141] O compartilhamento realizado no Facebook é a interação do usuário que faz com que a publicação realizada por outra pessoa também apareça em sua linha do tempo (*timeline*).

[142] A ação de "curtir" é similar a ação do compartilhamento, porém a publicação não aparece na linha do tempo do usuário que curtiu uma postagem, porém aparece para seus seguidores ou amigos como uma atividade por ele realizada, ou seja, também publicizando a postagem realizada por outra pessoa.

[143] Conforme o Facebook, "outros cliques" refere-se a "Cliques não no conteúdo da publicação, como cliques no título da página ou cliques em 'ver mais'".

Figura 2 – Visualização (no Facebook) de interações
de uma postagem patrocinada

Fonte: Pesquisa do autor.

c) terceira, realizada em 8/4/2015, pela noite (20h52min), com 18.376 pessoas alcançadas (344 orgânico e 18.032 pagos), tendo tido 130 compartilhamentos (sendo 130 de uma publicação e 0 em compartilhamentos, de outras pessoas) e 677 curtidas (509 em uma publicação e 168 em compartilhamentos), além de 174 cliques na publicação (139 cliques no link e 35 outros cliques).

Assim, compilando-se os dados até então alcançados com essas três postagens,[144] ou seja, até 19/4/2015, tem-se:

Tabela 1 – Abrangência das três primeiras publicações do formulário de pesquisa no Facebook

Facebook	Pessoas Alcançadas		Compartilhamentos		Curtidas		Cliques	
	Orgânico	Pagos	Publicação	Outros	Publicação	Outros	No link	Outros
3/4/2015, às 16h25min	400	1.187	31	18	26	123	15	22
3/4/2015, às 22h38min	218	297	2	11	17	22	2	11
8/4/2015, às 20h52min	344	18.032	130	0	509	168	139	35
Total[145]	20.478		192		865		221	

Fonte: Pesquisa do autor.

---

[144] No perfil pessoal do pesquisador no Facebook, foram feitos os compartilhamentos das postagens na página, ambos já referidos. Assim, estão computados os dados, referentes às três postagens realizadas, conforme tabela com os resultados.

[145] Assim, por essa forma de publicação, e busca de respondentes à pesquisa, foram alcançadas 20.478 pessoas, tendo tido um total de 192 compartilhamentos (sendo 163 de três publicações e 29 em compartilhamentos, de outros usuários) e 865 curtidas (552 em três publicações e 313 em compartilhamentos), totalizando 221 cliques na publicação (156 cliques nos três links e 65 outros cliques).

O número de compartilhamentos e de curtidas até então obtidos foram relevantes,[146] porém, como tal estratégia não atenderia a expectativa de número de respondentes à pesquisa, optou-se por estudar melhor as possibilidades no Facebook e a escolha foi por realizar uma campanha para que os usuários da rede clicassem na URL correspondente à pesquisa,[147] ou seja, não penas lessem a postagem e interagissem com ela, compartilhando ou curtindo, mas, principalmente, acessando o conteúdo da postagem, clicando nela.

Nesta campanha, iniciada em 19/4/2015 e concluída em 31/5/2015 – data inicialmente prevista para o término da pesquisa, conforme já referido – houve um alcance de 72.108 pessoas (número de pessoas para os quais o anúncio foi exibido), sendo que o número de cliques únicos chegou a 941, ou seja, esse é o número de pessoas que clicou no anúncio, sendo que a campanha foi direcionada tão somente para pessoas com mais de 18 anos.

Figura 3 – Visualização dos resultados do conjunto de anúncios no Facebook

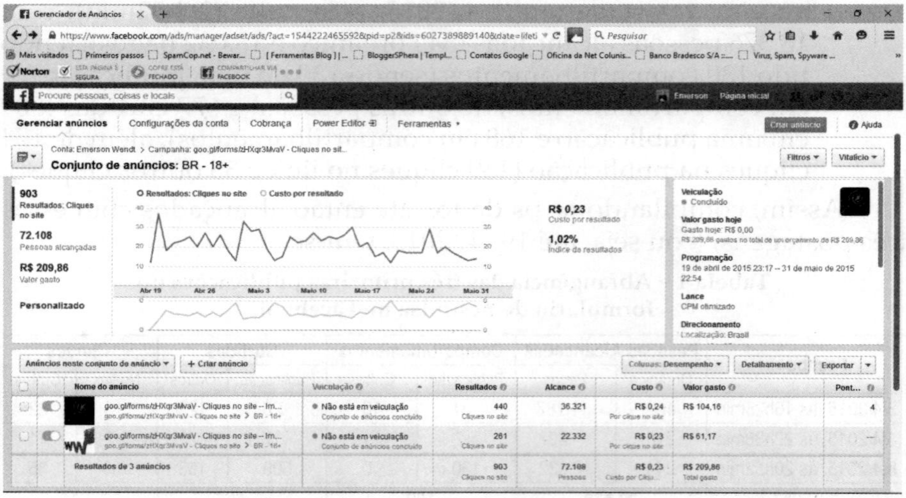

Fonte: Pesquisa do autor.

Complementando-se os dados da campanha por respondentes, pela análise dos dados da URL encurtada do Goo.gl,[148] referente ao

---

[146] Significa que 192 pessoas compartilharam a postagem nas suas linhas do tempo e 865 pessoas curtiram as postagens e essa atividade aparece para seus seguidores e amigos como ação realizada. Ambas as ações auxiliaram na publicização da pesquisa.

[147] Utilizou-se a URL encurtada, já referida anteriormente.

[148] Realizada em 25 de junho de 2015.

questionário, verifica-se que houve 2.677 cliques, ou seja, esse é o número de pessoas que acessaram e visualizaram o Termos de Consentimento Livre e Esclarecido. Desse total de cliques, 85,6% (oitenta e cinto, seis por cento) tiveram origem no Facebook e os demais ou origem desconhecida ou relativa a outras aplicações (*v.g.*, o blog do pesquisador[149]), significando que pessoas podem ter compartilhado o link através de e-mails ou outras redes sociais.

Também se verificou que houve acesso ao link da pesquisa oriundo de outros países, como Índia, China, Rússia, Estados Unidos, Argentina, Suíça, Portugal e Espanha. Inferindo-se o motivo destes cliques, podem ser tanto de brasileiros residentes no exterior quanto de pessoas com interesse no assunto, ou apenas curiosos.

Houve 888 respondentes ao questionário da pesquisa no período de dois meses. Destes, após a leitura do Termo de Consentimento Livre e Esclarecido, 876 pessoas clicaram em "sim" e responderam as questões subsequentes. No entanto, respostas de 2 respondentes foram desconsideradas em virtude de serem menores de 18 anos. Assim, para uma população de 89.000.000 de usuários do Facebook, em uma amostra de n=874 respondentes e para um nível de confiança de 95%, o que corresponde a 3,31% de margem de erro.

A partir do questionário (ANEXO B – Questionário de Levantamento Empírico), pontuaram-se as análises, correlações e cruzamentos necessários, iniciando-se pelo perfil dos respondentes, o uso e costumes na Internet, além de suas percepções e conhecimentos a respeito do risco, do medo de acessá-la e, também, a respeito da regulação da Internet e (necessidade de) legislação penal no Brasil:

3.4.1. Conhecendo os Respondentes da Pesquisa

Nesta primeira fase do questionário, buscou-se conhecer o perfil sociocultural dos respondentes, tais como idade, sexo, área de atuação, ocupação principal e rendimentos mensais. Assim, constatou-se que:

- Pelo perfil das idades e do sexo (Questões 1 e 2), dos 874 respondentes entre 18 e 72 anos, a média de idade corresponde a 35 anos (aproximadamente), sendo 59,6% (521) do sexo feminino e 40,4% (353) do sexo masculino.

---

[149] Disponível em <www.emersonwendt.com.br>.

Gráfico 1 – Idade

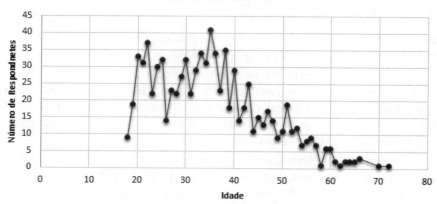

Fonte: Pesquisa do autor.

Gráfico 2 – Sexo

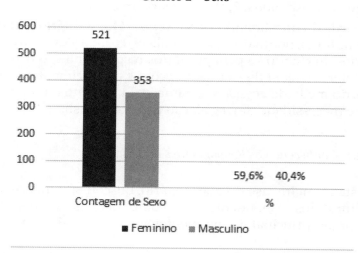

Fonte: Pesquisa do autor.

- Pelo perfil da escolaridade (Questão 3), a maioria dos respondentes ou estava cursando a graduação (30,3%) ou já a tinha completado (22,2%), ou, ainda, já possuía especialização (31,2%):

Gráfico 3 – Escolaridade

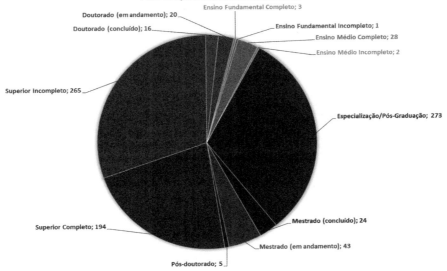

Fonte: Pesquisa do autor.

Assim, observando-se os "conjuntos" do ensino fundamental completo e incompleto (0,5% =4), ensino médio completo e incompleto (3,4% =30), superior completo e incompleto (52,5% =459), mestrado em andamento e concluído (7,7% =67), doutorado em andamento e concluído (4,1% =36), a grande maioria dos respondentes tem formação além do ensino médio, ou seja, tem ou está tendo formação superior (96,10%).[150]

- Pela análise do perfil dos respondentes por estado do Brasil (Questão 4), obteve-se a participação de respondentes de 24 unidades da Federação, ou seja, somente não se obteve respostas de usuários da Internet e Facebook do Acre, Maranhão e do Piauí.[151] A grande maioria de respondentes foi do Rio Grande do Sul, com 78,5%, seguido de São Paulo com 7,8%.[152]

---

[150] Incluídos os dados dos respondentes com pós-graduação e pós-doutorado.

[151] Na pesquisa TIC Domicílios e Usuários 2014, do Comitê Gestor da Internet, as regiões Norte e Nordeste do Brasil aparecem com indicadores mais baixos de atividades realizadas na Internet em relação às outras regiões do Brasil. Vide <http://cetic.br/tics/usuarios/2014/total-brasil/C5/> (CETIC.br, 2014i).

[152] Não é objetivo aqui fazer a avaliação sobre a concentração ou não dos respondentes no RS e São Paulo, embora isso possa ser justificável por dois aspectos: primeiro, em razão do perfil utilizado para divulgação da pesquisa e coleta de respostas, ou seja, do pesquisador ser do Rio Grande do Sul, e; segundo, também pelos compartilhamentos realizados, o que poderia gerar uma análise do perfil dos mesmos (quem são, por que divulgaram etc.).

Gráfico 4 – Estado de residência dos respondentes

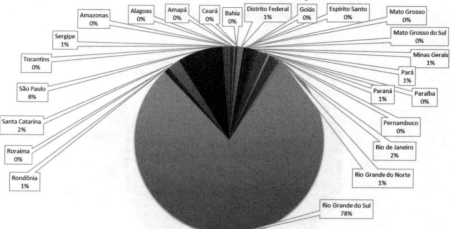

Fonte: Pesquisa do autor.

- Pelo perfil da área de atuação (Questão 5), percebeu-se que a grande maioria dos respondentes é da área do Direito (55,3% = 483), seguidos das áreas da Ciência da Computação (7,7% = 67) e Administração, Ciências Contábeis e Turismo (6,9% = 60):

Gráfico 5 – Área de atuação dos entrevistados

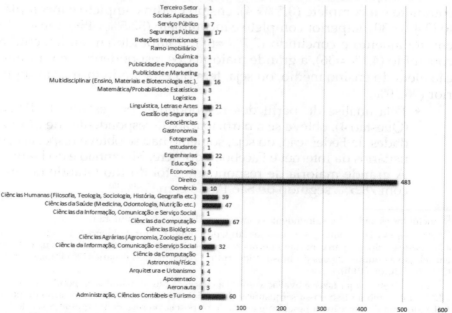

Fonte: Pesquisa do autor.

- Através do perfil das ocupações atuais dos respondentes (Questão 6), os quais puderam preenchê-la, observaram-se 181 atividades diferentes, embora algumas catalogáveis em uma mesma "família" de ocupações.[153] Destaques para as declarações de ocupações relacionadas à área do Direito (Advocacia =98; advogados com outra profissão =8, totalizando 12,1%; delegado de polícia =47 – 5,4%), estudantes (=87 – 10%), funcionário público (=57 – 6,5%),[154] área de TI (analista/gestor de TI/Redes/Sistemas/Segurança da Informação =36 – 4,1%), policial (=76 – 8,7%) e policial civil (=13 – 1,5%), professor(a) (=63 – 7,2%), estagiários/bolsistas (=57 – 6,5%), empresários (=17 – 1,9%), auxiliar administrativo/financeiro/jurídico/vendas (=14 – 1,6%), jornalistas (=13 – 1,5%), assistente administrativo/fiscal/jurídico (=13 – 1,5%), psicólogos (=10 – 1,1%) e secretárias (=10 – 1,1%).
- Finalmente, no conhecimento a respeito do perfil sociocultural dos respondentes, quanto à faixa de renda (Questão 7), percebeu-se que a grande maioria dos respondentes recebe ou de 1 até 5 salários mínimos (37,8%) ou de 5 até 10 salários mínimos (28,7%):[155]

Gráfico 6 – Faixa de rendimentos

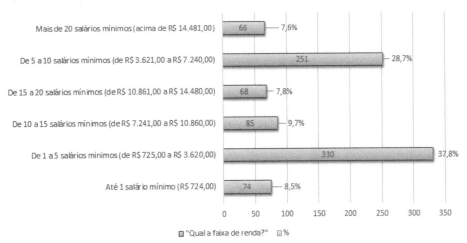

Fonte: Pesquisa do autor.

---

[153] O Ministério do Trabalho e Emprego possui a "Classificação Brasileira de Ocupações" (<http://www.mtecbo.gov.br/cbosite/pages/downloads.jsf>) – CBO2002, que é "o documento normalizador do reconhecimento, da nomeação e da codificação dos títulos e conteúdos das ocupações do mercado de trabalho brasileiro. É ao mesmo tempo uma classificação enumerativa e uma classificação descritiva" (CBO, 2015).

[154] Inclui os que se declararam "servidores públicos", ou seja, 33 respondentes.

[155] Utilizou-se o valor do salário mínimo à época da elaboração do questionário e da submissão ao Comitê de Ética e Pesquisa do Unilasalle – Canoas/RS.

Assim, 46,3% (=404) respondentes percebem renda inferior a 5 salários mínimos, significando que a maioria dos participantes pertencem ao estrato social da classe média brasileira.[156]

3.4.2. Quanto ao Uso da Internet (Forma/Tempo)

O objetivo destes questionamentos tem relação com a necessidade de saber se uma maior utilização da Internet (seja pelo tempo de uso, seja pelo uso diário etc.) gera(ria) ou não uma maior percepção quanto ao risco[157] e medo na rede, embora essa resposta possa ser efetivada apenas pelos cruzamentos dos dados, no próximo tópico de respostas ao levantamento empírico realizado. Assim, em aspectos gerais, foram catalogadas as respostas pelo(s):

- Perfis dos entrevistados, em que se visava a saber desde quando usam a Internet (Questão 8): a grande maioria dos respondentes (68,4% = 598 respondentes) acessa a rede mundial de computadores há mais de 10 anos, ou seja, metade do período de tempo que a Internet é usada comercialmente no Brasil.

Apenas 1,6% (=14) dos entrevistados usa a Internet há menos de 3 anos e, na faixa de 3 a 10 anos, o percentual é de 30% (=262 respondentes).

Gráfico 7 – Tempo de uso da Internet

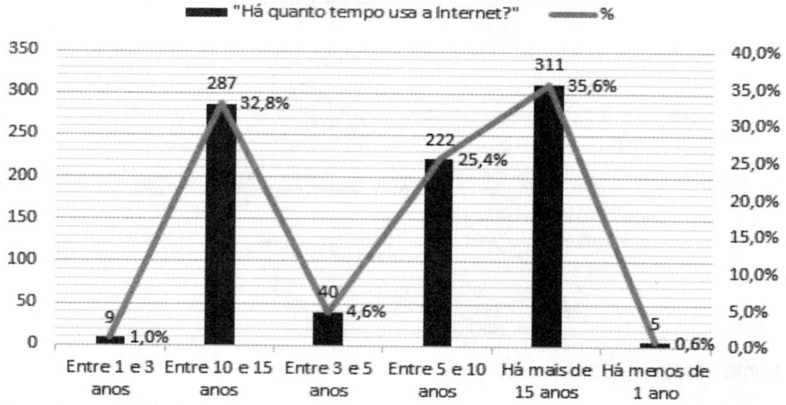

Fonte: Pesquisa do autor.

---

[156] Não foi objetivo do estudo realizar análise quanto ao acesso à Internet tendo em vista a classe social do respondente. Porém, poder-se-ia correlacionar o tema com os 8 estratos sociais delimitados pela Secretaria de Assuntos Estratégicos (SAE) do Governo Federal. (GASPARIN, 2013).

[157] O fenômeno do risco, ao pautar-se pela percepção de responsabilidade humana em relação ao curso de determinados eventos e processos, relaciona-se, conforme observa Sydow (2013, p. 45), íntima e implicitamente com a percepção da "capacidade do sujeito de agir perante o Universo".

- Perfil dos respondentes quanto à frequência de uso da Internet, tendo por referência os dias por semana (Questão 9): 96% dos respondentes, ou seja, 837 pessoas, afirmaram acessar a Internet todos os dias da semana, incluindo sábados e domingos.

Gráfico 8 – Frequência de uso da Internet

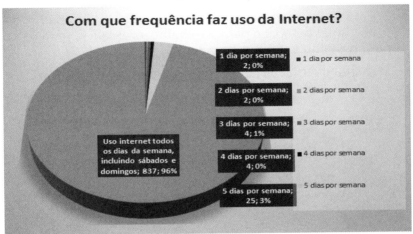

Fonte: Pesquisa do autor.

- Perfil dos participantes pelo tempo de uso diário da Internet (Questão 10), no qual o questionamento foi "Quando faz uso da Internet, qual o período de tempo de acesso (diário)?" Neste caso, o percentual de maior destaque foi o dos respondentes com acesso à Internet de 4 a 8 horas diárias, com 32,8% (=287) dos participantes, seguido de 24,3% (=212) dos respondentes com acesso diário superior a 8 horas e, entre 2 e 4 horas de acesso, também diário, com 24% (=210) dos respondentes.

Gráfico 9 – Tempo de acesso diário à Internet

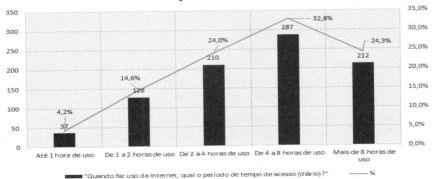

Fonte: Pesquisa do autor.

- Perfil dos participantes da entrevista tendo por base a finalidade do uso da Internet, "em escala" (Questão 11), ou seja: o objetivo deste questionamento era conhecer a finalidade de uso da Internet (aspectos gerais), pedindo-se que o respondente considerasse, entre as escalas 1 (uso exclusivo pessoal) e 5 (uso exclusivo para o trabalho), escalas intermediárias, ou seja: escala 2, para o uso mais pessoal e um pouco para o trabalho; escala 3, uso igual pessoal e para o trabalho; e, escala 4, para uso mais para trabalho e um pouco pessoal.

Gráfico 10 – Usos da Internet (para fins pessoais ou trabalho)

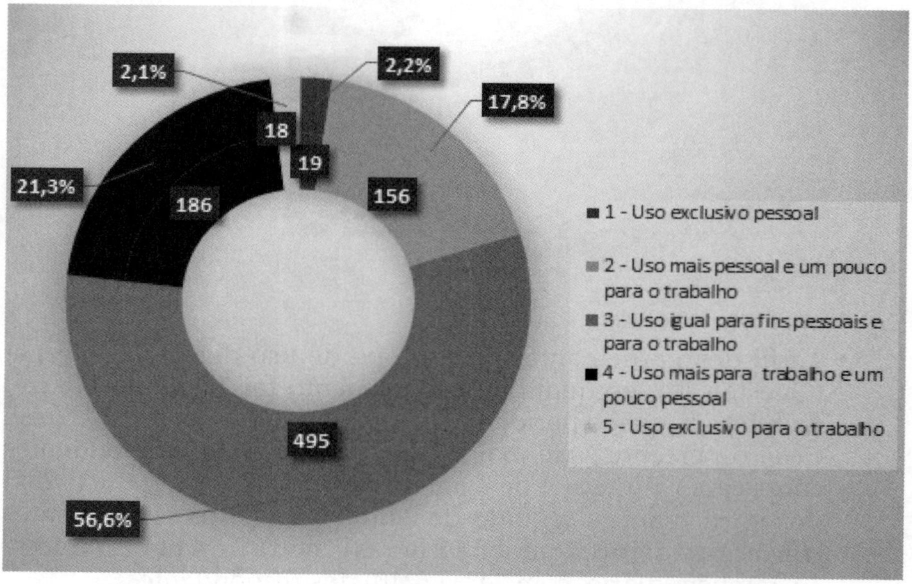

Fonte: Pesquisa do autor.

Tal qual é demonstrado no gráfico, a grande maioria dos respondentes (56,6% =495 pessoas) faz uso intermediário da Internet, tanto para fins pessoais quanto para o trabalho. O uso exclusivo pessoal (2,2%) e o uso exclusivo profissional (2,1%) são mínimos. Porém verifica-se um direcionamento do uso da Internet, em relação aos participantes da pesquisa, mais voltado ao exercício profissional.

Correlacionando a finalidade do uso da Internet (Questão 11) com a idade dos respondentes (Questão 1), verifica-se que a maioria das pessoas que usa a Internet para fins pessoais e profissionais, concomitantemente, possui entre 20 e 40 anos:

Gráfico 11 – Idade *x* finalidade do uso da Internet

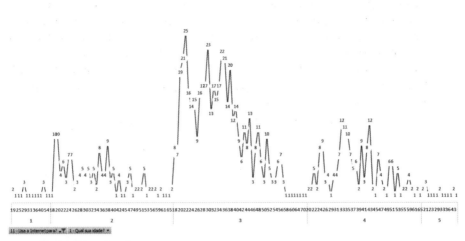

Fonte: Pesquisa do autor.

Correlacionando a finalidade do uso da Internet (Questão 11) e tomando-se a base de maiores respondentes (uso igual pessoal e para o trabalho =495), verifica-se que a concentração está no uso diário superior a 4 horas, o que se repete no uso mais direcionado para o trabalho, enquanto que no uso pessoal o tempo de acesso à Internet diminui:

Gráfico 12 – Finalidade do uso da Internet
(pessoal + trabalho) *x* tempo de uso diário

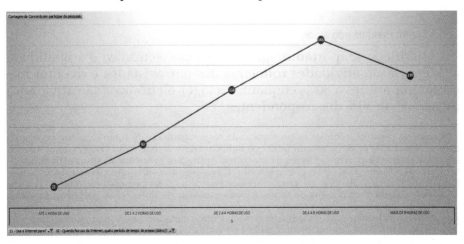

Fonte: Pesquisa do autor.

- Em relação à finalidade de uso da Internet, em específico (Questão 12), a opção de marcação de mais de uma resposta permitiu que se delineasse um perfil de respondentes sobretudo com acesso às redes sociais e ao correio eletrônico, além de efetivarem pesquisas nos buscadores, lendo notícias e/ou se comunicando com outras pessoas através dos meios hodiernamente disponíveis.

Assim, 293 respondentes (33,5%) afirmaram realizar todas as 9 atividades destacadas e outros 241 (27,5%) só não marcaram a opção dos jogos eletrônicos como atividade rotineira.

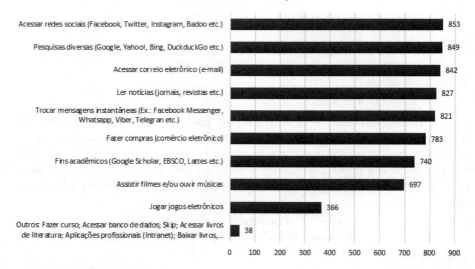

Gráfico 13 – Finalidade de uso da Internet

Fonte: Pesquisa do autor.

Verificou-se, portanto, que o comércio eletrônico e a finalidade acadêmica são atividades rotineiras dos entrevistados e tiveram respostas superiores a 80%, enquanto os jogos eletrônicos são atividades de menos de 50% dos respondentes.[158]

---

[158] Como era possível informar os usos que cada respondente faz da Internet, além das opções disponíveis, 4,35% (=38) deles informou que também usava a rede para: "Fazer curso; Acessar banco de dados; Skip; Acessar livros de literatura; Aplicações profissionais (Intranet); Baixar livros, discos e filmes; Conversas com o exterior; Curso preparatório online; Postar documentos; (No) Trabalho(ar); Trabalhos em grupo; Acessar bancos e fazer operações eletrônicas; Assistir aulas online; Descobrir o nome de filmes e ainda pesquisa de trabalhos acadêmicos; Research Gate; Avaliação de Trabalhos Científicos; Alguns cursos, photoshop, coreldraw; Busca de Emprego; Buscar subsídios para trabalhos de design; Cursos variados; Downloads; Entretenimento; Investigação; IRC; Netbanking; Pedir comida; HD Virtual; Aplicativos de Telefonia com imagem; Localizar endereços (Google Maps); Estudo em diversos sites de Governo; Localização, ou vir música, etc.; Trabalhos online; Divulgar minha empresa".

3.4.3. Quanto aos riscos e ao medo na Internet

O objetivo da terceira parte do questionário foi de saber sobre o entendimento e percepção dos respondentes quanto aos riscos na Internet, seus medos (como respondem aos riscos), e, também, sobre sua percepção de como esses riscos podem ser evitados/tratados. Sabe-se que "como" as pessoas respondem (percepção e comunicação) ao risco depende de vários fatores, entre eles: (a) do contexto dos grupos ou redes sociais específicas; (b) raça ou gênero; (c) afetos e reações emocionais (ex., binômio gosto/não gosto); e (d) visão de mundo. No caso da Internet, esses fatores, em tese, podem ser amplificados para a questão do tempo de uso e, também, a finalidade do acesso à rede.

Assim, pontuaram-se as seguintes análises quanto aos questionamentos propostos nesta fase do levantamento empírico:

- O primeiro questionamento proposto teve relação com o termo "risco" (Questão 13), no sentido da percepção do entrevistado sobre a possibilidade de, por exemplo, (1) outras pessoas acessarem os seus dados privados, (2) ao problema com os vírus e cavalo de troia etc., e (3) a exposição em redes sociais. Visando uma compreensão adequada aos termos, o questionamento foi "Você considera arriscado usar a Internet?", obtendo-se a resposta de que, "Sim", a grande maioria dos respondentes, 84,7% (= 740 pessoas), considerou ser arriscado usar a Internet, há um alto grau de percepção do risco na Internet pelos seus usuários.

Gráfico 14 – Risco x uso da Internet

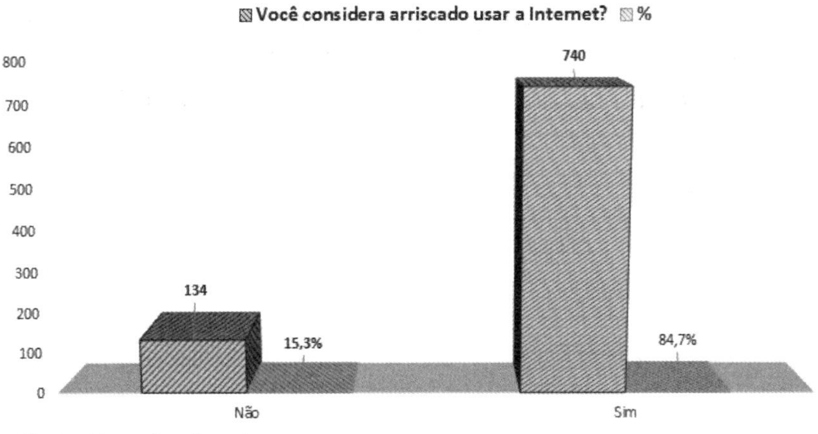

Fonte: Pesquisa do autor.

Ao realizar o cruzamento da percepção de (existência de) risco na Internet (Questão 13) com o sexo dos respondentes (Questão 2), percebeu-se que o público feminino tem, em comparação ao público masculino, uma percepção mais acentuada, pois apenas 12,67% das mulheres responderam que não é arriscado usar a Internet, ou seja, 87,33% entenderam ser arriscado usá-la. Quanto ao público masculino, o percentual é menor dos que entendem arriscado usar a rede, ou seja, de 80,75%:

Gráfico 15 – Risco de uso da Internet (sim x não) x Sexo

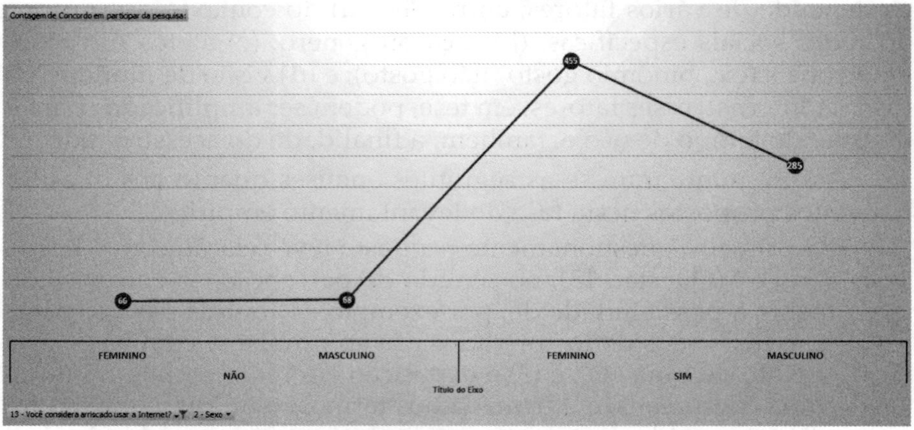

Fonte: Pesquisa do autor.

Já pelo cruzamento da percepção de risco no uso da Internet (Questão 13) em relação à idade dos respondentes (Questão 1), verificou-se um incremento de respostas positivas entre os 20 e os 38 anos, o que se representa óbvio dado o perfil dos respondentes, cuja faixa etária média é de 35 anos, e a grande maioria acessa a Internet para fins profissionais e mais de 4 horas diárias (vide itens 3.4.1 e 3.4.2):

Gráfico 16 – Risco de uso da Internet (sim) x Idade

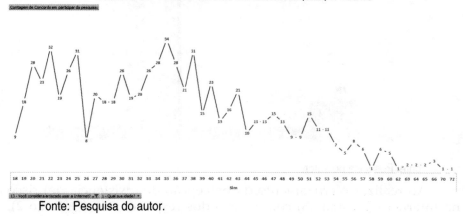

Fonte: Pesquisa do autor.

Ainda, no cruzamento do mesmo dado – percepção do risco de uso da Internet – com a escolaridade dos entrevistados (Questão 3), verificou-se que os de níveis superior, completo (84,02%) e incompleto (84,15%), e de Especialização/Pós-Graduação (83,15%) são os que consideram mais arriscado usar a Internet, mas a proporção entre a percepção do risco (Sim) e não percepção (Não) é similar:

Gráfico 17 – Formação x risco no uso da Internet

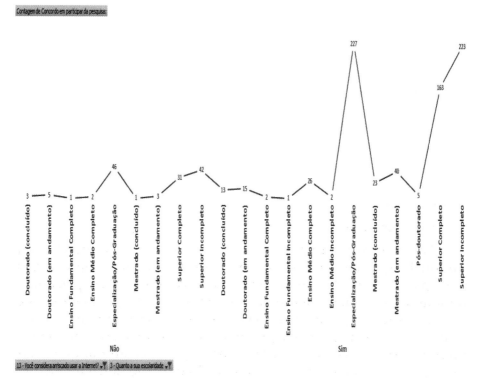

Fonte: Pesquisa do autor.

No cruzamento do risco no uso da Internet Questão 13) com os rendimentos mensais dos respondentes (Questão 7) é possível afirmar que não há uma relação direta entre a percepção do risco com a renda mensal, já que se tomarmos o conjunto de respondentes com menor rendimento, até 5 salários mínimos, o percentual de percepção de risco ("Sim") é de 46% dos entrevistados, enquanto que entre os que "Não" percepcionam o risco é de 47,7%:

Gráfico 18 – Risco no uso da Internet *x* faixa de renda

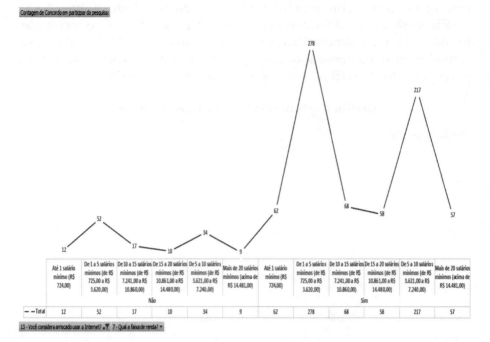

Fonte: Pesquisa do autor.

Pelo gráfico anterior, a única diferenciação mais acentuada é entre aqueles que têm rendimentos entre 5 e 10 salários mínimos (=251), pois que 86,5% (=217) percepcionam o risco. Porém esse percentual diminui entre aqueles que percebem entre 10 e 15 salários (80%) e, mesmo entre os que ganham menos de um salário mínimo, o percentual fica estável (83,8%) e próximo da média de respostas "Sim" à percepção do risco (84,7%). Por isso, não é possível afirmar que quanto mais pobre há menor percepção do risco ou, de outro modo, que quanto mais rico há maior percepção do risco.

No cruzamento da frequência de uso da Internet com a percepção do risco no seu uso (Questões 9 e 10 x 13), os dados mantiveram-se proporcionais, não se podendo afirmar que um maior uso cotidiano faz a percepção do risco diminuir ou aumentar, porém, pelos dados relativos aos usuários que a acessam todos os dias, pode-se inferir que eles tendem a deixar de percepcionar os riscos:

Gráfico 19 – Risco de uso da Internet (sim x não) x frequência de uso (semanal e diário) da Internet

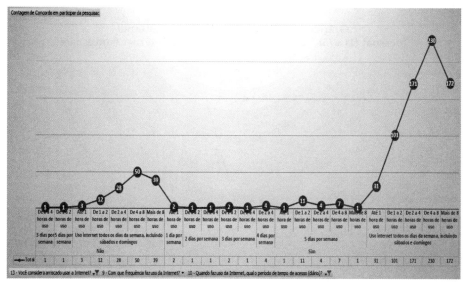

Fonte: Pesquisa do autor.

A mesma conclusão pode ser extraída tomando-se por base o histórico de tempo de uso da Internet, porém, a percepção do risco para usuários iniciantes, de menos de 3 anos de uso, é de 100%:

Gráfico 20 – Tempo de uso da Internet x risco no uso da Internet (sim x não)

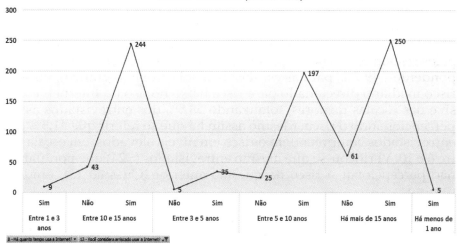

Fonte: Pesquisa do autor.

Também não é possível afirmar que a finalidade geral de uso da Internet (Questão 11)[159] influencie em aspectos de percepção ou não do risco.

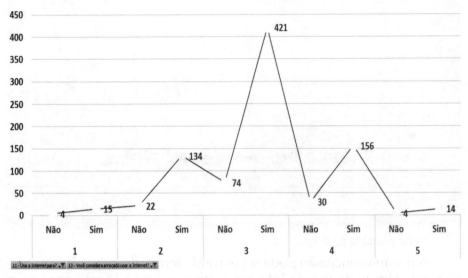

Gráfico 21 – Finalidade do uso da Internet
(pessoal (1) x (5) trabalho) x risco no uso da Internet (sim x não)

Fonte: Pesquisa do autor.

- Pelo perfil relativo à escala de grau de risco dos respondentes que disseram "Sim" à pergunta, ou seja, que consideram arriscado usar a Internet (Questão 14), usou-se a escala graduada de 1 (baixíssimo risco) a 10 (altíssimo risco), em que a escala 5 representa percepção e risco mediano.

Assim, no aspecto geral, verifica-se que o grau de risco atribuído pelos respondentes (=762 pessoas) é baixo, com maior número de respondentes, 49,7%, para as escalas de 3 a 5 (próximo gráfico), ou seja, risco mediano direcionado para risco baixo no uso da Internet, inclusive nas escalas menores, totalizando 58,5% dos entrevistados assim percepcionando o risco. Mesmo assim há que se referir que 41,5% dos entrevistados compreendem o risco em níveis elevados, em escala entre 6 e 10. Verificou-se que mesmo entrevistados (=24) que pontuaram não percepcionar o risco na questão anterior (Questão 13), graduaram-no.

---

[159] Nas escalas de 1 a 5, onde: a escala 1 corresponde a uso exclusivo pessoal; a escala 2, para o uso mais pessoal e um pouco para o trabalho; a escala 3, para uso igual pessoal e para o trabalho; a escala 4, para uso mais para trabalho e um pouco pessoal, e; a escala 5, para o uso exclusivo para o trabalho.

Gráfico 22 – Percepção de graus de risco

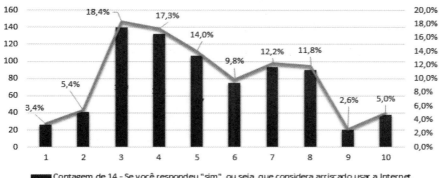

Fonte: Pesquisa do autor.

Cruzou-se esse dado com o anterior, ou seja, a finalidade do uso da Internet – pessoal e trabalho (Questão 11) –, e verificou-se que o grau de risco atribuído pelos respondentes é um pouco mais acentuado quando a finalidade se refere mais ao trabalho que pessoal (escalas de risco entre 3 a 8 aparecem com mais frequência), caso comparado com o uso mais pessoal (escalas de risco de 3 a 5 aparecem com mais frequência). Assim, quando direcionado o uso da Internet para o trabalho, a percepção do risco tende a aumentar.

Gráfico 23 – Cruzamento das respostas atinentes à finalidade, risco e grau de risco no uso da Internet

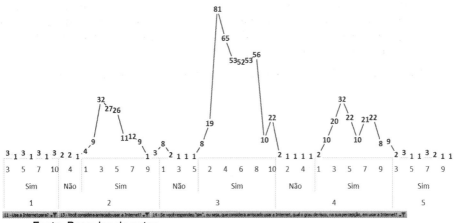

Fonte: Pesquisa do autor.

Internet & Direito Penal
RISCO E CULTURA DO MEDO

Retorna-se a algo de destaque nesta pesquisa: o fato de vários respondentes (24 = 2,75% do total), mesmo não tendo pontuado como arriscado usar a Internet, atribuírem graus de risco no seu uso (gráfico anterior), bem como 2 respondentes que pontuaram como arriscado usar a Internet não lhe atribuírem grau de risco.

Gráfico 24 – Correlação entre percepção do risco e graus de risco

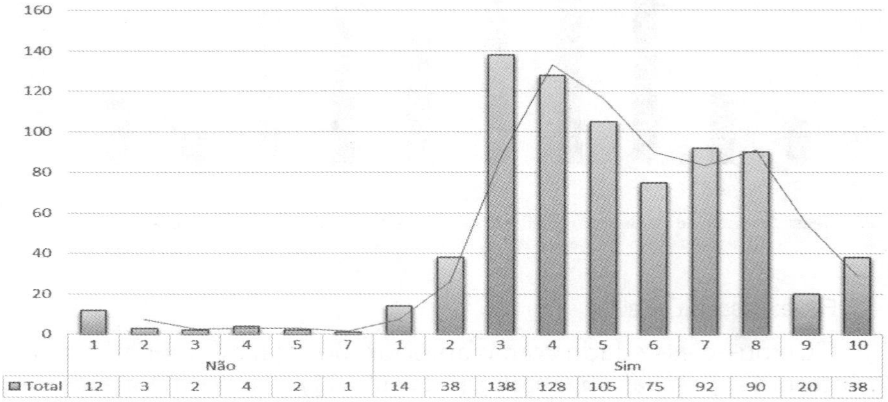

	Não						Sim								
	1	2	3	4	5	7	1	2	3	4	5	6	7	8	9	10
Total	12	3	2	4	2	1	14	38	138	128	105	75	92	90	20	38

Fonte: Pesquisa do autor.

Por essa correlação, de todos os respondentes ao questionamento do escalonamento do risco, as pessoas que disseram haver risco no questionamento específico, majoritariamente, graduaram-no na sua escala ínfima, de risco baixíssimo no uso da Internet.

- Na pergunta "Você sente medo de utilizar a Internet?", em que se objetivava saber como, sob a ótica do entrevistado, o medo se correlaciona à sua sensação de que sofrerá ou poderá sofrer algum dano, pessoal ou patrimonial, no uso da Internet, houve divisão quanto às respostas, ou seja, 50,1% dos respondentes disse sentir medo de utilizar a Internet e os outros 49,9% responderam que não sentiam medo.

Gráfico 25 – Índice de respondentes quanto ao medo no uso da Internet

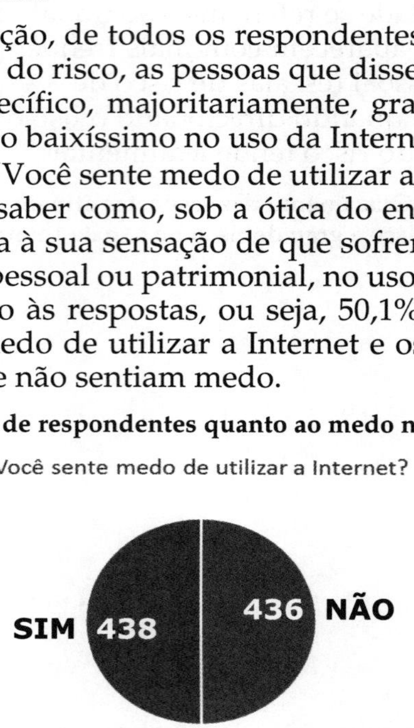

Você sente medo de utilizar a Internet?

SIM 438   436 NÃO

Fonte: Pesquisa do autor.

- No cruzamento dos resultados das questões 13 (risco) e 15 (medo), buscou-se avaliar, entre os que disseram que SIM, é arriscado usar a Internet, o percentual que disse sentir medo em usá-la (58,4%) e, também, não sentir medo de usá-la (41,6%); e, dos que disseram que NÃO, não é arriscado usar a Internet, o percentual que disse não sentir medo em usá-la (95,5%) e sentir medo em usá-la (4,5%).

Logicamente, a resposta, representada pelo gráfico é de que quem respondeu que "não" percepcionava risco em usar a Internet também "não" sentia medo, com pequena distorção na resposta (4,5%); da mesma forma, quem disse ser arriscado usar a Internet afirmou, na sua maioria, também sentir medo em usá-la, destacando-se, porém, aqueles que, embora o risco, afirmaram não sentir medo (41,62%).

A resposta dos entrevistados denota que o risco não é transformado em medo e que a resposta (percepção e comunicação, pela ação do uso da Internet) não necessariamente é o medo. De outro modo: há riscos que são suportados e/ou aceitos, no caso, assumidos pelo usuário da Internet em busca de interação, de informações e conhecimento e, mesmo sabendo que os riscos, citados na pesquisa, estão ali e podem afetá-lo, optam por aceder à rede e navegar:[160]

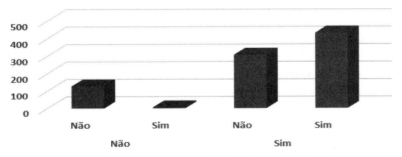

Gráfico 26 – Cruzamento do risco e do medo no uso da Internet
Risco no uso da Internet (Sim x Não) x Medo de uso da Internet (Sim x Não)

Obs.: Linha de baixo "Não" e "Sim" relativa ao risco; linha superior, de "Sim" e "Não", relativa ao medo, em relação ao risco.
Fonte: Pesquisa do autor.

- Em análise à escala de grau de medo dos respondentes, além dos que disseram "sim" à pergunta 15, ou seja, que sentem medo em usar a Internet (Questão 16), também houve respondentes que graduaram o medo embora tenham afirmado que não sentiam medo em acessar a Internet.

---

[160] Voltar-se-á a este ponto na análise do risco no próximo capítulo.

Neste ponto é importante pontuar que o medo é em relação a situações e perigos concretos e não desconhecidos, ou seja, é referente a situações possíveis e identificáveis do ponto de vista técnico no âmbito da Internet. Não se está a analisar, portanto, a situação ou gradação do pânico, referente a reação humana em relação ao desconhecido.

Foram 507 respondentes a pontuarem o grau do medo, em escala similar à do grau do risco (de 1 a 10), sendo 69 a mais daqueles que afirmaram, portanto, na pergunta anterior, que sentiam medo em utilizar a Internet. De todos os respondentes, os maiores percentuais foram relativos à escala 3 e 4, aproximados das escalas 2 e 5, ou seja, um direcionamento relacionado ao baixo sentimento de medo de utilizar a rede.

Gráfico 27 – Medo no uso da Internet em escala de graduação

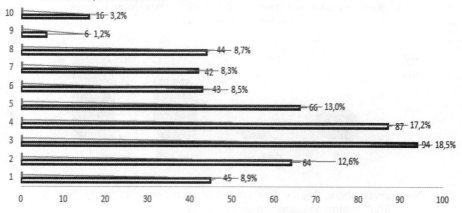

Fonte: Pesquisa do autor.

- Em análise às respostas à sensação de insegurança e vulnerabilidades, quando os respondentes eram instados a marcar as respostas sobre quais os motivos que eles consideram arriscado ou do que têm medo quando usa a Internet, tanto através de computadores quanto de smartphones (Questão 17), obteve-se que:

Tabela 2 – Indicativos de respostas aos riscos (vulnerabilidades e ameaças) sugestionados

Opções de vulnerabilidades/ameaças	Respostas	%
Vírus (causa dano no computador)	629	71,96
Cavalos de troia (capturam informações no computador)	635	72,65
"Roubo" de dados (arquivos pessoais, do trabalho etc.), pela ação de terceiros	223	25,51
Perda de dados (arquivos pessoais, do trabalho etc.), sem interferência de terceiros	411	47,06
Perda de privacidade, pela coleta de dados dos provedores de aplicações na Internet, como Facebook, Whatsapp, Twitter, entre outros	577	66,01
Violação dos direitos de imagem, com uso não autorizado (da imagem pessoal e de familiares)	445	50,91
Hackeamento de perfis nas redes sociais	451	51,60
Perda de acesso às suas contas de email e/ou arquivos armazenados na nuvem da Internet	266	30,43
Desvio de dinheiro da conta bancária	478	54,69
Outros prejuízos financeiros, derivados de golpes propagados na Internet	312	35,70
Cyberbullying (comportamento repetitivo praticado por pessoa ou grupo para ofender, agredir, prejudicar terceiro)	163	18,65
Acesso remoto não autorizado em seus dispositivos (computadores, notebooks, smartphones etc.)	342	39,13
Cyberstalking (tática de perseguição repetitiva na Internet)	135	15,45
Sofrer ofensas pessoais, como calúnia, difamação e injúria	216	24,71
Comercialização de dados pessoais e profissionais sem autorização	394	45,08
Outros (preenchidos pelos respondentes)[161]	13	1,49
Total de respondentes[162]	874	100

Fonte: Pesquisa do autor.

As duas principais ameaças na Internet, o vírus (que causa dano no computador) e os cavalos de troia (que capturam informações no computador), são as preocupações da grande maioria dos respondentes, seguido da atenção dispensada à perda de privacidade, pela coleta de dados dos provedores de aplicações na Internet, como Facebook,

---

[161] Entre quem optou, cumulativamente ou não, a preencher quanto ao que consideravam situações arriscadas na Internet, afirmaram: "sei lá" (1); "Ataque Denial of Service – Ddos" (1); "derivados de golpes propagados na Internet" (1); "medo pelas crianças" (1); "Exposição de dados pessoais e uso desses dados para prática de crimes como roubos sequestros" (1); "emails pishing" [sic] (1); "golpes" (1); "pessoas q fazem perfil fake para perturbar" (1); "Passaram o meu email pra uma amiga (não sabiam) e sugeriram que ela digitasse o que quisesse, com qlq senha, e enviasse, em meu nome, pra det., pessoa, que" (1); "aqui no meu Estado o tráfico de influência é o carro chefe tanto de funcionários públicos quanto ao mais simples filiado a um partido. O que predomina numa classe entre profissionais não tem sido a ética mas sim o quanto de benefícios terão no controle e manipulação de pessoas para passarem ou obterem informações. A ação do crime organizado vai desde professores envolvidos com políticos a judiciário. Detonam com a vida de quem quer que seja em troca de préstimos à suas vidas pessoais e profissional" (1); "nível de exposição pessoal" (1); "feministas e esquerdistas que me enchem o saco no Facebook" (1); "hackeamento da rede wi-fi aberto e/ou protegido para navegar na internet e disseminar virus malware e praticar demais delitos sem ser identificado por razao de nao ser o usuario registrado na rede wi-fi recaindo a responsabilidade sobre o usuario registrado" (1).(sic)

[162] Houve um total de 668 combinações de respostas, circunstância possível em virtude de possibilidade de marcação de mais de uma resposta ao mesmo tempo. Os respondentes que mais combinaram respostas o fizeram marcando 14 ao mesmo tempo.

Whatsapp, Twitter, entre outros. Salienta-se que as duas primeiras opções se encontram penalmente previstas como delito, conforme o art. 154-A do Código Penal, discussão já referida no primeiro capítulo; já a terceira principal preocupação, com aquilo que os provedores de aplicações na web coletam a respeito dos usuários, não contempla qualquer tipo de proteção legal específica no Brasil, seja cível ou penal.[163]

- Em análise às respostas sobre a percepção do entrevistado quanto às soluções, ou seja, ao que pode diminuir a sensação de medo e as situações de risco no uso da Internet (Questão 18), verificou-se a primazia do entendimento, ou seja, 60,64% (=530), quanto à necessidade de educação do usuário e seu conhecimento quanto ao uso da Internet e suas aplicações. Pela punição dos propagadores do mal na Internet como forma de melhorar a sensação de segurança no uso dela, manifestaram-se 161 (=18,42%) respondentes, ao passo que a correção dos problemas do ponto de vista tecnológico teve a marcação favorável de 153 (=17,5%) entrevistados.

Gráfico 28 – Percepção de soluções para o risco e o medo no uso da Internet

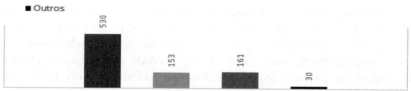

Fonte: Pesquisa do autor.

Ainda relativamente às soluções possíveis à questão do risco e do medo na Internet, 30 participantes do estudo opinaram redigindo sua resposta, inclusive opinando pela aplicação conjunta das soluções pré-sugeridas, além de outros sugerindo a utilização de ferramentas menos vulneráveis (sistemas Linux ao invés de Windows) ou apontando o antivírus como solução. Destacam-se as sugestões de usar o conhecimento dos hackers pelo governo, além de criar políticas go-

---

[163] O anteprojeto de lei de proteção de dados pessoais, resultado do debate público "promovido pelo Ministério da Justiça, em parceria com o Observatório Brasileiro de Políticas Digitais do Comitê Gestor da Internet no Brasil, que teve duração de cinco meses, recebendo mais de 14 mil visitas e obteve mais de 800 contribuições, entre 2010 e 2011", conforme o site do Ministério da Justiça (2015a).

vernamentais, em conjunto, que melhorem a segurança da informação no uso da Internet (foco no usuário e no aprimoramento técnico).

- Na análise do perfil das respostas sobre a percepção dos entrevistados quanto à necessidade de controle da Internet, através de Leis e Regulamentos (Questão 19), verificou-se que 92,2% entendem que deve haver algum tipo de regulação da Internet, seja através de atualização das regras existentes, seja sobre direitos e deveres dos usuários, seja, também, em relação aos provedores de conexão e de aplicações da Internet, e, ainda, da regulação conjunta de provedores e usuários da Internet:

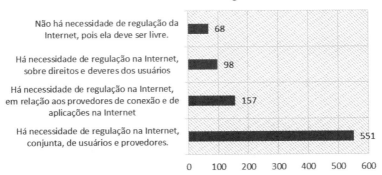

Fonte: Pesquisa do autor.

Assim, no cruzamento destes dados com a percepção do risco e sensação do mesmo, mesmo entre os que não consideram, respectivamente, arriscado usar a Internet e sentir medo no seu uso, mais de 80% entendem que deve haver algum tipo de regulação do sistema da Internet.

- Em análise às respostas quanto à percepção e conhecimento dos respondentes quanto ao conhecimento da legislação brasileira em relação à Internet (Questão 20), 22,7% afirmou desconhecer a legislação relacionada à Internet. Destaca-se a tendência, a partir das respostas, de um incremento no Direito Penal, porquanto 29,7% dos respondentes entende que "deveriam existir mais crimes punindo as ações das pessoas realizadas através da Internet e que causem danos às pessoas/empresas", além dos 19% que "acha" que "as regras existentes são boas, mas precisariam ser atualizadas". Um percentual pequeno, 6,3%, "acha" que "as regras existentes para a Internet são suficientes", e 22,3% considera que "o controle da Internet em termos legais deveria se concentrar mais em regras de outras áreas que não o Direito Penal (prisão), ou seja, conversão das condutas em um 'crime'".

Gráfico 30 – Questionamento quanto ao (des)conhecimento da legislação brasileira relativa à Internet

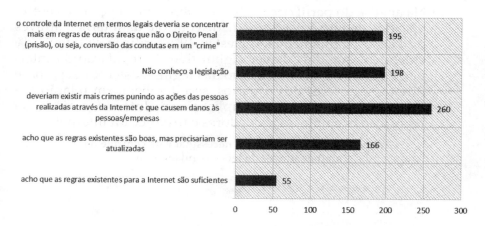

Fonte: Pesquisa do autor.

No cruzamento das Questões 19 e 20 (gráficos seguintes), respectivamente, a percepção dos entrevistados quanto à necessidade de controle da Internet, através de Leis e Regulamentos, e o conhecimento dos respondentes quanto à legislação brasileira em relação à Internet, verificou-se que:

a) entre aqueles que consideram que há necessidade de regulação na Internet, conjunta, de usuários e provedores (551 respondentes), há aqueles que consideram as regras suficientes (4,5% =25) e, também, aqueles que desconhecem a legislação (20,3% =112), mas a maioria proporcional (30,5% =168) entende que deveriam existir mais crimes punindo as ações das pessoas realizadas através da Internet e que causem danos às pessoas/empresas;

b) mesmo aqueles que entendiam ser as regras suficientes (gráfico anterior), na questão seguinte pontuavam a necessidade de regulação da Internet, conjunta de provedores e usuários, ou de provedores de conexão e de aplicação.

Essa análise demonstra um descompasso de raciocínio desta parcela de respondentes, pois não há como afirmar que há necessidade de regulação de algo se não se conhece a legislação sobre o assunto ou até mesmo se se diz que as regras existentes já são suficientes.

Gráfico 31 – Cruzamento das respostas quanto à necessidade de controle da Internet x conhecimento da legislação em relação à Internet

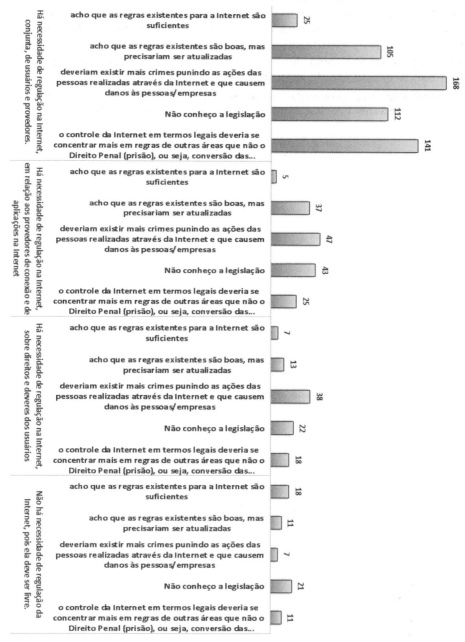

Fonte: Pesquisa do autor.

Em outra perspectiva, a partir do (des)conhecimento da legislação, da necessidade de mais legislação, seja pela criação, seja pela atualização, ou, ainda, pelo controle da Internet não por regras "penais", mas sim por outras áreas, mesmo quem pontou suficientes as regras existentes ponderou a necessidade de regulação da Internet, seja de provedores, seja de usuários, quando a lógica deveria guindá-lo à não necessidade de regulação.

Gráfico 32 – Cruzamento das respostas quanto à necessidade de controle da Internet x conhecimento da legislação em relação à Internet

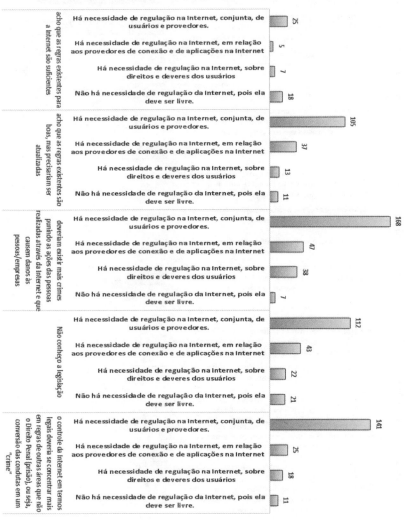

Fonte: Pesquisa do autor.

Por outro lado, também se verificou que, mesmo apontando pela desnecessidade de regulação da Internet (=68), com base no princípio da liberdade, 42,6% dos respondentes apontaram a necessidade de atualização das regras ou existência de mais crimes ou, ainda, a existência de outras regras de Direito que não o Penal.

- Visando obter a opinião dos respondentes a respeito de um fato concreto e noticiado pela mídia, sugeriu-se a análise relativa ao caso do linchamento de uma mulher na cidade de Guarujá-SP (Questão 21), em função de um boato que teria iniciado no Facebook.[164] Respostas possíveis:

"[ ] acho que apenas os autores do linchamento devem ser punidos pela Lei penal".

"[ ] acho que além dos autores do linchamento, também os responsáveis pela página Guarujá Alerta devem ser responsabilizados penalmente".

"[ ] as pessoas que curtiram a postagem que gerou a falsa percepção dos linchadores deve ser punidos por incitação ao crime".

"[ ] o Facebook deve ser responsabilizado pela postagem".

"[ ] ninguém deve ser punido, pois não há relação de causa e efeito no caso da postagem".

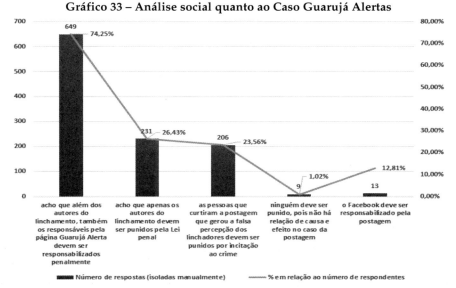

Gráfico 33 – Análise social quanto ao Caso Guarujá Alertas

Fonte: Pesquisa do autor.

---

[164] Propiciou-se ao respondente, caso quisesse saber mais sobre o caso, pudesse acessar e ler duas notícias sobre o fato: <http://goo.gl/ExGcZX> e <http://goo.gl/dejRnv>. Erroneamente, permitiu-se a marcação de mais de uma resposta, o que não invalida sua análise (vide próxima nota de rodapé).

A opção de não punição, por (suposta) ausência de relação de causa e efeito no caso da postagem na página Guarujá Alertas, teve pequeno número de respostas (1,02%), concluindo-se, pelas demais respostas, que a manifestação dos respondentes é pela punição, mesmo que seja do Facebook em relação à postagem (12,81%). A opção com maior número de respostas – "acho que além dos autores do linchamento, também os responsáveis pela página Guarujá Alerta devem ser responsabilizados penalmente" –, com 74,25% (=649) dos respondentes, também revela a "necessidade punitiva" dos envolvidos, mesmo não tendo sido especificado, no contexto da pergunta, qual a punição para os responsáveis pela página do Facebook Guarujá Alertas.[165]

- Na última pergunta proposta, buscou-se analisar o perfil dos respondentes quanto à busca das informações sobre os riscos em usar a Internet (Questão 22). Verificou-se que a maioria dos usuários/respondentes, 56,4% (=493), pesquisa informações sobre os riscos na Internet, seja através de livros, revistas, Internet ou com especialistas na área, enquanto que um percentual menor de 10% (=82) não busca dados ou informações.

Gráfico 34 – Questionamento quanto à busca de conhecimentos sobre riscos na Internet

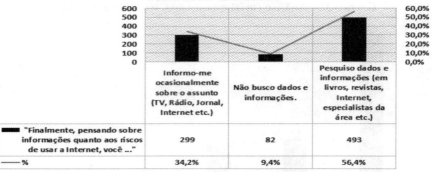

Fonte: Pesquisa do autor.

---

[165] Como houve permissão de marcação de mais de uma resposta, outra análise pode ser realizada. Assim, a ampla maioria dos respondentes entendeu, em resposta única, por criminalizar a conduta tanto dos linchadores quanto dos responsáveis pela página criada no Facebook com o nome Guarujá Alerta, ou seja, 48,5% (=424). Essa mesma resposta, associada à opção de punição por incitação ao crime dos que curtiram a postagem que gerou a falsa percepção dos linchadores, teve outros 10,6% de respondentes (=93), ou seja, a punição conjunta dos linchadores, dos responsáveis pela página Guarujá Alertas e os que curtiram as postagens são responsáveis penalmente de acordo com 59,1% dos participantes da pesquisa. Outros 8,3% (=73) dos respondentes também a associaram à necessidade de punição do Facebook, enquanto que esta resposta, isolada, teve apenas 1,5% de marcações (=13). Pela punição, através da Lei penal, apenas dos autores do linchamento, recebeu marcação individual (sem associação a qualquer outra opção) de 18% dos respondentes, ou seja, 157, porém essa opção também apareceu associada a outras opções, inclusive àquela em que já estava incluída na resposta ("além dos autores do linchamento ...", com 6,64% (=58) respondentes.

Mesmo assim, cruzando-se os dados com as respostas à percepção do risco (Questão 13), verificou-se que mesmo entre os usuários que consideram o uso da Internet um risco (740) há aqueles que não buscam dados ou informações a respeitos de riscos (8,5% =63) ou que se informam ocasionalmente a respeito (35,4% =262); de outra parte, mesmo aqueles que não consideram um risco usar a Internet (134), a maioria (58,2% =78) busca informações a respeito dos riscos.

Gráfico 35 – Cruzamento das respostas quanto ao risco no uso da Internet x busca de conhecimento sobre os riscos na Internet

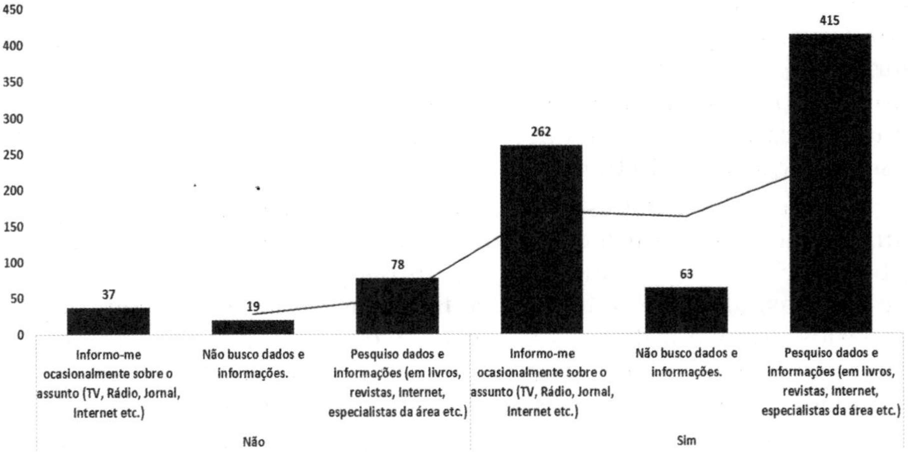

Fonte: Pesquisa do autor.

Por derradeiro, destacados os resultados da pesquisa, há necessidade de avaliar os dados coletados, o que se passa a relatar a seguir.

3.5. Avaliação Sobre os Dados Coletados

Com base nos dados colhidos, então, verificou-se que, com uma média de idade de 35 anos e de maioria do sexo feminino, os participantes da pesquisa, oriundos de 24 estados brasileiros, já possuem ou estão buscando formação superior, circunstância que pode ser explicada em virtude da (a) limitação da pesquisa em relação à idade mínima de participação, ou seja, de pelo menos 18 anos; (b) pelas condições e possibilidades de acesso à Internet no Brasil, ainda segmentada a uma parcela pouco superior a 50% dos brasileiros (vide Capítulo 1); e (c) complementarmente a este último raciocínio, no caso da pesquisa realizada, pela remuneração recebida em razão do trabalho ser em sua grande maioria superior a 1 salário mínimo.

Internet & Direito Penal
RISCO E CULTURA DO MEDO

Embora a maior incidência de respondentes corresponder à área do Direito e da Ciência da Computação, houve respondentes de várias outras áreas de atuação e ocupações, possibilitando a busca e correspondente análise de percepção para além de profissionais que lidam com o Direito e com a Tecnologia Digital, ou seja, foram 181 atividades diferentes (vide item 3.4.1).

Quanto à forma e tempo de uso da Internet, apurou-se que mais de dois terços (2/3) dos participantes da pesquisa acessam a Internet há mais de 10 anos, e 96% deles tem acesso à rede mundial de computadores todos os dias da semana, incluindo sábados e domingos. Ainda verificou-se que 57,1% dos respondentes faz uso diário da Internet superior a 4 horas. Demonstra-se, assim, um efetivo e duradouro uso da Internet entre os respondentes, tanto para fins pessoais quanto profissionais, embora se perceba um maior direcionamento de uso para questões do trabalho.

Entre as atividades realizadas pelos participantes da pesquisa quando do uso da Internet, pontua-se o acesso às redes sociais e a possibilidade de busca de informações através de pesquisas e/ou leitura de notícias, além de outros procedimentos de interação com outros usuários, como a utilização de correio eletrônico (e-mail) e a troca de mensagens instantâneas. Segmento, como o dos jogos eletrônicos, é atividade reservada a menos de 50% dos respondentes.

Quanto ao objetivo principal da pesquisa, qual seja: o da percepção do risco e a sensação do medo no uso da Internet, como ambos podem ser evitados/tratados (segundo os respondentes) e sobre a necessidade de produção de (mais) Direito (Penal), verificou-se que:

a) 84,7% dos respondentes considera arriscado usar a Internet no Brasil, sendo mais acentuada essa percepção em pessoas do sexo feminino e entre pessoas com idade entre 20 e 38 anos;

b) a formação acadêmica não interfere diretamente na questão da percepção do risco, embora ela esteja mais presente nos respondentes com formação acadêmica nos níveis de graduação (em andamento ou concluída) e de especialização;

c) não há relação direta entre a percepção do risco e a renda mensal dos respondentes;

d) pode-se inferir que usuários com acesso à Internet todos os dias podem deixar de percepcionar os (eventuais) riscos existentes;

e) a percepção do risco no uso da Internet em usuários iniciantes, com menos de 3 anos de uso, é de 100%, ou seja, usuários mais experientes deixam de percepcionar os riscos na Internet ou simplesmente os ignoram;

f) o grau de risco atribuído pelos respondentes é mais acentuado quando a finalidade do uso da Internet é relacionada com o trabalho, ou seja, uso para fins profissionais;

g) no aspecto geral, o grau de risco atribuído pelos respondentes é baixo, e entre as escalas de 1 a 10, respectivamente nível baixíssimo e altíssimo de risco, as graduações de 3 a 5 são as de maior incidência, ou seja, um grau de risco de nível mediano para baixo;

h) embora se possa afirmar que a maioria das pessoas sente medo em utilizar a Internet em razão dos 50,1% que assim responderam, não há reflexo da percepção do risco na produção da sensação do medo, porquanto:

– dos que disseram que é arriscado usar a Internet, 41,6% disseram não sentir medo em usá-la;

– dos que disseram não ser arriscado usar a Internet, apenas 4,5% disse sentir medo em usá-la.

i) *contrario sensu*, portanto, a ausência de percepção de risco leva à não sensação do medo;

j) mesmo entre as pessoas que demonstram sentir medo em usar a Internet, verificou-se que a gradação dada a ele não é alta, ou seja, entre as escalas 1 (baixíssimo medo) e 10 (medo altíssimo), os graus de medo de maior incidência são inferiores à escala 5;

k) vírus e cavalo de troia estão entre os principais motivos para a percepção do risco e sensação do medo;

l) a preocupação com a perda de privacidade em virtude da coleta de dados dos provedores de aplicação na Internet (Facebook, Google, Twitter, Whatsapp etc.) é maior (66% dos respondentes) do que aquela com o desvio de dinheiro de contas bancárias (54,69% dos respondentes);

m) como solução para a diminuição da sensação do medo e situações de risco na Internet, os respondentes pontuaram preferencialmente – 60,64% – para a necessidade de educação dos usuários e seu conhecimento quanto à melhor forma de usá-la, enquanto que a punição dos autores de ilícitos teve apoio de 18,42% dos respondentes. A correção dos problemas (na Internet) do ponto técnico teve adesão de 17,5% dos participantes da pesquisa;

n) 92,2% dos participantes da pesquisa entendem que deve haver algum tipo de regulação da Internet, seja através de atualização das regras existentes, seja sobre direitos e deveres dos usuários, seja em relação a provedores de conexão e de aplicação, ou, ainda, de provedores e usuários da Internet:

– mesmo entre quem não considera arriscado usar a Internet (=134), 82,8% entendem que há necessidade de algum tipo de regulação na Internet;

– mesmo entre os que não sentem medo em usar a Internet (=436), 88,5% compreendem que deve haver algum tipo de regulação na Internet;

o) relativamente ao (des)conhecimento da legislação brasileira sobre a Internet, o destaque para a tendência punitivista, pois que 29,7% dos respondentes afirmaram a necessidade de existência de mais crimes:

– mesmo entre aqueles que não consideram arriscado usar a Internet, a tendência é pelo incremento dos tipos penais (27,61%);

– entre aqueles que não sentem medo em usar a Internet, 26,1% desconhecem a legislação, porém outros 25,5% entendem que devem existir mais crimes punindo ações danosas realizadas na Internet, seja contra pessoas, seja contra empresas;

– entre aqueles que consideram a necessidade de regulação conjunta na Internet, de usuários e provedores (=551, ou seja, a grande maioria), a maioria proporcional – 30,5% – entende que devem existir mais crimes, além daqueles que consideram a atualização das regras necessária (19,1%) e aqueles que desejam a regulação pelo Direito, porém o não Penal (25,6%);

– entre aqueles que consideram que deve haver pelo menos algum tipo de regulação na Internet, é destacável a tendência punitivista:

Gráfico 36 – Cruzamento das respostas quanto à "necessidade" de regulação da Internet e o conhecimento da legislação brasileira sobre o assunto

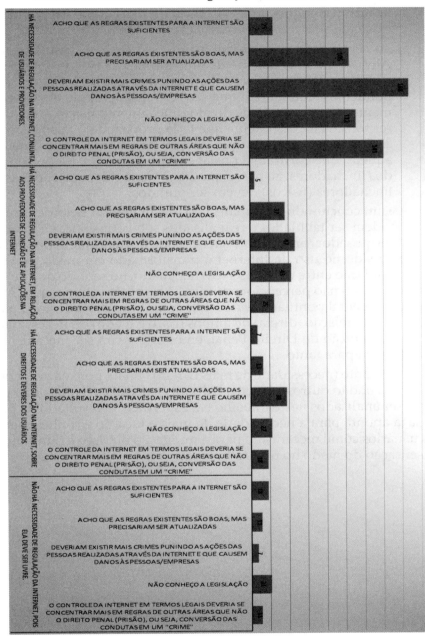

Fonte: Pesquisa do autor.

– mesmo entre quem apontou pela desnecessidade de regulação da Internet, 42,6% ou referiram a necessidade de atualização das regras ou a existência de mais crimes ou, ainda, a existência de outras regras de Direito que não a Penal;

p) ao serem colocados frente a um caso real, o "caso Guarujá Alertas" e o linchamento de uma mulher na cidade de mesmo nome em São Paulo, ocorrido no ano de 2014, 74,25% dos respondentes entenderam que são responsáveis pelo ato (linchamento) tanto os autores do ato (linchamento físico) quanto os responsáveis pela página que teria propagado o falso boato, e 23,56% compreendem que devem ser punidos (penalmente) aqueles que curtiram a postagem que gerou a falsa percepção dos linchadores, ao passo que 26,43% entendem que apenas os linchadores (físicos) devem ser punidos.

Assim, concluindo-se a análise do levantamento empírico, cujos dados podem ser tabulados e reanalisados sob várias óticas e interesses do pesquisador/analisador, não se pode afirmar que todo o risco percepcionado no uso da Internet é transformado em medo. No entanto, há relação entre o não risco e o não medo, no sentido de que em relação ao risco não percepcionado não há resposta com o medo. Ainda é fundamental pontuar que o resultado da pesquisa direciona para a ausência de relação (direta) de ambos (risco e medo) e a necessidade de mais produção de Direito Penal, embora possam ser mecanismos de influência para tanto.

Esse ponto (necessidade de mais Direito Penal), por sua vez, pode ter como condão outros aspectos culturais e sociais, os quais não poderão ser analisados neste trabalho em específico. O resultado da pesquisa já aponta para a necessidade de mais educação e conhecimento aos usuários como mecanismo para a mitigação do risco e diminuição da sensação do medo no uso da Internet.

4. Risco e dano na Internet: aspectos da ofensividade das ações humanas frente à tecnologia digital

> *[...] de acordo com o standar alcançado por nossa civilização ocidental [...], a penalização de um comportamento necessita, em todo caso, de uma legitimação diferente de simples discricionariedade do legislador.*
>
> (Roxin, 2013, p. 11)

Verificou-se no capítulo anterior o levantamento empírico do brasileiro em relação à percepção que tem sobre o risco e o medo no uso da Internet, analisando-se os resultados e compreendendo-se que a necessidade de mais direito, em especial o penal, tem outros aspectos indutores, sejam culturais sejam sociais, estando o usuário brasileiro inclinado à atualização/incremento das regras do Direito, não necessariamente o Direito Penal. Também se verificou com a pesquisa a necessidade de mais educação e conhecimento dos usuários como mecanismo para a mitigação do risco e diminuição da sensação do medo no uso da Internet.

Porém ainda é preciso verificar se os legisladores, enquanto autores do Direito, diante da fragmentação do Direito, da globalização e proliferação do uso das tecnologias baseadas em rede (Internet/intranet) e os medos derivados, estão preparados para interpretar a complexidade hodierna e avaliar/formatar a lei penal adequadamente. Igualmente, se a adoção de novos tipos penais e/ou readequação dos existentes, com conceitos inerentes às tecnologias baseadas em rede, em especial a Internet, além de preservar direitos e garantias fundamentais, proporcionarão a manutenção do acesso universal à web com maior sensação de segurança e diminuição dos riscos e dos medos.

Portanto, neste "último instante", por assim dizer, de reflexões relativas ao problema em estudo, como metodologia de trabalho e vi-

Internet & Direito Penal
RISCO E CULTURA DO MEDO

sando a estabelecer os recortes específicos, busca-se analisar o risco e eventual dano correspondente, como pressuposto essencial para a criação de novos tipos penais e/ou readequação dos existentes, tornando esses riscos, então não permitidos.

Também, logicamente, serão inseridos os conceitos e práticas inerentes às tecnologias baseadas em rede, leia-se a Internet, para que sejam preservados, por um lado, os direitos e garantias dos usuários (propulsores e preceptores do risco ou não)[166] e, para outro, propiciar e manter o acesso universal à web.

Verificou-se, no capitulo anterior, que a ausência do medo[167] não necessariamente corresponde à percepção ou não dos riscos, mas a ausência de percepção dos riscos em regra conduz à ausência de medos. Infere-se, para esta última assertiva, que a falta de conhecimento sobre os riscos, fazendo com que eles passem desapercebidos, sequer influencia na conduta dos usuários da Internet, ou seja, sem risco não há medo, embora este possa existir sem aquele.

Para analisar as questões relativas ao risco, evitando as generalidades, procurar-se-á pautar nos exemplos sobre o levantamento empírico realizado, em especial a questão 17 (ANEXO B – Questionário de Levantamento Empírico), quando os respondentes eram instados a marcar as respostas sobre quais os motivos que eles consideram arriscado ou do que têm medo quando usam a Internet, tanto através de computadores quanto de *smartphones*. Assim, aquelas situações de risco (e dano) pautadas servirão para a análise conceitual e de interação com o Direito Penal, porém sob a ótica da teoria da imputação objetiva e o princípio da ofensividade.

4.1. Direito Penal & Internet: a ofensividade efetiva das ações humanas na Internet como parâmetro para (re)criação de novos tipos penais

> *[...] essa 'evolução legiferante' se dá no sentido de consolidação da intolerância dos legisladores, respaldados pela mídia e pelo senso populoresco de uma solução rápida para o problema da criminalidade.*
>
> (Costa, 2014, p. 236)

---

[166] Direitos previstos constitucionalmente, tais como a liberdade de expressão e livre comunicação (art. 5º, IX, CF88), direito de privacidade e direito (de preservação) à imagem (art. 5º, X, CF88; art. 21 do Código Civil; art. 100 do Estatuto da Criança e do Adolescente; e, Marco Civil da Internet, Lei 12.965/2014), e, direito ao acesso à informação/conhecimento (art. 5, XXXIII, art. 37, § 3º, II, art. 216, § 2º, todos CF88; Lei de Acesso à Informação, Lei 12.527/2011).

[167] Ausência essa que levaria, em tese, a uma maior sensação de segurança.

Claus Roxin[168] procurou delimitar a função do Direito Penal com especial atenção à proteção dos bens jurídicos, não apenas como fator limitador ao legislador (*bem jurídico crítico*), mas como vetor restritivo da punibilidade e indicador da proporcionalidade e legitimação dos tipos penais, não só compatíveis com o Estado de Direito (democrático), mas sobretudo atendendo aos homens que vivem na sociedade atual (ROXIN, 2013), ao menos do ponto de vista da ocidentalidade.[169]

Assim, o ideal é estabelecer as bases do Direito Penal em um ambiente contemporâneo, sobretudo comunicacional e interativo, porém garantir aos cidadãos uma existência pacífica, livre e socialmente segura, não é e não deve ser função desse Direito Penal, que segundo Roxin (2013, p. 17) deve agir sob a garantia de todos os direitos humanos, através da manutenção de "equilíbrio entre o poder de intervenção estatal e a liberdade civil".

Pode-se e deve-se, entretanto, questionar como e de que forma deve ocorrer esse "atendimento" ao interesse dos homens da sociedade atual e se é o Direito Penal que pode garantir esse equilíbrio. Assim, mesmo uma função do Direito Penal com especial atenção aos bens jurídicos deve ponderar aspectos fundamentais à manutenção da liberdade e garantia dos direitos humanos e fundamentais.

Mas, então, quais seriam os bens jurídicos a serem tutelados no ambiente da Internet, já que eles não possuem realidade material (embora possam dizer respeito ao mundo físico)? Quais seriam os bens jurídicos em face da Internet, objetos legítimos de proteção de normas penais, que precisariam ser protegidos para uma coexistência "equilibrada"? A (re)criação de novos tipos penais, no Brasil, em face dos danos (potenciais ou existentes) causados por condutas humanas na Internet, pode adotar o critério da proteção e da ofensividade ao bem jurídico?

Para tanto, necessário partir de uma análise, mesmo que breve, sobre a função do Direito Penal na sociedade contemporânea e, a *posteriori*, aprofundar o caráter simbólico da proteção do bem jurídico – na sociedade do risco – pela legislação penal.

---

[168] Usa-se como referencial principal duas conferências realizadas por Claus Roxin na Colômbia, no ano de 2004. (ROXIN, 2013).

[169] Segundo Zaffaroni e Pierangeli (2007, p. 60), "O controle social, em cada um desses países [países centrais e países periféricos, ocidentais ou orientais], será diferente, segundo se trate de países de economia descentralizada (capitalistas) ou estatal ou centralizada e, ainda, entre os periféricos, segundo seu grau e momento de desenvolvimento (economia rural, em vias de industrialização etc.)".

4.1.1. Ponto de partida

> *No Brasil a nomorréia penal já assume proporções*
> *alarmantes. Criminaliza-se por atacado.*
>
> (Luisi, 2003, p. 108)

Para que serve o Direito Penal na sociedade contemporânea? Certamente, não se obterá a resposta neste estudo. O Direito Penal é – e deve ser compreendido como tal – ferramenta de redução de complexidades, porém somente utilizável se outras formas de construções normativas de atendimento das expectativas não puderem ser erigidas.

Porém é necessária uma revisão quanto à função do Direito Penal na contemporaneidade, a partir da qual pode-se, em caso de se optar por um processo criminalizador-punitivista, como requer 1/3 dos respondentes da pesquisa empírica (vide item 3.5), escolher um caminho adequado e atento às questões constitucionais, pautadas em um Direito Penal mínimo necessário (LUISI, 2003).

Na sociedade contemporânea em que estamos – ou líquida, no dizer de Bauman (2001; 2007; 2008; 2009) – os parâmetros de inclusão ou exclusão para proteção não são mais adequados, sequer os conceitos de sociedade "ordeira" ou "desordeira". Essa é a concepção tradicional, da sociedade e do Direito Penal. O Estado punitivo não parece querer cessar e, conforme Andrade (2015, p. 20), não dá sinal de reversão quanto à constante produção de leis e reformas criminalizadoras e antigarantistas, o que é reforçado pela produção de decisões judiciais criminalizadoras e encarceradoras.[170]

A transformação que se espera(va), especialmente com base nos estudos acadêmicos da segunda metade do Século XX e início do XXI, segundo Baratta (ANDRADE, 2015, p. 11),[171] é de uma "nova ciência do Direito Penal que encontra suas premissas numa adequada relação de análise empírica sobre o real funcionamento do sistema punitivo", que poderá "talvez 'resgatar' o potencial controle da Dogmática e as

---

[170] Não é objetivo deste estudo a análise quanto à pena atribuída aos delitos praticados no âmbito da Internet, porém em face de a maioria deles não conter violência e grave ameaça – e mesmo nesses casos –, poder-se-ia explorar a implementação de procedimentos de justiça restaurativa. Sinteticamente, a justiça restaurativa é procedimento baseado em consenso, uma nova forma de administração de conflitos tendo como foco principal a vítima e o infrator, e em alguns casos terceiros interessados como membros da sociedade afetados diretamente pela infração ou crime. Uma opção ao sistema de justiça criminal tradicional, porém ainda um termo inacabado. (ACHUTTI, 2014).

[171] Em prefácio ao livro de Vera Regina Pereira de Andrade (2015).

promessas da modernidade 'repensando-as sobre as contradições do tempo presente'".[172]

A sustentação do estado atual das coisas, com seu enfoque punitivista, embora tenha a ver com a constante volta da pauta da "segurança pública" ou "sensação de insegurança pública", potencializadas pela mídia e absorvidas e reproduzidas socialmente, está vinculada à deslegitimidade do sistema penal vigente, porquanto não dá respostas adequadas e tende a se fortalecer em face de um garantismo voltado a justificar a punição nos termos constitucionais. O que deveria ser uma correta política criminal torna-se uma política de segurança pública, com utilização do sistema penal para fins de procurar gerar mais estabilidade na sociedade.

Tal se sucedeu, conforme observa Luisi (2003, p. 11-12), em face das constituições atuais possuírem elementos caracterizadores, através dos princípios, do Estado de Direito (*Rechtsstaats*) e também do Estado Social (*Sozialstaats*). E, embora os princípios liberais possam traduzir também programas descriminalizantes, as "instâncias solidaristas do Estado social se fazem presentes na criminalização em defesa de bens coletivos", fazendo surgir um "novo direito criminal":

> Nas Constituições que são expressão do Rechtsstaats as normas concernentes ao direito penal se traduzem em postulados que, em defesa das garantias individuais, condicionam restritivamente a intervenção penal do Estado. Nas Constituições de nossos dias estas instâncias de resguardo dos direitos individuais em matéria penal persistem vigorosas, mas nelas se encontram uma série de preceitos que implicam no alargamento da atuação do direito penal de moldes a ampliar a área de bens objeto de sua proteção. Ou seja: de um lado nas Constituições contemporâneas se fixam os limites do poder punitivo do Estado, resguardando as prerrogativas individuais; e de outro lado se inserem normas propulsoras do direito penal para novas matérias, de modo a faze-lo [sic] um instrumento de tutela de bens cujo resguardo se faz indispensável para a consecução dos fins sociais do Estado. (LUISI, 2003, p. 12).

Assim, presentes nas Constituições os princípios de Direito Penal, exclusivamente penais ou tipicamente penais, se por um lado há o condicionamento de atuação restrita do Estado (*v.g.*, princípios da legalidade e da pessoalidade da pena), por outro há um balizador ao legislador infraconstitucional. Ambos, porém, não são suficientes

---

[172] As promessas da modernidade são de segurança, de racionalidade e de emancipação. Alessandro Baratta (ANDRADE, 2015, p. 9-14) dá a entender que os estudos acadêmicos nos remeteram a grandes transformações, conceituais e de compreensão, porém esse saber crítico deve ser levado para fora da Universidade, contribuindo para o desenvolvimento de estratégias e táticas que sejam adequadas "a um projeto de emancipação". Talvez aqui paire um dos grandes aspectos que devem ser enfrentados na modificação – ou no enfrentamento – do Estado punitivista: a aproximação do conhecimento crítico, acadêmico, com a realidade social.

para frear a propulsora mola da criminalização/penalização, ou seja, o inflacionismo do Direito Penal.[173]

Nesta esteira, em face da popularização da Internet, como pressuposto da "necessidade" de proteção da imagem pessoal dos indivíduos que usam a rede mundial de computadores e suas aplicações, nada impede a edição de normas de caráter civil, trabalhista e/ou incremento penal, estabelecendo a proteção desse bem jurídico individual. Aliás, a Constituição Federal (CF) brasileira, que cita por três vezes a palavra *intimidade*[174] e uma vez *vida privada*, diz, no art. 5º, inc. X, que "são invioláveis a intimidade, a vida privada, a honra e a imagem das pessoas, assegurado o direito a indenização pelo dano material ou moral decorrente de sua violação".

O Código Penal português[175] já adotou uma legislação criminal mais abrangente e abarcando situações com o uso de novas tecnologias, em especial quando as condutas são realizadas sem consentimento e tenham relação com a imagem e vídeo de outras pessoas:

Artigo 199º. Gravações e fotografias ilícitas

1 – Quem sem consentimento:

a) Gravar palavras proferidas por outra pessoa e não destinadas ao público, mesmo que lhe sejam dirigidas; ou b) Utilizar ou permitir que se utilizem as gravações referidas na alínea anterior, mesmo que licitamente produzidas; é punido com pena de prisão até 1 ano ou com pena de multa até 240 dias.

2 – Na mesma pena incorre quem, contra vontade:

a) Fotografar ou filmar outra pessoa, mesmo em eventos em que tenha legitimamente participado; ou b) Utilizar ou permitir que se utilizem fotografias ou filmes referidos na alínea anterior, mesmo que licitamente obtidos.

Portanto o legislador português buscou proteger a imagem das pessoas, sua *intimidade* e *vida privada* (assim, também o faz no art. 192, quando a punição é prevista para alguém que devassar a vida priva-

---

[173] Como pondera Costa (2014, p. 230-231), o Estado contemporâneo encontra-se em crises conceituais (da soberania frente à criminalidade organizada), estruturais (que se conecta ao caráter finalístico do sistema jurídico-penal de promover segurança dos bens jurídicos sociais, sacrificando bens individuais através de ações criminalizadoras), constitucionais (com edição de leis penais afrontando o texto constitucional) e funcionais (com perda da exclusividade normativa e potestatória). Enfoca a autora na descredibilidade dos postulados estatais frente aos postulados organizacionais, que são locais e cuja aceitabilidade leva à legitimação de novas formas de poder.

[174] A CF nenhuma vez cita o termo *extimidade*, em caráter oposto ao da *intimidade*, significando coerentemente que a proteção principal é desta. Paralelamente, no inc. LX do art. 5º ressalta que "a lei só poderá restringir a publicidade dos atos processuais quando a defesa da intimidade ou o interesse social o exigirem", alavancando a proteção da intimidade não só sob seu aspecto material, mas também processual. (WENDT, 2015b).

[175] Previsto no Decreto-Lei nº 48/95 de 15-03-1995. Código Penal Livro II – Parte especial. Título I – Dos crimes contra as pessoas. Capítulo VIII – Dos crimes contra outros bens jurídicos pessoais. (BDJUR, 1995).

da das pessoas, mais especificamente a intimidade da vida familiar e sexual). Fê-lo através de incremento no Direito Penal.

Assim, desde o pensar iluminista, no Século XVIII, na proteção aos direitos da liberdade, seguindo-se a proteção dos direitos naturais da igualdade e, finalmente, a proteção de bens sociais de relevância para todos os seres humanos, houve uma ampliação do Direito Penal que, ao invés de proteger realmente os direitos humanos, no dizer de Luisi (2003, p. 108), "vem se constituindo numa forma de agressão a esses direitos", perfazendo, segundo o autor, uma "dimensão elefantíaca da legislação penal". Circunstâncias que, em face do aprimoramento da tecnologia e expansionismo comunicacional através da Internet, tendem a permanecer no mesmo caminhar, embora outras opções (perante o Direito) sejam possíveis.

A crise no sistema penal começa por esse aspecto, do atavismo criminalizador (vide o discorrido no item 2.1.1 deste estudo), também característico no Brasil com seus inúmeros tipos penais e projetos legislativos prontos a fazer incrementar a dura relação de tipos penais com suas penas relativas à liberdade, quando outras sanções e mecanismos são possíveis. Há que se construir, sim, garantias mínimas à tutela penal, porém ajustadas ao sistema penal vigente, em especial aos aspectos reais de um decisionismo irreal e desvinculado da realidade social ou que demore a conceber a contemporaneidade como precursora. Além disso, em face de situações de aplicação das penas, a restrição da liberdade, em especial para crimes de menor gravidade e que remontam aos aspectos patrimoniais e de não violência à pessoa, deve ser repensada e tida como exceção. Mecanismos alternativos de sanção e de aplicação das sanções merecem ser pautados, sob pena de além de ter-se presente um atavismo criminalizador, também afirmar-se, cada vez mais, um atavismo penalizador, de ideia pronta de exclusão do indesejado, do repulsivo, como se essa fosse a única solução possível.

Segundo Jakobs (2012, p. 172-173), um Direito Penal de inimigos "não é sinal de força do Estado de liberdades, e sim um sinal de que dessa forma simplesmente não existe". Assim, para que fujamos de mais leis penais, simbólicas, há necessidade de reestruturação e direcionamento a um Direito Penal, no dizer de Luisi (2003, p. 116), totalmente enxuto: um Direito Penal estritamente necessário, ou seja, somente deverá haver crime e pena com lei "prévia, determinada, atual e necessária".

Aliás, reforça-se a crítica feita por Ferrajoli (2012, p. 59) ao uso demagógico do medo como rápida forma de consenso e com aptidão para subsidiar o Direito Penal vigente, baseada num "populismo penal". Este populismo penal é que representa qualquer estratégia em termos de segurança dirigida a obter, demagogicamente, o consenso popular, respondendo ao medo provocado pela criminalidade com o uso conjuntural do Direito Penal,[176] "tão duramente repressivo e antigarantista como ineficaz a respeito das declaradas finalidades da prevenção" (FERRAJOLI, 2012, p. 60). Há, portanto, que se fugir da ilusória identificação entre insegurança e Direito Penal, pois este não pode produzir, magicamente, o desaparecimento da delinquência.

4.1.2. Estabelecendo Limites

> *E sobretudo temos um objetivo certo e definido a alcançar, como todos os amantes da liberdade, que é o de ajudar a construção de um mundo onde o homem não seja o lobo do homem, mas o irmão, o semelhante, a pessoa portadora de direitos inalienáveis.*
> (Luisi, 2003, p. 109-110)

Seguindo-se o raciocínio do tópico anterior e em face da (re)adequação do Direito Penal ao mínimo necessário, e antes de responder aos questionamentos propostos no início deste subcapítulo, é fundamental que sejam feitos apontamentos relativos à Teoria da Imputação Objetiva, cujo aspecto central é o bem jurídico, e o Princípio da Ofensividade, pautando-se nos ensinamentos de Claus Roxin (2013)[177] e nas análises de Fabio Roberto D'Avila (2009), entre outros. Essa análise é escolhida em face de que, em havendo extrema necessidade de criação ou recriação de novos tipos penais, haja a escolha por um caminhar objetivo e pautado nos efetivos danos causados pelas condutas humanas indesejadas.

Frise-se, de pronto, que este é apenas um dos critérios possíveis, sendo possível a adoção de outros, em especial para rejeitar o incre-

---

[176] Costa (2014) pontua que a criminalidade na contemporaneidade é gerada pelo expansionismo das relações sociais e que o sistema penal é utilizado como fator principal de construção da estabilidade na sociedade.

[177] Optou-se por Roxin e não outros autores, como Günther Jakobs, em virtude de seu estudo direcionado à proteção do bem jurídico e este como princípio delimitador da função legislativa na produção de tipos penais. O que pode e é contestado no raciocínio de Roxin é que sua base conceitual de bem jurídico deriva do contrato social e é função do Direito Penal sua proteção, enquanto que para Jakobs a função (do Direito Penal) é a de evitar uma diminuição da vigência da norma.

mento nos tipos penais no Brasil.[178] De qualquer sorte, a escolha pela criação de novos tipos penais ou a reformulação dos existentes sempre será meramente simbólica, não garantindo a segurança que se pretenda alcançar com a produção legislativa penal.

Destarte, a teoria da imputação objetiva decorre do princípio da proteção de bens jurídicos e, portanto, a função do Direito Penal na busca da proteção desses bens jurídicos o fará através da proibição da criação de riscos não permitidos, valorando a correspondente infração "na forma de uma lesão do bem jurídico, como injusto penal" (ROXIN, 2013, p. 40).

Para Roxin (2013) são duas fases: a primeira, conforme já referido, de ponderação e equilíbrio entre os direitos estatais de ingerência e os direitos civis de liberdade, no qual se usa o princípio da proteção do bem jurídico como um dos critérios de legitimação dos tipos penais,[179] e; a segunda, de caráter dogmático, que se caracteriza pela exigência do risco não permitido, ou seja, o aspecto central encontra-se neste ponto – realização do risco não permitido – e não na causação do resultado (como nos crimes omissivos) ou na finalidade da ação penal (como nos crimes dolosos). Embora a segunda fase mereça atenção importante, em face da análise de riscos permitidos/não permitidos, deixar-se-á este aspecto para o tópico seguinte deste capítulo, com apreciação dos riscos no âmbito na Internet.

Assim, parte-se do conceito e da necessidade de proteção de bens jurídicos como limite, como "fronteiras de uma punição legítima" (ROXIN, 2013, p. 20; ZEIDAN, 2002, p. 72-79) que deve pautar o legislador, e não necessariamente do conceito estabelecido metodicamente para entender o fim das normas, ou seja, sua interpretação teleológica. Esse bem jurídico protegido, portanto, não só deve servir ao cidadão do Estado de Direito, mas principalmente protegê-lo da ingerência extremada em sua liberdade física, restringindo o Direito Penal à sua estrutura mínima necessária.

A esse conceito de bem jurídico, a que Roxin (2013) chama de "crítico-legislativa", move-se no espectro e no âmbito de um sistema constitucional vigente, traçando determinados limites ao legislador (ROXIN, 2013, p. 20-26), que deve se atentar aos aspectos da atualidade e contemporaneidade:

---

[178] Outros critérios de limites materiais ao poder punitivo penal do Estado de Direito (democrático) atendem aos princípios da intervenção mínima (subsidiariedade e fragmentariedade), da culpabilidade, da proporcionalidade e da dignidade humana.

[179] Leva-se em conta, logicamente, que a criação dos tipos penais só deve ocorrer se esse equilíbrio não possa ser alcançado com outras medidas político-criminais que afetem em menor medida a liberdade dos cidadãos (ROXIN, 2013, p. 17).

Internet & Direito Penal
RISCO E CULTURA DO MEDO

Primeiro, são inadmissíveis as normas jurídico-penais unicamente motivadas ideologicamente ou que atentam contra direitos fundamentais e humanos. Assim, poder-se-ia questionar – ou ao menos abordar o tema sob a ótica da proporcionalidade[180] – o tipo penal do art. 266, § 1º, do Código Penal (vide análise no item 2.3.2) frente ao princípio da liberdade de expressão e às manifestações sociais com o uso da Internet, em especial se nenhum dano restou comprovado na ação de interrupção de serviço telemático ou de informação de utilidade pública. De especial inadequação, portanto, se a informação poderia ser obtida de outra forma.

Segundo, a simples transcrição do objeto da lei não fundamenta um bem jurídico. Neste caso, por exemplo, a proposição de criminalização da criação de perfil falso na Internet (Projeto de Lei 7758/2014)[181] contempla(ria)[182] a possibilidade de (futuro) tipo penal com ausência de bem jurídico a proteger. Não é porque há a proteção constitucional a um bem jurídico geral que haja necessidade de proteção penal, ou seja, sua comutação em um bem jurídico penalmente protegível.

Terceiro, os simples atentados contra a moral não são suficientes para a justificação da norma penal. Pode-se exemplificar aqui a hipotética criação de tipo penal de "ato obsceno" transmitido pela Internet, já que a ação, desde que realizada em atenção a determinadas "regras" (restrição de acessos à menores de idade, não transmissão em redes sociais etc.), não contempla violação a nenhum bem jurídico, embora possa, para alguns cidadãos, ser considerado violação de aspectos morais.

Quarto, que o atentado contra a própria dignidade humana não é lesão a um bem jurídico. Assim, a divulgação de fotos (de nus, pornográficas e/ou sexuais) próprias não corresponde a uma violação de bem jurídico protegido, porquanto está inserto em discussões morais e culturais.

Quinto, em relação à proteção de sentimentos somente pode ter-se como proteção de bens jurídicos tratando-se de sentimentos

---

[180] Em que se considera que uma norma penal deveria ser útil para a proteção de bens jurídicos e, frente a ausência de fundamentação justificável, ela é ineficaz e desproporcional, ou, ainda, uma intervenção excessiva na liberdade dos cidadãos (ROXIN, 2013, p. 27).

[181] CÂMARA DOS DEPUTADOS. *Projeto de lei nº 7758, de 2014*. Disponível em: <http://www.camara.gov.br/proposicoesWeb/fichadetramitacao?idProposicao=619448>. Acesso em: 17 set. 2015.

[182] O verbo encontra-se em dupla conotação em face da proposição inicial do PL 7758/2014, modificando o art. 307 do Código Penal, porém com parecer desfavorável da Comissão de Constituição e Justiça (dado em junho de 2015) em relação à modificação da redação do dispositivo penal e inclusão de um único parágrafo prevendo um aumento de pena no caso de o crime ser praticado pela rede mundial de computadores ou por qualquer outro meio eletrônico.

de ameaça, avaliando-se o que é desmesurado ou não no contexto da sociedade em que se vive. Assim, o envio de correio eletrônico ou mensagem instantânea para outrem contendo conteúdo pornográfico (sem fazer referência à honra ou outros atributos pessoais).

Sexto, a consciente autolesão, sua possibilitação ou fomento, não legitimam uma sanção punitiva, já que a proteção de bens jurídicos tem por objeto a proteção frente aos outros (cidadãos) e não a si mesmo, ou seja, a consciente criação de riscos para si não legitima a criação de tipos penais.

No contexto da Internet há que se resguardar esse quesito e analisá-lo, com atenção, em relação à navegação na Internet e ("e" no sentido de soma de condições) os dados pessoais que são coletados pelas aplicações da web, porquanto este aspecto – considerado no levantamento empírico como um dos principais motivos para a percepção do risco e sensação do medo –, por si só – e não atendendo a determinados ditames de proteção –, pode violar direitos relacionados à privacidade e intimidade dos usuários da rede. Por outro lado, a simples coleta não o faz,[183] mas sim o uso destes dados (qualificativos, da navegação, das interações na *web*, dos sites correlatos acessados, das pesquisas efetuadas, das tendências comerciais, dos usos e costumes etc.) e/ou a comercialização.[184]

Portanto, a autolesão enquanto autocolocação em risco no ambiente da Internet pode ficar mitigada desde que observado, por outro lado, o uso inadequado/irregular dos dados coletados na navegação

---

[183] Essa afirmação pode ser contestada, pois que a coleta de dados automatizada na Internet, porém não conscientemente autorizada, já corresponderia a uma violação, porquanto há obtenção de dados da navegação, de comportamentos realizados através das buscas nos sites, dos gostos comerciais etc. Do ponto de vista técnico, porém, ela pode ser evitada pelo próprio usuário com uso de ferramentas de bloqueio (extensões dos navegadores) e de navegação anônima (possibilitada pelos próprios navegadores).

[184] A Política de Privacidade (<https://www.google.com/intl/pt-BR/policies/privacy/>) e os Termos de Uso (<https://www.google.com/intl/pt-BR/policies/terms/>) do Google são um bom exemplo do que é coletado quando da utilização das suas aplicações. Por exemplo, as aplicações do Google coletam: "Informações de *registro:* Quando o usuário utiliza nossos serviços ou vê conteúdo fornecido pela Google, *nós coletamos e armazenamos automaticamente algumas informações em registros do servidor.* Isso inclui: - *detalhes de como o usuário utilizou nosso serviço, como suas consultas de pesquisa.* - *informações de registro de telefonia, como o número de seu telefone, número de quem chama, números de encaminhamentos, horário e data de chamadas, duração das chamadas, informações de identificador de SMS e tipos de chamadas.* - Endereço de protocolo de Internet (IP) - informações de evento de dispositivo como problemas, atividade de sistema, *configurações de hardware,* tipo de navegador, idioma do navegador, data e horário de sua solicitação e URL de referência. - cookies que podem identificar exclusivamente seu navegador ou sua Conta do Google. Informações do local: Quando o usuário utiliza os serviços do Google, *podemos coletar e processar informações sobre a localização real dele.* Além disso, usamos várias tecnologias para determinar a localização, como endereço IP, GPS e outros sensores que podem, por exemplo, fornecer à Google informações sobre dispositivos, pontos de acesso Wi-Fi e torres de celular próximos". (Grifo nosso).

dos usuários. No Brasil, conforme já referido, há discussão sobre a "proteção de dados" dos usuários da Internet. Um dos aspectos em discussão é a responsabilidade dos agentes,[185] relativa aos "limites da responsabilidade por dano material ou moral causado pelos agentes do tratamento de dados pessoais", corretamente sem fazê-lo na seara penal, ou seja, sem criação de novos tipos penais (MINISTÉRIO DA JUSTIÇA, 2015a).

Sétimo, na esteira do que já foi referido, as leis penais simbólicas não buscam a proteção de bens jurídicos, pois são leis que trazem tipos penais que não são necessários para o asseguramento de uma vida em comunidade. Assim, *v.g.*, a criação de um tipo penal, de perfil falso, específico para a Internet, conforme já acenado anteriormente.

Oitavo, as regulações de *tabus* (prática moral, religiosa ou cultural reprovada) também não devem ser tidas como bens jurídicos e, como tal, protegidas pelo Direito Penal. Por exemplo, a prática de *sexting* entre adultos (termo derivado da junção de *sex + texting*, que corresponde ao envio de fotos e/ou conteúdo erótico e sensual por meios eletrônicos, como e-mail e mensagens instantâneas).[186]

E, finalmente, os objetos de proteção de uma abstração incompreensível não devem reconhecer-se como bens jurídicos. Assim, atendo-se ao contexto do conteúdo da web e dos sistemas informáticos, em forma de dados e informações, estes podem ser concebidos não como o bem jurídico, e sim como *objetos* do bem jurídico protegido, este consubstanciado através, por exemplo, da Administração Pública (ou probidade administrativa) no caso do art. 313-A do Código Penal.[187] Porém pode-se discutir sobre o aspecto proprietário do banco de dados (da Administração Pública) e do conteúdo do mesmo banco de dados (que pode ser relativo aos usuários), sobre o qual impera a responsabilidade daquela sobre o resguardo (integridade), reserva (confidencialidade) e usabilidade (disponibilidade).

Assim, objetiva-se restringir a punibilidade com base no princípio da proteção dos bens jurídicos, parametrizando o legislador na criação de novos tipos penais, porém, não deverá ser o único critério.

---

[185] Vide Ministério da Justiça (2015a).

[186] A prática de *sexting* entre crianças e adolescentes deve observar as regras do Estatuto da Criança e do Adolescente, arts. 241-A e seguintes. No entanto, também deve ser realizada a verificação da ofensividade ao bem jurídico penal em proteção: a dignidade sexual de crianças e adolescentes.

[187] Dispõe o art. 313-A, inserido no Código Penal pela Lei n° 9.983, de 2000: "Inserir ou facilitar, o funcionário autorizado, a inserção de dados falsos, alterar ou excluir indevidamente dados corretos nos sistemas informatizados ou bancos de dados da Administração Pública com o fim de obter vantagem indevida para si ou para outrem ou para causar dano".

4.1.2.1. A teoria da imputação objetiva pode ser aplicada às condutas praticadas no âmbito da Internet?

Analisado o ponto anterior, sobre os critérios objetivos e limitadores da prática criacionista de novos tipos penais, e visando atender ao recorte metodológico desta pesquisa, antes de analisar a ofensividade das condutas humanas na Internet, é importante analisar os tipos penais, informáticos e/ou cibernéticos, sob o ponto de vista da permissividade ou não dos riscos com base na Teoria da Imputação Objetiva. Assim, abordar-se-á o tema com base nos ensinamentos de Jakobs (2003a; 2003b; 2012; 2013), Roxin (2008; 2013) e Zeidan (2002).

Pela fórmula da Teoria da Imputação Objetiva, a conduta gera um risco juridicamente reprovado e esse risco se realiza(ou) no resultado. A sua utilização no contexto brasileiro também depende de adequação à realidade e aos conceitos, como o do "risco permitido". Assim, pela teoria referida, pode-se analisar tanto a imputação objetiva do comportamento (determinando se as características da conduta realizada pelo autor se correspondem com a previsão do delito) quanto a imputação objetiva do resultado (quando se comprova se o resultado conectado causalmente a essa conduta pode conduzir-se normativamente a esta, ou seja, se o resultado também é típico).

Como referido, um dos tópicos analisados na imputação objetiva do comportamento é a ausência do risco permitido, no qual este "risco permitido" deverá ser mensurado, analisado, de acordo com a sociedade, ou melhor, dentro de um contexto social em que as pessoas interagem. Por isso, existem casos em que a atividade geradora de riscos é permitida em determinadas circunstâncias, com ou sem regulamentação expressa, e, também existem casos em que o elemento que prepondera é a "normalidade social" da conduta geradora do risco sem que exista uma regulamentação em termos quantitativos de "níveis de risco", ou seja, em que se possa calcular os riscos. Estar-se-á então, reitera-se, frente a riscos permitidos. A ausência da permissão da conduta de risco é que será pontuada como reprovação pela lei penal.[188]

Outro aspecto a ser analisado, ainda no âmbito da imputação objetiva do comportamento, é a proibição de regresso, no qual a assunção de um vínculo de um com o outro é inócuo, não violando o "seu papel" como cidadão, embora este incorpore o referido vínculo numa "organização não permitida". Por exemplo, para efeitos do art. 154-A, § 1º, do Código Penal, na produção de um software em que o organi-

---

[188] Vide item 2.2.4, quando se fez referência ao *phishing*, que é uma conduta na Internet que representa um risco, porém, do ponto de vista penal, ainda um "risco permitido".

Internet & Direito Penal
RISCO E CULTURA DO MEDO

zador/gestor "Y" pede para o desenvolvedor "X" preparar determinada configuração/codificação do programa, sendo esta parte usada em um conjunto de programações capazes de realizar a conduta de invasão de dispositivo informático.

Também, relativamente aos limites da proibição de regresso, deve existir o chamado critério de "conteúdo de sentido" da conduta do autor, delimitado por Wolfgang Frisch, como no caso de um fotógrafo contratado para tirar fotos íntimas do casal e, dois anos depois, após o rompimento do relacionamento, o homem envia ou publica as fotos em site pornográfico referenciando a ex-mulher como prostituta.

Nos exemplos, ambos, programador e fotógrafo, estão isentos do tipo penal em virtude tanto da não realização de um risco não permitido quanto pelo dolo de praticar tal ação delitiva.

Finalmente, ainda no âmbito da imputação objetiva do comportamento, se a imputação se realizar no âmbito de responsabilidade da vítima, quando vigora o princípio da autorresponsabilidade, há que se considerar que o sacrifício ocorre no âmbito do próprio titular dos bens. Tal ocorre com a mulher que, ao desejar chamar a atenção e realizar campanha contra os casos de *revenge porn*, tira fotos ou pousa nua para fotos e as publica na Internet.[189]

Obviamente que o resultado deve ser correspondente à conduta e analisado frente aos vários aspectos, como o transcurso do lapso de tempo entre a realização da conduta e a produção do resultado e, também, a existência de riscos concorrentes. Porém não é o objetivo deste estudo aprofundar tais aspectos, porquanto relacionado à questão do risco e a produção do Direito Penal. No entanto, mesmo assim assevera-se que, pela Teoria da Imputação Objetiva, deve-se interpretar os tipos penais buscando a conexão do texto (penal) com a realidade social, não se pontuando apenas a relação fática da causalidade entre a conduta e resultado, mas analisando, no plano normativo, a concepção dos riscos não permitidos e, prioritariamente, dentro de um contexto social de interação entre as pessoas.

Destarte, verifica-se a aplicabilidade da teoria no âmbito da chamada criminalidade cibernética, das condutas no âmbito da Internet, porquanto possível a correlação da redação do texto da lei penal com o substrato da realidade social e o estado evolutivo em que se encontra, ou seja, dentro do contexto social em que as pessoas interagem. No entanto, entende-se que, para sua aplicação, há que se avaliar, con-

---

[189] O caso em tela é real e foi protagonizado por Emma Holten (EMMA HOLTEN FAZ..., 2015).

juntamente, a ofensividade das condutas a bens jurídicos em tutela, atendendo a critérios de adequação, utilidade e necessidade, dadas as complexidades inerentes à sociedade contemporânea (periférica ou semiperiférica). Essa ofensividade, entendida como elemento de danosidade social, reforça a concepção de exclusão de aspectos puramente morais, religiosos e éticos dos tipos penais.

4.1.2.2. A ofensividade (efetiva) aos bens jurídicos

No dizer de D'Avila (2009, p. 32-33), é preciso antes interrogar acerca da possibilidade jurídico-penal e jurídico-constitucional de determinadas medidas ou propostas para, depois, discutir-se a "bondade dos interesses político-criminais em questão" e, também depois, perguntar-se pela adequação e utilidade político-criminal.[190] Assim, a legitimação do Direito Penal contemporâneo deve levar em conta a compreensão do crime como ofensa a bens jurídicos e para isso é necessário:

a) compreensão que se tenha da noção de bem jurídico;

b) fundamento jurídico e delimitação dada/a atribuir à noção de ofensividade.

Para o autor citado, a ofensividade é "dimensão insuprimível" da teoria dos bens jurídicos, devendo aquela ser desenvolvida com base na compreensão e delimitação desta. (D'AVILA, 2009, p. 66). Ainda, refere D'Avila (2009, p. 69-70) que a ofensividade é uma exigência constitucional, pois que há um princípio fundamental de tutela de bens jurídicos, "densificador do princípio estruturante do Estado de Direito" (ordem e paz), que decorre do (a) "princípio geral de garantia representado pela necessária ofensa" e do (b) "princípio constitucional impositivo, representado pela intervenção penal necessária".

Assim, pelo princípio da ofensividade, ter-se-ia (a) o comprometimento forte do Estado para com os direitos e garantias fundamentais, (b) a busca de punição dos fatos, (c) a necessidade de trabalhar-se com critérios positivos capazes de conferir limites razoavelmente seguros para o processo de criminalização ou descriminalização, e, (d) a necessidade de trabalhar-se com os critérios constitucionais, assim, orientando os processos legislativo e hermenêutico aplicativo.

---

[190] Essa política criminal, baseada na sociologia criminal (com seus estudos sobre as causas e consequências do crime), que tem sua origem na intenção de combater o crime, porém dever-se-ia ser conduzida por regras de razoabilidade.

Internet & Direito Penal
RISCO E CULTURA DO MEDO

143

A proteção jurídico-constitucional do direito à liberdade [...] impede, por tudo isso, o alargamento da tutela penal para além dos casos em que seu exercício implique ofensa a outros bens jurídicos em harmonia com a ordem constitucional (D'AVILA, 2009, p. 71).

D'Avila (2009, p. 75) observa com razão que no Direito Penal secundário a

Exigência de ofensividade aumenta significativamente em razão das particularidades que envolvem os bens jurídico-penais tutelados, normalmente, supraindividuais, de maior complexidade dos elementos que envolvem e constituem o fato, de forte tendência normativa, e da forma de tutela possível, muitas vezes através de crimes de perigo abstrato.

Assim, as atenções são para os critérios de orientação legislativa (*lege ferenda*) e critérios de validade e delimitação do ilícito, orientadores de uma hermenêutica-normativa que se deseja, requer, pautada constitucionalmente (*lege data*). A atenção necessária a esses pontos tem a ver com a realidade legislativa no Brasil, tal qual se vislumbrou no caso da aprovação da Lei 12.737/12, novamente concordando-se com D'Avila (2009), pois há falta de preocupação com as exigências constitucionais de validade além de inexistência de rigor técnico. Assim, ainda no exemplo da lei referida, joga-se irresponsavelmente a responsabilidade para o intérprete, que se deve orientar pelo aperfeiçoamento do plano hermenêutico-aplicativo, ou seja, é ele que deve se preocupar com o entendimento sobre a ofensividade quando, na verdade, deveria ter sido o legislador.

Assim, na mesma esteira do raciocínio de D'Avila (2009), haveria dois níveis de valoração, sendo o primeiro o do bem jurídico penal, referente ao chamado *desvalor do resultado*, e o segundo é o nível da ofensividade (que não é o único). Uma vez analisado o desvalor do resultado (além de outros níveis de valoração), passar-se-á a falar em *desvalor da ação*.

Seria o caso, por exemplo, do homem que, suspeitoso de que está sendo traído por sua esposa, instala no computador dela um aplicativo malicioso que monitora suas ações (acessos, escrita etc.), porém, após um pequeno lapso temporal nada obtém de relevante que comprove sua suspeita, prosseguindo a vida em comum dentro de uma normalidade costumeira. Mesmo em sendo o delito do art. 154-A um delito formal, em que não haveria necessidade do resultado, no caso em tela não há resultado materialmente relevante e nada a desvalorar (no resultado), porquanto a ofensa ao bem jurídico restou minimizada tão somente ao desvalor da ação pelo critério normativo. Pela lógica do princípio da ofensividade, o desvalor da ação tem relevância jurídico-penal apenas se os fatos tenham ou possam demonstrar um desvalor de resultado. (D'AVILA, 2009, p. 77).

Por outro lado, no caso do art. 313-A do Código Penal e os verbos nele contidos (inserir, facilitar a inserção, alterar ou excluir), embora exijam um fim específico, qual seja, a vantagem indevida para si ou para outrem ou para causar dano, o qual não precisa se concretizar, pois que é um delito formal, já traz consigo um desvalor no resultado relacionado com a ação de inserção, seja ela facilitada ou executada diretamente, ou de alteração ou de exclusão. Ou seja, a ofensividade ao bem jurídico penal já ocorreu, porquanto o banco de dados da administração pública já teve modificação e já se produziu um dano à integridade das informações nele contidas, afetando a administração pública e a confidencialidade dos dados armazenados por ela.

Em resumo, o princípio da lesividade deve, de acordo com Zeidan (2002) e Costa (2014), funciona como vetor impeditivo ao Direito Penal de proteção a quaisquer interesses, estratégias e convicções morais.

4.2. Análise de riscos na Internet

Observou-se no tópico anterior a necessidade de adoção de critérios objetivos para orientação legislativa (*lege ferenda*), bem como critérios de validade e delimitação do ilícito pautados constitucionalmente (*lege data*), adotando-se, para fins de criação ou recriação de novos tipos penais em face das condutas de risco na Internet, a minimização necessária do Direito Penal, porquanto há que se fugir da ilusória identificação entre insegurança e Direito Penal, pois este não pode produzir, magicamente, o desaparecimento da delinquência.

No capítulo anterior, em especial os itens 3.4.3 e 3.5, na análise do levantamento empírico da pesquisa realizada através do Facebook, obteve-se a confirmação de que a percepção do risco, no âmbito da Internet e seu uso, à correspondente transformação em medos e necessidade de mais regulação depende do atilamento de cada um.

No dizer de Beck (2008), o risco é um fenômeno socialmente construído, no qual algumas pessoas têm uma capacidade maior de definir riscos do que as outras. Adams (2009) também é adepto da teoria da construção social do risco, embora deva-se sempre ter em mente que riscos pressupõe decisões humanas (BECK, 2008; 2010; LUHMANN, 2006). A aceitabilidade do risco faz parte do contexto da calculabilidade em relação aos benefícios daí advindos, sejam eles financeiros, pessoais ou de outra espécie. Para Wilde (2005, p. 17), "os seres humanos nunca podem estar totalmente seguros sobre os resultados de suas decisões. Portanto, todas as decisões são decisões arriscadas".

Assim, pode-se aplicar, ao uso da Internet *x* Riscos, a essência da hipótese de *compensação do risco* de Gerald Wilde (2005) – em seus estudos em relação à saúde –, e de Adams (2009) – em relação à segurança no trânsito. Esta hipótese, baseada na concepção de um *termostato* do risco,[191] afirma que correr risco é fazer algo que carrega em si uma probabilidade de um resultado adverso, pois se as pessoas correm riscos, haverá acidentes; no caso da Internet, seriam *incidentes*, porém a maioria das pessoas gerencia os riscos equilibrando recompensas intuídas com o risco percebido dos incidentes na Internet. Estes estão na parte inferior da representação gráfica; aquelas, na parte superior.

Figura 4 – O "termostato" do risco[192]

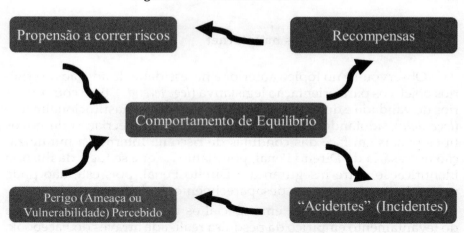

Fonte: Adaptado pelo autor com base em Adams (2009, p. 49).

---

[191] Gerald Wilde desenvolveu a *Teoria de Homeostase do Risco*, que "coloca algumas ressalvas quanto à eficácia das inovações tecnológicas como medidas para aumentar a segurança no trânsito e no trabalho, para reduzir acidentes, entendendo ser a diminuição do nível do risco pelas pessoas, sim, uma medida comportamental com resultado positivo". (ARCIONI, 2007).

[192] Inspirado do gráfico em Adams (2009, p. 49). Adaptou-se à concepção da Internet, onde os perigos são representados pelas ameaças (códigos e aplicativos maliciosos, ações de coleta de dados etc.) e vulnerabilidades (falhas em softwares e hardwares e displicência nas condutas de usuários) e os "acidentes" analisados por Adams (2009) são, na verdade, os incidentes na Internet.

Verifica-se, assim, que os operadores de saúde e segurança no trânsito trabalham com a premissa do diagnóstico (diagnose) e tem paradigmas e parâmetros (análises clínicas, exames, dados estatísticos etc.). Assim, para a saúde/trânsito se aplica – de modo lógico – o termo "termostato", pois é *medida* ou forma de medir. Na saúde ou no trânsito, então, esse termômetro é possível, pois se tem ferramentas. Esse conceito de "termostato" pode ser, também, aplicado à tecnologia, em especial à Internet, pois que as ameaças e vulnerabilidades, em regra, são conhecidas, embora determinadas circunstâncias não o são e podem gerar incertezas e danos, como são os ataques denominados *zero-day*.[193]

No Direito, porém, isso pode ser diferente, considerando a imprecisão do diagnóstico – contingência (multiplicidade de escolhas que levam a multiplicidade de ações, o que leva à complexidade das decisões e ações). O Direito dá uma possibilidade de ação, mas várias interpretações e reações; assim, o modelo do diagnóstico não se aplica completamente à questão do direito, embora se aplique à questão tecnológica (da Internet).

Complementando, sob a esteira da *teoria cultural* desenvolvida por Adams (2009), está em jogo o modo mais sensato de gerenciar o risco através de busca de padrões de incertezas.[194] Sob esta perspectiva, como referido, o risco é culturalmente construído, pois todos são orientados pela suposição, pela inferência e pela crença (ADAMS, 2009, p. 30). Ao par, Luhmann (2006) trata do risco como expectativas sobre danos futuros.

Adams (2009, p. 15) alerta, no entanto, para as variedades de incertezas e os limites incertos entre o que é chamado de *risco* e o que é chamado de *incerteza*. O autor propõe os círculos do risco, estabelecendo aquele(s): (a) percebido(s) diretamente; (b) percebido(s) pela ciência; e (c) risco virtual (incertezas: hipóteses polêmicas, ignorância e desconhecimento).

---

[193] Segundo Rosa, Santin e Malucelli (2011, p. 2), os ataques *zero-day* "ocorrem quando uma vulnerabilidade (falha de software) se torna publicamente conhecida antes que sua correção esteja disponível". Pode-se acompanhar estudos e notícias sobre ataques *zero-day* através do site <http://www.zerodayinitiative.com/>.

[194] Esta concepção de Adams (2009) baseia-se em Mary Douglas e Michael Thompson. Boa parte da pesquisa de John Adams sobre o risco é compartilhada com Michael Thompson, com quem iniciou os estudos.

Figura 5 – Diferentes tipos de risco

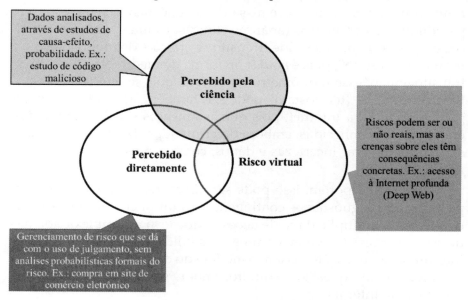

Fonte: Adaptado pelo autor com base em Adams (2009, p. 15).

As concepções dos riscos percebidos pela ciência ou percebidos diretamente parecem claros, embora os "julgamentos" se deem em níveis diversos, baseados ou não, respectivamente, em análises formais quanto aos riscos. Tal não acontece no "risco virtual", no qual predomina o julgamento, realizado através do instinto, da intuição e da experiência, que têm por base crenças, preconceitos e superstições (*v.g.*, a Internet profunda, também chamada de Deep Web, contemplaria situações de oferta de crimes tão somente).[195]

Adams (2009, p. 26), tal qual outros autores sobre o assunto (GIORGI, 1998; LUHMANN, 2006), relaciona a palavra risco ao futuro, que existe apenas na imaginação, mas que a ciência e os estudos técnicos podem oferecer a ela (imaginação) orientações úteis. Assim, quanto mais iluminados pela luz da ciência, encontram-se problemas de gerenciamento do risco potencialmente solucionáveis (pela luz da

---

[195] Ao estabelecer outra classificação do risco, como voluntário, involuntário ou imposto, Adams (2009, p. 16-17) afirma que a "aceitação de um determinado nível estatístico de risco varia, em grande medida, de acordo com o nível percebido de controle que um indivíduo pode exercer sobre ele e, nos casos de riscos impostos, com os motivos percebidos de quem os impõe". Essa classificação é de difícil adequação à questão da Internet, porquanto a aceitabilidade e ampliação do risco está no seu uso e na maneira como ele ocorre, embora o risco já esteja na decisão de usar ou não a Internet.

ciência); quanto mais fraca a luz (da ciência), o índice de especulação cresce em relação à evidência.[196]

Figura 6 – Onde estão as chaves? "luz da ciência"[197]

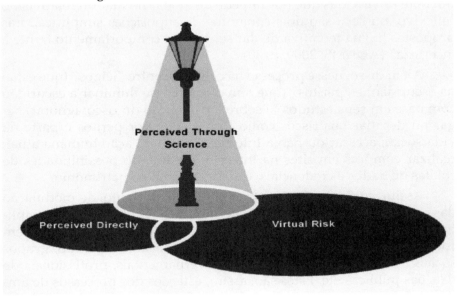

Fonte: Adams (2009, p. 25)

Por outro lado, Adams (2009, p. 26-27) também diferencia *risco* e *ameaça*, sendo esta algo que poderia causar dano e aquele (risco) o resultado da multiplicação da probabilidade pela ameaça. Portanto, por essa forma de análise (vide Figura 6), no contexto da ciência, o risco é colocado no círculo iluminado ao passo que as ameaças e seus tipos estão relacionados aos riscos percebidos diretamente e aos riscos virtuais.

Na conjuntura da Internet, no entanto, as ameaças tecnicamente podem ser também iluminadas pela ciência, porquanto uma parte acentuada dos incidentes é conhecida tecnicamente.[198] A teoria de Adams (2009), então, não se aplica por completo, porquanto mesmo que iluminados e percebidos pela ciência, os riscos no contexto da

---

[196] Acredita-se que, ao falar em *evidência*, Adams (2009) se refira à possibilidade de solução ou calculabilidade de solução sobre o risco em observação.
[197] Imagem original, elaborada por Adams (2009, p. 25) em que a iluminação oferecida pela ciência é capaz de orientar a análise do risco, sendo o julgamento realizado com base em probabilidades.
[198] Veja-se o elenco de incidentes catalogado pelo CERT.br (Centro de Estudos, Resposta e Tratamento de Incidentes de Segurança no Brasil, mantido pelo NIC.br, do Comitê Gestor da Internet no Brasil) em: <http://www.cert.br/stats/>.

Internet não são conhecidos e observados por todos os usuários da rede. No entanto, os aspectos elencados pelo autor citado – a *compensação do risco* e a *teoria cultural* com seus estereótipos – "nos fornecem um bote salva-vidas que nos impede de afogar no mar do relativismo reflexivo, ou seja, são dois conjuntos de suposições simplificadoras propostas [...] na tentativa de dar sentido ao comportamento frente à incerteza" (ADAMS, 2009, p. 30).

Além disso, nesse processo há o embate entre "leigos" (que estão na escuridão) e "peritos" (que tem o condão de iluminar a escuridão com base em seus estudos[199]) sobre a percepção do risco: ignorar, negar ou desafiar tais riscos como formulados por peritos é parte da vida social; acessar ou não a Internet é parte da ação humana atual; realizar compras em sites na Internet, desafiando possibilidades de coletas de dados e credenciais, é arriscar ou não o patrimônio.

Assim, conforme Sydow (2013), fala-se, portanto, de modulação das percepções de risco e como determinados riscos podem ser amplificados, através da intensificação ou atenuação deles, levando-se em conta as instâncias de sociabilidade, quais sejam: indivíduo, grupos sociais e culturais, mídia, agências governamentais, profissionais de relações públicas etc. Estes são, assim, estações dos processos de amplificação dos riscos que têm a função de realizar espécie de filtros, realizar mediações, comunicações e, também, de "opinar" sobre a informação corrente a respeito de ameaças específicas.[200]

Paralelamente, há que se atentar para os níveis de responsabilidade pelo gerenciamento do risco, ou seja, crianças, adultos e autoridades, esperando-se que estes últimos sejam dotados de uma sabedoria superior sobre a natureza dos riscos e sobre como gerenciá-los, embora raramente as "decisões sobre o risco são tomadas com informações que podem ser reduzidas a probabilidades quantificáveis, porém de alguma forma as decisões são tomadas". (ADAMS, 2009, p. 36). Assim, a decisão de acessar a Internet, de clicar ou não clicar em um determinado *link*, de realizar ou não realizar uma compra em sites de e-commerce, de postar ou não postar uma foto ou vídeo numa rede social, entre outras decisões possíveis.

---

[199] Adams (2009, p. 37) alerta quanto aos especialistas de análise do risco, pois embora tenham conhecimento abstrato que por vezes é útil, na maioria das vezes é enganoso e suas mensurações científicas significam muito pouco.

[200] A mídia traz todos os dias notícias e fatos sobre os quais há menção e/ou análise de riscos: as notícias dedicam-se de forma maciça ao risco e este é característica definidora da notícia (ADAMS, 2009, p. 35), como bem observado no tópico 2.2, quando da análise do caso Carolina Dieckmann.

Correr o risco parece ser uma confirmação de autonomia moral e intelectual, de liberdade de arbítrio, que pode ser, em si, a recompensa soberana de se correr um risco. A recompensa aparece, então, como invocada e usada para explicar comportamentos de aceitação do risco. Pontua Adams (2009, p. 53), de uma perspectiva dostoievskiana,[201] que quanto maior for o sucesso dos regulamentadores de segurança na remoção da incerteza de nossas vidas, mais forte se tornará a compulsão por reafirmá-la. Por isso, explicar-se-ia a tendência de regulamentação de vários aspectos relacionados à Internet, procurando reduzir as incertezas geradas com seu uso, bem como a necessidade de regulação da mesma demonstrada no levantamento empírico desta pesquisa (vide tópico 3.4.3), quando 92,2% demonstraram a necessidade de algum tipo de regulação, mesmo que o incremento do Direito Penal fique próximo de um terço dos entrevistados.

Por outro lado, verifica-se que o risco é um fenômeno interativo em que o comportamento de equilíbrio de uma pessoa tem consequência para outras (*v.g.*, compartilhamento de uma notícia pela Internet e/ou ato de curtir uma postagem em redes sociais; emissão de uma opinião sobre um tema na Internet etc.). Porém a interação de risco pode acontecer frequentemente em termos de grande disparidade, de conhecimento/desconhecimento no caso da Internet (*v.g.*, compartilhamento de uma notícia falsa, com código malicioso escondido, para usuários de e-mails). Esse comportamento então é, no caso da Internet e com base nos resultados da pesquisa, influenciado por aquilo que o usuário busca de informações e/ou acessa esporadicamente.

Para compreender a complexidade do assunto, adota-se o modelo desenvolvido por Adams (2009, p. 48) e originalmente desenvolvido por Gerald Wilde, de teoria da compensação do risco, evidenciando a circularidade das relações que frustram o desenvolvimento de medidas objetivas do risco. O modelo postula:

a) todos têm propensão a correr riscos;

b) essa propensão varia de um indivíduo para o outro;

c) essa propensão é influenciada pelas possíveis recompensas obtidas quando se corre um risco;

d) as percepções do risco são influenciadas pela experiência de perdas, no caso da Internet, em relação aos *incidentes* (ameaças e vulnerabilidades);

---

[201] Neste ponto, Adams (2009) cita Fiódor Dostoiévski (Memórias do subsolo), que possui edição brasileira em 2000.

e) as decisões individuais relativas a correr riscos representam um ato de equilíbrio, no qual as percepções do risco são ponderadas em relação à propensão de correr riscos (e a possibilidade de recompensas);

f) as perdas por *acidentes* (Internet = *incidentes*) são, por definição, consequência da atitude de correr riscos, pois quanto mais riscos um indivíduo corre, maior, em média, serão as recompensas e também as perdas em que ele incorre.

Não se trata aqui de problematizar a mensuração, bastante questionada por Adams (2009) quanto ao assunto de sua análise – acidentes de trânsito –, pois não existe nem mesmo uma concordância ou padrão sobre quais unidades de medida poderiam ser utilizadas para a Internet, senão os elaborados por organismos de governança da Internet.[202] Neste caso, as recompensas do risco (estar conectado, pertencer a comunidades virtuais, usufruir de tecnologias digitais de geolocalização etc.) quanto às perdas por incidentes na rede mundial de computadores (com pirataria, fraudes eletrônicas, ofensas virtuais etc.) prejudicam a redução a um denominador comum, a medidas especificáveis. Assim, as recompensas têm variadas formas (acesso à informação, poder do conhecimento, reconhecimento, ostentação, participação e interação etc.) e as perdas por incidentes (ameaças e vulnerabilidades) não podem ser mensuradas com uma única medida. Ademais, cada usuário de Internet poderia atribuir significação diferente a eventos semelhantes.

Aliás, complementa-se esta conjuntura com base em Beck (2008, p. 3) quando refere-se à *ironia do risco*, pois corresponde a uma reivindicação institucionalizada da segurança, para se ter que controlar algo mesmo que se não se saiba que ele existe. Além disso, segundo Beck (2008, p. 6):

> É o risco – ou, para ser mais preciso, a percepção do risco – que cria uma esfera pública além de todas as fronteiras. Quanto maior a onipresença da ameaça projetada pelos meios de comunicação de massa, maior será a força política da quebra das fronteiras da percepção do risco.

Esse é o contexto da Sociedade do Risco, elencada por Beck (2008; 2010), mas que tem seus aspectos negativos, de maior exigibilidade quanto ao restabelecimento da segurança, seja através de mecanismos políticos e/ou administrativos, seja através do Direito, porém também tem seus meandros positivos, pois dada a globalidade da Internet, pode levar à construção de mecanismos e instituições hábeis, em

---

[202] No Brasil, o Comitê Gestor da Internet (CGI.br).

especial, possibilitando o gerenciamento responsável e comunicacional da rede mundial de computadores.

Por tudo isso, verifica-se que a compreensão do risco, tendo em vista a Internet, deve considerar a lógica de que sua existência não contempla, necessariamente, a presença do dano, pois este só aparece na concretização da ou das probabilidades. De outra parte, tomando--se por base a concepção de que comportamentos de risco podem ser regulados, a lógica é de que o Direito não vá impedi-los, porquanto apenas escolheu, entre a complexa plêiade de possibilidades (probabilidades), aquela a contingenciar juridicamente, tendo-se, a partir daí, os riscos juridicamente aceitos e os juridicamente não aceitos.

No entanto, concluindo-se a análise dos riscos na Internet, impõe-se questionar essa lógica de regular os comportamentos de risco, porquanto, ao menos juridicamente, devem carregar consigo também a previsão de dano, de ofensividade, seja particular, seja coletivo, pois somente assim mensurável faticamente e não apenas hipoteticamente.

4.3. Risco, Internet & Direito Penal: vínculos com o futuro

A Internet tem natureza e características baseadas na liberdade, embora tenha sido gestada após uma decisão administrativa do governo norte-americano. A notoriedade comunicacional da Internet vem acompanhada de novos riscos tecnológicos, não só derivados do seu uso, ainda em crescimento mundial, mas pela exploração de ameaças cibernéticas e vulnerabilidades, estas decorrentes de má configuração da rede.

Por isso, com base nos dados coletados e analisados, verifica-se que são dois os tipos de riscos na Internet – e que na teoria de John Adams (2009) são três (percebidos pela ciência, percebidos diretamente e o risco virtual): (a) em relação àqueles que seriam iluminados pela ciência e àqueles percebidos diretamente, podem ser categorizados dentro de um único campo, associados os dois aspectos, formando os "riscos tecnológicos detectados e analisados" (dados e informações sobre incidentes detectados e analisados pelos peritos, através de estudos tecnológicos, possibilitando indicativos de probabilidades). E (b) há o chamado "risco virtual", em que o gerenciamento de risco que se dá com o uso de julgamento, porém sem análises técnicas e prévias de probabilísticas formais do risco, baseado no instinto, intuição e experiência.

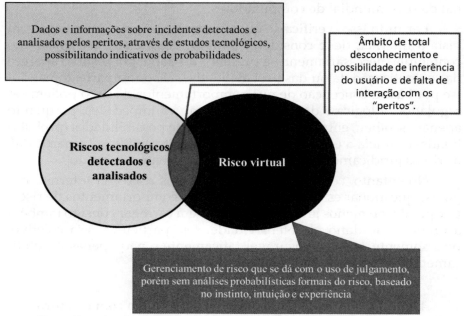

Figura 7 – Círculo dos riscos na Internet – Proposta

Fonte: Pesquisa do autor.

No cruzamento dos riscos tecnológicos detectados e analisados, que possibilitam indicativos de probabilidades, com o risco virtual, no qual a atuação do usuário se dá por instinto, intuição ou experiência, embora tenham dados técnicos elaborados por peritos, do ponto de vista do usuário há um total desconhecimento e a impossibilidade de inferência, justamente por inexistir qualquer tipo de interação entre peritos (especialistas) e leigos, ou seja, estão totalmente ausentes os fatores de influência e amplificadores do risco. Nesse ponto, os riscos desconhecidos podem passar totalmente desapercebidos; no entanto, se conhecidos, poderiam gerar julgamentos e condutas diversas, também dependentes dos fatores de influência e de amplificação dos riscos.

Em relação a esses riscos, o resultado do levantamento empírico encaminhou para um incremento da regulação da Internet, quiçá do Direito Penal, seja pela criação de novos tipos penais, seja pela atualização dos já existentes. No entanto, nem todas as condutas e comportamentos de risco na Internet concretizam algum dano, ofensividade e reparação necessários.

Embora o risco e os danos possíveis, dele decorrentes, importem na criação de expectativas normativas, como referido, não é a solução adequada, muito menos a criação de novos tipos penais, além dos já existentes sem um critério objetivo balizador, pois pode haver violação de direitos e garantias fundamentais, como o acesso à Internet e ao conhecimento dela resultante.

A própria pesquisa apontou que 60,64% dos entrevistados entendem que a solução está na educação do usuário e seu conhecimento quanto ao uso da Internet e suas aplicações, complementados pelos que entendem que a correção dos problemas deve ocorrer do ponto de vista tecnológico (17,5%). Apenas 18,42% dos entrevistados são favoráveis à punição dos propagadores do mal na Internet como forma de melhorar a sensação de segurança no uso dela.

Assim, o Direito Penal deve se tornar, corretamente, a última razão do legislador, evitando-se o inflacionismo penal. Se algo deve existir em termos de direito, que seja o incremento na regulação de direitos e garantias de usuários, já evidenciada através da edição do Marco Civil da Internet (Lei 12.965/14),[203] além de necessária quanto à proteção de dados pessoais (MINISTÉRIO DA JUSTIÇA, 2015b).

Quanto a este aspecto, embora previsto apenas normativamente quanto às crianças e adolescentes, segundo o parágrafo único do art. 29 da citada Lei, cabe ao poder público, em conjunto com os provedores de conexão e de aplicações de Internet e a sociedade civil, promover a educação e fornecer informações sobre o uso dos programas de computador para exercício do controle parental de conteúdo entendido pelos pais como impróprio a seus filhos menores, bem como para a definição de boas práticas para a inclusão digital de crianças e adolescentes.

No entanto, embora a política, representada pela edição do Marco Civil da Internet, seja de regulação da Internet, o incremento legislativo dever-se-ia encaminhar para a garantia de acesso livre à rede mundial de computadores, uma vez que, conforme apontado no se-

---

[203] O art. 2º do Marco Civil da Internet refere que a disciplina do uso da Internet no Brasil tem como fundamento o respeito à liberdade de expressão, bem como (a) o reconhecimento da escala mundial da rede; (b) os direitos humanos, o desenvolvimento da personalidade e o exercício da cidadania em meios digitais; (c) a pluralidade e a diversidade; (d) a abertura e a colaboração; (e) a livre iniciativa, a livre concorrência e a defesa do consumidor; e (f) a finalidade social da rede. Além disso, o art. 3º prevê que a disciplina do uso da Internet no Brasil tem os seguintes princípios garantidos: (a) garantia da liberdade de expressão, comunicação e manifestação de pensamento, nos termos da Constituição Federal; (b) proteção da privacidade; (c) proteção dos dados pessoais, na forma da lei; (d) preservação e garantia da neutralidade de rede; (e) preservação da estabilidade, segurança e funcionalidade da rede, por meio de medidas técnicas compatíveis com os padrões internacionais e pelo estímulo ao uso de boas práticas; (f) responsabilização dos agentes de acordo com suas atividades, nos termos da lei; (g) preservação da natureza participativa da rede; e, (h) liberdade dos modelos de negócios promovidos na Internet, desde que não conflitem com os demais princípios estabelecidos nesta Lei.

gundo capítulo, um pouco mais de 50% da população brasileira tem acesso à mesma.

Outro exemplo que faz jus à análise é o caso do *cyberbullying* (comportamento repetitivo praticado por pessoa ou grupo para ofender, agredir, prejudicar terceiro), situação de risco elencada aos participantes da pesquisa, dos quais 18,65% apontaram como um dos vetores de risco quando da utilização da Internet. O Projeto de Lei n° 1011/2011 discute a criminalização do *bullying* e foi aprovado, em 2013, pela Comissão de Segurança Pública e Combate ao Crime Organizado da Câmara dos Deputados, mas aguarda parecer da Comissão de Seguridade Social e Família (CSSF).[204]

Pelo projeto em questão o tema segue sendo analisado sob a ótica penal, ou seja, de incremento na legislação penal. Porém, já criticada na época a ideia de repressão penal sem uma política pública adequada ao tratamento da prática do *bullying*, incluindo o *cyberbullying* (BULLYING PODERÁ SER..., 2014), foi aprovado no Congresso Nacional o Programa de Combate à Intimidação Sistemática (*Bullying*) em todo o território brasileiro. A discussão legislativa é anterior à proposta de criminalização, sendo iniciada em 2009 na Câmara dos Deputados, através do Projeto de Lei n° 5.369/2009,[205] e, após aprovação em 2013, encaminhada ao Senado Federal,[206] com aprovação e sanção em 2015, através da Lei 13.185/2015. A legislação não penal, que tem sua vigência a partir de fevereiro de 2016, além de definir a prática do *bullying* e todas as suas formas, estabeleceu o norte de políticas próprias a fundamentar as ações do Ministério da Educação e das Secretarias Estaduais e Municipais de Educação, bem como de outros órgãos, aos quais a matéria diz respeito (art. 1°, § 2°), bem como firmou objetivos (art. 4°), deveres (arts. 5° e 6°) e práticas conjuntas entre entes federados (art. 7°).

---

[204] Acompanhamento do Projeto de Lei n° 1011/2011. (CÂMARA DOS DEPUTADOS, 2011). Acesso em: 16 dez. 2015. No texto aprovado na Comissão de Segurança Pública e Combate ao Crime Organizado, o crime de *bullying* consiste em intimidar, constranger, ofender, castigar, submeter, ridicularizar ou expor alguém, entre pares, a sofrimento físico ou moral, de forma reiterada, sendo a pena prevista de detenção de um a três anos e multa. Esta pena pode ser aumentada em metade se o crime ocorrer em ambiente escolar, ou, em um terço quando mais de uma pessoa estiver envolvida; ainda, previsto aumento de pena em dois terços se o crime for praticado por meio de comunicação de massa, ou seja, através da Internet (*cyberbullying*). Porém, se vítima é deficiente físico ou mental, menor de doze anos ou o crime ocorre explicitando preconceito, a pena pode ser aplicada em dobro. Em qualquer caso, o juiz poderá deixar de aplicar a pena se a própria vítima do *bullying* tiver provocado a intimidação, de forma reprovável.

[205] Tramitação do Projeto de Lei n° 5369/2009 (CÂMARA DOS DEPUTADOS, 2009).

[206] No Senado Federal, a proposta recebida da Câmara dos Deputados transformou-se no Projeto de Lei da Câmara 68/201.3 (SENADO, 2013) e teve tramitação até sua aprovação em março de 2015, quando retornou à Câmara dos Deputados em virtude de substitutivo aprovado no Senado.

Verifica-se, assim, que neste caso a ótica do tratamento dado a um tema com reflexos nos comportamentos no uso da Internet, embora já em curso discussão quanto às políticas públicas e programas com objetivos preventivos, de capacitação e promoção da cidadania, estava levando o legislador brasileiro a utilizar a fórmula milagrosa da criminalização e punição dos envolvidos antes de qualquer outra opção normativa e/ou administrativa. Embora ainda em curso o projeto criminalizador, a opção por regular e definir programas inclusivos foi antecipada. No entanto, as definições trazidas pelo legislador podem limitar direitos individuais de envolvidos com a prática do *bullying*, porquanto acabou por classificar os atos sem considerar eventual situação ainda não vislumbrada na prática. Assim, enfatiza-se, o legislador brasileiro estabeleceu critérios normativos sobre situações comportamentais mesmo frente à complexidade das relações contemporâneas.

Portanto, há que se esclarecer que, nessa análise dialógica entre risco, Internet e Direito, este não é solução de conflitos ou produção de paz, mas sim, como referido no segundo capítulo, canalização destes problemas, possibilitando a redução de complexidades através do mecanismo de contingenciamento e estabelecimento de vínculos com o futuro. (GIORGI, 1998).

Nesta lógica, o Estado e o Direito nada mais são que representações e formas de estabelecimento da ordem e se referem ao passado, sendo construções e resultado de construções, porém também são esboços do futuro, de representações do futuro, sejam elas relativas à segurança, sejam vinculadas às garantias individuais e coletivas. Perfaz, assim, o Direito Penal o papel de guardião dessa segurança e preservação dos direitos individuais, o que conduz a uma elefantização do sistema normativo-penal. (GIORGI, 1998; COSTA, 2014).

Ainda, pondera-se que a análise quanto ao risco não está somente no plano anterior ao Direito, podendo por ele ser absorvido. Está, também, após a canalização pelo Direito, com a redução das complexidades, quando do descumprimento dos preceitos normativos construídos. Assim, não há na edição de uma norma pelo Direito a garantia de que as condutas de risco não sejam praticadas.[207]

---

[207] Exemplo de resolução de conflitos extra sistemas formais do Estado e antes do incremento eventual do Direito Penal é o criado pela Associação Brasileira da Propriedade Intelectual (ABPI) com o chamado Centro de Solução de Disputas, Mediação e Arbitragem em Propriedade Intelectual (CSD-PI), órgão responsável por três câmaras: Câmara de Mediação, Câmara de Arbitragem e Câmara de Solução de Disputas Relativas a Nomes de Domínio (CASD-ND), esta última criada recentemente. Conforme Almeida Neto e Silva (2013, s/p.), "A criação da aludida câmara [CASD-ND] é fruto de um convênio com o NIC.br (Núcleo de Informação e Coordenação do Ponto BR), entidade que registra sites no País, bem como credencia instituições que desejam operar

Na sociedade contemporânea, na qual há o predomínio do risco e o fim das incertezas, dado o expansionismo e a complexidade das relações sociais, geradoras de criminalidade, "o Direito Penal, legitimado pelo Estado Democrático de Direito, apresenta-se, dogmaticamente capaz de atender às expectativas de segurança desde que sustentado pelos postulados básicos norteadores de seu sistema" (COSTA, 2014, p. 248). Frise-se, novamente, que deve ser adequado ao princípio da mínima intervenção necessária.

---

o Sistema Administrativo de Conflitos de Internet relativos a nomes de domínios sob o "".br"" (SACI-Adm). Este, na forma de seu regulamento, objetiva solucionar litígios entre o titular de um nome de domínio no "".br"" e qualquer terceiro que conteste a legitimidade do registro feito por outrem." No entanto, além dos aspectos relativos à propriedade intelectual, que podem ser decididos sem a necessidade de acionamento do Poder Judiciário, o CGI.br implementou, já em outubro de 2010, através da Resolução CGI.br/RES/2010/003/P2, o Sistema de Administração de Conflitos de Internet, denominado "SACI-Adm". Segundo Angelini (2012, s/p.), "O SACI-Adm tem por objetivo a solução de litígios entre o titular de um nome de domínio no .br e qualquer terceiro que conteste a legitimidade do registro do nome de domínio feito pelo titular – sendo que o titular do domínio adere ao SACI-Adm através do contrato firmado para registro de domínio no .br e o terceiro o faz quando da solicitação de abertura do procedimento no SACI-Adm. O escopo dos procedimentos do SACI-Adm limita-se aos pedidos de cancelamento e transferência de domínio – portanto, qualquer pretensão relativa à obtenção de indenizações não poderá ser tratada nesse âmbito. A administração dos procedimentos decorrentes do SACI-Adm é realizada por instituições credenciadas pelo NIC.br, o que significa que o NIC.br apenas implementou o Sistema, porém jamais participa da administração dos procedimentos, tampouco interfere no julgamento do conflito." As regras e as decisões já prolatadas em sede do SACI-Adm podem ser conferidas no site do CGI.br <https://registro.br/dominio/saci-adm.html> (acesso em 04 jan. 2016).

5. Considerações finais

Os mais de 20 anos da Internet no Brasil representam muito mais do que a democratização da informação e a culturalização dos conhecimentos dela extraíveis. Representa, assim, uma ferramenta hábil à participação social nas decisões políticas, econômicas e sociais, possibilitando ao usuário das mídias sociais e aplicações da web uma interação efetiva na construção da cidadania e participação na evolução da sociedade na era da tecnologia digital, ou simplesmente *era digital*.

Da mesma forma que permite toda uma gama de benefícios, a Internet é uma terra fértil à exploração de pessoas com intenção de obter dados, informações e vantagens indevidas, quiçá utilizarem-se de suposta anonimidade para extremarem as expressões que lhes convêm, sem se importar com os danos eventualmente causados. Nessa mesma esteira, verifica-se que, ao lado da plenitude do acesso às informações, a tendência é da exploração contumaz desse sistema cuja essência é a comunicação/comunicabilidade. E é justamente essa exploração que acaba por possibilitar, através de notícias e "pareceres", a proliferação da sensação do medo em relação às condutas que têm potencial lesivo às pessoas e empresas (públicas ou privadas), consubstanciando-se em uma cultura do medo.

Abordou-se o tema sob a perspectiva da teoria sistêmica de Niklas Luhmann, porquanto pode-se conceber a Internet, ou seja, "a rede" mundial de computadores, como um (sub)sistema autônomo, com regras próprias e cujo o processo evolutivo é autopoiético. Mais, que seu autodesenvolvimento pode afetar e ser afetado por outros (sub)sistemas através de atratores que, respectivamente, provocam irritações e recebem irritações, que podem ou não ser absorvidas pelos sistemas envolvidos, tal qual a relação que se estabelece da Internet com o Direito.

Assim, a presente pesquisa objetivou verificar como a cultura do medo e os aspectos inerentes à complexa e atual Sociedade do Risco influenciam na elaboração/formatação (ou recriação) de novos tipos penais frente à conflituosidade tecnológico-digital contemporânea. Especificamente, buscou-se investigar, através de revisão bibliográfica, estudo de caso e levantamento empírico, se a sensação do medo no uso da Internet faz com que a percepção (exterior), pensamento (interior) e comunicação (da sociedade digital) do risco influenciam e exigem contingenciamento jurídico-penal (elaboração/formatação de novos tipos penais) para os riscos/ameaças na rede mundial, tornando-os juridicamente aceitos ou não. Pela ótica sistêmica de Luhmann, se essas irritações, provocadas na Internet ou em razão dela, são capazes de trazer modificações para os (sub)sistemas envolvidos.

Assim, buscou-se desconstruir eventuais certezas que houvessem surgido com a edição da Lei Carolina Dieckmann, Lei 12.737/2012, que inseriu o tipo penal de invasão de dispositivo informático no Código Penal brasileiro. Verificou-se que a aprovação da norma penal trouxe *standards* legais abrangentes e que possibilitam várias interpretações perante o Direito, permitindo entendimentos tão abrangentes quanto violadores dos direitos e garantias fundamentais, atentatórios à liberdade (em geral). Portanto, visou-se a perscrutar se com a aplicação de conceitos essencialmente tecnológicos na elaboração/formatação da Lei Penal, haveria preservação de direitos e garantias fundamentais e proporcionaria/manteria o acesso universal à web, com maior sensação de segurança e diminuição dos riscos e dos medos.

Também explorou-se se o contingenciamento do risco na Internet exige menor atuação do Direito (Penal) e maior (atuação) dos mecanismos tecnológicos e comportamentos adequados, social e moralmente, para imprimir uma melhor sensação de segurança no uso de novas tecnologias baseadas em redes. Em específico, o levantamento empírico realizado no terceiro capítulo propiciou para que se pudesse alcançar respostas. Aproveitou-se, nesse aspecto, o fato de estar-se frente a um dos principais meios comunicacionais da contemporaneidade, a Internet, e, para tanto, justificável a realização da pesquisa empírica nesse "universo".

A utilização, no levantamento empírico através de questionário disseminado numa das principais redes sociais atuais, o Facebook, bem como a formatação do mesmo em outra plataforma amplamente conhecida no mundo, o Google, propiciaram o sucesso e alcance da pesquisa para além de 92.000 pessoas (que visualizaram a proposta da pesquisa). É notória a utilização do Google como ferramenta de pesquisa, assim como o Facebook como meio de interação social, através de postagens com textos, fotos ou vídeos. Assim, a escolha foi lógica no sentido de que era necessário angariar respostas sobre a percepção dos usuários da Internet brasileira quanto aos riscos e a sensação do medo no uso da mesma, bem como de ter possibilidades de controle responsável sobre as interações com a pesquisa. Por isso, a utilização da ferramenta que então (abril e maio de 2015) agregava entre seus usuários mundiais mais de 89 milhões de usuários brasileiros. Por isso, também, a utilização de formulário do *Google Forms*, que oportunizou que quase três mil pessoas clicassem e lessem a proposta da pesquisa, decidindo participar ou não da mesma.

Ambas as aplicações digitais, Facebook e Google, tornaram-se práticas na formalização e consecução da pesquisa empírica, atingindo um número expressivo de respondentes (874) da maioria dos estados brasileiros, dando ao estudo um caráter nacional. Conhecer as funcionalidades de cada ferramenta foi fundamental e a evolução da pesquisa também foi um aspecto que a solidificou, não só em sua estrutura, mas também a escolha final de propagá-la pelo Facebook e a partir daí colacionar respondentes. Verificou-se, de outra parte, que a pesquisa acabou atingindo o estrato social da classe média brasileira, ou seja, característica de quem concentra o acesso à Internet e aos meios de comunicação digital no Brasil da segunda década do Século XXI, significando que há muito a evoluir em termos de acessibilidade.

Em especial, confirmou-se na análise do levantamento empírico da pesquisa realizada através do Facebook que a percepção do risco, no âmbito da Internet e seu uso, a correspondente transformação em medos e necessidade de mais regulação depende da percepção de cada um, porém, também pode ser interpretada coletivamente.

Ainda, no capítulo final, investigou-se se o contingenciamento jurídico-penal, como solução da conflituosidade digital, é adequado (no contexto complexo atual) a solucionar os problemas das indeterminações tecnológicas em rede e seus consequentes riscos e medos derivados, seja na sensação de insegurança gerada, seja na resposta à ocorrência da vulnerabilidade prevista ou não.

Portanto, o estudo pautou-se em buscar respostas ao problema de pesquisa proposto no início deste trabalho. Dada a complexidade da pergunta-problema, complexidade esta verificada durante o desenvolvimento das pesquisas bibliográfica e empírica, bem como pelo estudo de caso, assimilou-se a impossibilidade de respondê-la em sua plenitude, quiçá nos aspectos pertinentes ao risco e medo e as consequências para o Direito Penal, este abordado principalmente no aspecto da produção legislativa.

Em resumo, os legisladores não estão preparados para interpretar a complexidade hodierna/contemporânea e avaliar e formatar corretamente a lei penal, isso porque não compreendendo os conceitos oriundos da área tecnológica podem usar *standards* legais amplos e com diversas interpretações possíveis. Então, esses novos tipos penais, ou a readequação dos existentes em face das tecnologias digitais, poderão violar direitos humanos e garantias fundamentais, bem como limitar o acesso universal à Internet ou retardar seu desenvolvimento.

Embora novos tipos penais possam gerar a percepção de mais segurança, a sensação teria caráter temporário, mesmo porque a função do Direito não é de diminuir os riscos e medos, mas sim um canal de contingenciamento, de estabelecimento de vínculos com o futuro, possibilitando uma solução caso o risco venha a se concretizar. O Direito não resolverá um problema relacionado a um código malicioso distribuído na Internet para milhares de pessoas; a tecnologia, sim! O Direito poderá apenas prever que em caso de danos a alguém possa-se buscar reparação em relação aos prejuízos decorrentes da instalação do código malicioso. As soluções são, portanto, relacionadas aos aspectos comportamentais e técnicos.

Outros estudos e pesquisas poderão e deverão ser realizados, até mesmo em face da constante evolução tecnológica, hoje baseada em redes interconectadas, já que surgirão novos riscos e novas demandas sociais, culturais e/ou econômicas, que irritarão o (sub)sistema do Direito, fazendo com que, através de seu código binário lícito/não lícito, possa ele [o Direito] absorver as incursões de seu entorno e se autodesenvolver.[208]

O uso de novas tecnologias (tal qual a Internet) pode gerar sensação de insegurança frente ao desconhecimento em relação a elas, porém este medo não pode sobrepujar tanto a solução apresentada com a inovação quanto eventuais problemas que podem ser daí gerados, pois novos problemas tecnológicos requerem novas soluções também tecnológicas. Se irritarão ou não os (sub)sistemas do Direito e da Política será algo a avaliar com base nas características e códigos binários de cada (sub)sistema.

Quanto às hipóteses de pesquisa lançadas, há de se proceder à análise individualizada das mesmas. Pode-se dizer que, sim, há relação entre os mecanismos de contingenciamento jurídico-penais pelo legislador brasileiro para os riscos/ameaças na Internet e traços característicos de uma cultura do medo estabelecida na sociedade bra-

---

[208] No caso do Direito Penal há que se observar a necessidade de que essas novas demandas sociais e culturais (ou econômicas), baseadas em novos riscos, sejam absorvidas pelo sistema político que, irritado pelo seu entorno, produza novos tipos penais com base no princípio da legalidade. Ou seja, somente uma nova lei pode definir um novo tipo penal.

sileira. Esta hipótese é confirmada, então, com base no estudo do caso Carolina Dieckmann (item 2.2) e o incremento do Direito Penal brasileiro após o fato ocorrido com a atriz e a aprovação do projeto de lei em 11 dias na Câmara dos Deputados, com tramitação inferior a um ano desde o protocolo do projeto e a sanção presidencial. Conforme afirmado, a Lei 12.737/2012 (LCD) trouxe ainda mais questionamentos e incertezas jurídicas de sua aplicação.

Também a confirmação da hipótese se dá pelo resultado do levantamento empírico realizado (item 3.4.3 e 3.5), pois que 84,7% dos participantes do questionário afirmaram percepcionar o risco no uso da Internet e 50,1% disseram sentir medo na sua utilização, verificando-se que a percepção do risco influencia na sensação do medo. Além disso, praticamente um terço (1/3) dos entrevistados entende que deveriam haver mais crimes punindo ações das pessoas realizadas através da Internet e que causem danos às pessoas/empresas.

A segunda hipótese levantada também resta confirmada, pois que a relação entre os mecanismos de contingenciamento do risco na Internet e o Direito Penal são diretamente proporcionais, verificando-se sua confirmação não só pela edição da Lei 12.737/2012 (LCD), mas também pelos projetos de lei em curso na Câmara dos Deputados relativos à criminalização da criação de perfil falso na Internet e do *bullying* (*cyberbullying*, previsto como aumento de pena no caso de prática através de meio de comunicação em massa, leia-se a Internet, TV, rádio etc.

A terceira hipótese também resta confirmada frente às respostas dos participantes da pesquisa empírica (Capítulo 3), porquanto 92,2% entenderam que deve haver algum tipo de regulação da Internet (item 3.4.3), ou seja, esperam que os mecanismos de contingenciamento de riscos na Internet e no Direito reforcem a segurança diante das vulnerabilidades decorrentes do uso de novas tecnologias baseadas em rede. No entanto, esses mesmos mecanismos jurídico-penais de contingenciamento de riscos na Internet podem não respeitar direitos humanos e garantias fundamentais, já que a utilização de conceitos abertos e *standards* não adequados podem permitir interpretações que violam direitos individuais, conforme análise realizada em relação à LCD. Critérios mínimos e objetivos, calcados na ofensividade efetiva das ações humanas, devem ser levados em conta para eventual produção legislativa penal sob pena do incremento de um "Estado Penal".

Finalmente, a última hipótese traçada não resta confirmada, pois conforme verificado no capítulo final (Capítulo 4) o Direito Penal (portanto, o legislado), não acompanha as mudanças verificadas na

Internet e não necessariamente cabe a ele a função de "regular" os conflitos digitais na contemporaneidade e/ou resolver os problemas daí decorrentes. A solução, elencada pelas respostas na pesquisa empírica, está na educação e no conhecimento dos usuários, os quais, dada a resposta para o caso Guarujá Alertas (vide 3.4.3 e 3.5), são desconhecedores dos critérios jurídicos de responsabilização, porquanto esta análise deve ser realizada à luz das Ciências Jurídicas e não necessariamente dos anseios sociais e midiáticos.

Concluindo, a percepção social do risco na Internet, aliada à sensação de medo na utilização dela, e a perspectiva de fomento da legislação penal caminham lado a lado, porém cabe ao legislador interpretar corretamente as vozes digitais e basear-se em critérios objetivos e ditames constitucionais para construir a resposta jurídica adequada, bem como avaliar se é ela necessária ou não.

Se o Direito Penal tiver função igual à dos espinhos em relação às flores, supostamente de proteger a sociedade, tanto espinho quanto Direito Penal estão fadados ao insucesso, porquanto o machado da contemporaneidade é avassalador e os cortes e feridas geradas não se curarão com mais machadadas. Há que se repensar o critério normativo-penal como forma de solucionar questões sociais que são possíveis de se solucionar através de práticas comportamentais, administrativas ou técnicas, ou, quiçá, por outros ramos do Direito que não o Penal.

Referências

ACHUTTI, Daniel Silva. *Justiça restaurativa e abolicionismo penal*. São Paulo: Saraiva, 2014.

ADAMS, John. *Risco*. São Paulo: Senac, 2009.

——. *Risk in a hypermobile world*. 2016. Disponível em: <http://www.john-adams.co.uk/>. Acesso em: 04 jan. 2016.

AGAMBEN, Giorgio. *O que é o contemporâneo?*: e outros ensaios. Tradução de Vinicius Nicastro Honesko. Chapecó: Argos, 2009.

ALMEIDA NETO, Jaime Rodrigues de; SILVA, Rafael Ribeiro. *Conflitos na internet*: nova forma de solução criada pela ABPI. 2013. Disponível em: <http://www.jornalcruzeiro.com.br/materia/455810/conflitos-na-internet-nova-forma-de-solucao-criada-pela-abpi>. Acesso em: 04 jan. 2016.

ANDRADE, Vera Regina Pereira de. *A ilusão de segurança jurídica*: do controle da violência à violência do controle penal. 3. ed. rev. Porto Alegre: Livraria do Advogado, 2015.

ANGELINI, Kelli. *SACI*: o sistema administrativo de conflitos de internet implementado para domínios no ".br". 2012. Disponível em: <https://www.politics.org.br/edicoes/saci-o-sistema-administrativo-de-conflitos-de-internet-implementado-para-dom%C3%ADnios-no-%E2%80%9Cbr%E2%80%9D>. Acesso em: 04 jan. 2016.

APÓS depoimento sobre fotos, Carolina Dieckmann deixa delegacia com marido. *O Dia*, 07 maio 2012. Disponível em: <http://odia.ig.com.br/portal/rio/ap%C3%B3s-depoimento-sobre-fotos-carolina-dieckmann-deixa-delegacia-com-marido-1.437995>. Acesso em: 23 dez. 2014.

ARCIONI, Ana Cristina. O limite aceitável de risco: uma nova psicologia de segurança e de saúde: o que funciona? o que não funciona? e por que... In: WORKSHOP DE GESTÃO INTEGRADA: Riscos e Desafios, 3., 2007, São Paulo. *Anais eletrônicos...* São Paulo: Centro Universitário Senac, 2007. Disponível em: <http://www.arcioni.com.br/wp-content/uploads/artigos/artigo1.pdf>. Acesso em: 05 jul. 2015.

ASPIS, Renata Lima. Hackerismo como resistência política. In: AMARAL, Sérgio Ferreira do; PRETTO, Nelson de Luca (Org.). *Ética, hacker e a educação*. Campinas: FE/UNICAMP, 2009. p. 53-67.

ATHENIENSE, Alexandre. Caso Carolina Dieckmann move PL sobre crime cibernético. *Conjur*, 2012. Disponível em: <http://www.conjur.com.br/2012-mai-17/direito-papel-carolina-dieckmann-move-pl-crime-cibernetico>. Acesso em: 02 jan. 2015.

AZEREDO, Eduardo. *[Discurso]* 19 set. 2012. Discursos e Notas Taquigráficas, Câmara dos Deputados, Sessão: 255.2.54. O Hora: 18:48, Fase: CP, Orador: Eduardo Azeredo, PSDB-MG.

BARUCH, Alejandro Pisanty. Gobernanza de internet y los principios multistakeholder de la Cumbre Mundial de la Sociedad de la Información. *Revista Mexicana de Política Exterior*, n. 79-80, p. 9-39, 2007. Disponível em: <http://portal.sre.gob.mx/imr/pdf/Pisanty.pdf>. Acesso em: 27 out. 2014.

BASE DE DADOS JURÍDICOS – BDJUR. *Decreto-lei nº 48/95, de 15 de março de 1995*. Código Penal Livro II – Parte especial. Título I – Dos crimes contra as pessoas. Capítulo VIII – Dos crimes contra outros bens jurídicos pessoais. Disponível em: <http://bdjur.almedina.net/item.php?field=item_id&value=80045>. Acesso em: 26 mar. 2015.

BAUMAN, Zygmunt. *Confiança e medo na cidade*. Tradução de Eliana Aguiar. Rio de Janeiro: Zahar, 2009.

——. *Medo Líquido*. Tradução de Carlos Alberto Medeiros. Rio de Janeiro: Zahar, 2008.

——. *Modernidade líquida*. Tradução de Plínio Dentzien. Rio de Janeiro: Jorge Zahar, 2001.

——. *Tempos líquidos*. Tradução de Carlos Alberto Medeiros. Rio de Janeiro: Zahar, 2007.

BECK, Ulrich. "Momento Cosmopolita" da sociedade do risco. *Com Ciência*, n. 104, 2008. Disponível em: <http://comciencia.scielo.br/pdf/cci/n104/a09n104.pdf>. Acesso em: 21 set. 2015.

——. A reinvenção da política: rumo a uma teoria da modernização reflexiva. In: GIDDENS, A.; BECK, U.; LASCH, S. *Modernização reflexiva*. São Paulo: UNESP, 1997.

——. *Sociedade de risco*: rumo a uma outra modernidade. São Paulo: Ed. 34, 2010.

BORGES, Maria Alice Guimarães. A compreensão da sociedade da informação. *Ciência da Informação*, v. 29, p. 25-32, 2000.

BORGES, Waleska; WENECK, Antônio. Caso Carolina Dieckmann: polícia busca suspeitos de divulgação de fotos. *O Globo*, 07 maio 2012. Disponível em: <http://oglobo.globo.com/rio/caso-carolina-dieckmann-policia-busca-suspeitos-de-divulgacao -de-fotos-4828719>. Acesso em: 29 dez. 2014.

BRASIL. Código Penal. *Portal da Legislação*. Disponível em: <http://www.planalto.gov.br/ccivil_03/Decreto-lei/Del2848.htm>. Acesso em: 31 jul. 2014.

——. Lei nº 12.735, de 30 de novembro de 2012. *Portal da Legislação*. Disponível em: <http://www.planalto.gov.br/ccivil_03/_Ato2011-2014/2012/Lei/L12735.htm>. Acesso em: 30 dez. 2014.

——. Lei nº 12.737, de 30 de novembro de 2012. *Portal da Legislação*. Disponível em: <http://www.planalto.gov.br/ccivil_03/_ato2011-2014/2012/lei/l12737.htm>. Acesso em: 30 dez. 2014.

——. Lei nº 12.965, de 23 de abril de 2014. *Portal da Legislação*. Disponível em: <http://www.planalto.gov.br/ccivil_03/_ato2011-2014/2014/lei/l12965.htm>. Acesso em: 16 dez. 2015.

——. Lei nº 13.185, de 06 de novembro de 2015. *Portal da Legislação*. Disponível em: <http://www.planalto.gov.br/ccivil_03/_Ato2015-2018/2015/Lei/L13185.htm>. Acesso em: 16 dez. 2015.

——. Lei nº 7.716, de 5 de janeiro de 1989. *Portal da Legislação*. Disponível em: <http://www.planalto.gov.br/ccivil_03/LEIS/L7716.htm>. Acesso em: 30 dez. 2014.

——. Lei nº 8.069, de 13 de julho de 1990. *Portal da Legislação*. Disponível em: <http://www.planalto.gov.br/ccivil_03/leis/l8069.htm>. Acesso em: 31 jul. 2014.

——. Lei nº 9.983, de 14 de Julho de 2000. *Portal da Legislação*. Disponível em: <http://www.planalto.gov.br/ccivil_03/LEIS/L9983.htm#art1>. Acesso em: 13 jun. 2015.

——. Mensagem nº 525, de 30 de outubro de 2012. *Portal da Legislação*. Disponível em: <http://www.planalto.gov.br/ccivil_03/_Ato2011-2014/2012/Msg/VEP-525.htm>. Acesso em: 30 dez. 2014.

BRITO, Diana. Advogado diz que atriz foi chantageada. *Folha de São Paulo*, 08 maio 2012. Disponível em: <http://www1.folha.uol.com.br/fsp/cotidiano/41652-advogado-diz-que-atriz-foi-chantageada.shtml>. Acesso em: 29 dez. 2014.

BULLYING poderá ser rotulado nos crimes contra a honra. *EBC*, 20 jun. 2014. Disponível em: <http://www.ebc.com.br/infantil/para-pais/2014/06/bullying-podera-ser-rotulado-nos-crimes-contra-a-honra>. Acesso em: 16 dez. 2015.

CABETTE, Eduardo Luís Santos. O novo crime de invasão de dispositivo informático. *Conjur*, 2013. Disponível em: <http://www.conjur.com.br/2013-fev-04/eduardo-cabette-crime-invasao-dispositivo-informatico>. Acesso em: 02 jan. 2015.

CAEM na rede supostas fotos de Carolina Dieckmann nua. *Ego*, 04 maio 2012. Disponível em: <http://ego.globo.com/famosos/noticia/2012/05/caem-na-rede-supostas-fotos-de-carolina-dieckmann-nua.html>. Acesso em: 29 dez. 2014.

CALLEGARI, André Luís. *Teoria geral do delito e a da imputação objetiva*. 3. ed. rev. e ampl. São Paulo: Atlas, 2014.

CÂMARA aprova projeto que pune crimes cibernéticos. *Veja*, 15 maio 201c. Disponível em: <http://veja.abril.com.br/noticia/brasil/projeto-torna-crime-invasao-de-computador>. Acesso em: 30 dez. 2014.

CÂMARA DOS DEPUTADOS. *Projeto de lei n° 7758, de 2014*. Disponível em: <http://www.camara.gov.br/proposicoesWeb/fichadetramitacao?idProposicao=619448>. Acesso em: 17 set. 2015.

——. *Projeto de lei n° 84-G, de 1999*. 1999a. Redação Final. Disponível em: <http://www.camara.gov.br/proposicoesWeb/prop_mostrarintegra?codteor =1037657&filename=Tramitacao-PL+84/1999>. Acesso em: 30 dez. 2014.

——. *Projeto de lei n° 84/1999*. 1999b. Disponível em: <http://www.camara.gov.br/proposico-esWeb/fichadetramitacao?idProposicao=15028>. Acesso em: 30 dez. 2014.

——. *Projeto de lei n° 1011/2011*. 2011a. Disponível em: <http://www2.camara.leg.br/proposico-esWeb/fichadetramitacao?idProposicao=498107>. Acesso em: 16 dez. 2015.

——. *Projeto de lei n° 2793/2011*. 2011b. Disponível em: <http://www.camara.gov.br/proposico-esWeb/fichadetramitacao?idProposicao=529011>. Acesso em: 04 jan. 2016.

——. *Projeto de lei n° 3558/2012*. Disponível em: <http://www.camara.gov.br/proposicoesWeb/fichadetramitacao?idProposicao=539121>. Acesso em: 04 jan. 2016.

——. *Projeto de lei n° 5369/2009*. Disponível em: <http://www2.camara.leg.br/proposicoesWeb/fichadetramitacao?idProposicao=437390>. Acesso em: 16 dez. 2015.

CANABARRO, Diego Rafael; BORNE, Thiago. Ciberespaço e internet: implicações conceituais para os estudos de segurança. *Mundorama*, 2013. Disponível em: <http://mundorama.net/2013/05/19/ciberespaco-e-internet-implicacoes-conceituais-para-os-estudos-de-segu-ranca-por-diego-rafael-canabarro-e-thiago-borne/>. Acesso em: 26 out. 2014.

CAPPRA, Ricardo. *Entendendo o caso Carolina Dieckmann x Internet*. 16 maio 2012. Disponível em: <http://cappra.com.br/2012/05/16/entendendo-o-caso-carolina-dickmann-x-internet/>. Acesso em: 29 dez. 2014.

CAROLINA Dieckmann chega à delegacia para prestar depoimento. *Isto É*, 07 maio 2012. Disponível em: <http://www.istoe.com.br/reportagens/204502_CAROLINA+DIECKMANN+C HEGA+A+DELEGACIA+PARA+PRESTAR+DEPOIMENTO?pathImagens=&path=&actua lArea=internalPage>. Acesso em: 23 dez. 2014.

CAROLINA Dieckmann depõe em delegacia sobre vazamento de fotos. *R7*, 07 maio 2012. Disponível em: <http://noticias.r7.com/videos/carolina-dieckmann-depoe-em-delegacia-sobre-vazamento-de-fotos/idmedia/4fa7c660fc9b1ee417b12c47.html>. Acesso em: 23 dez. 2014.

CAROLINA Dieckmann presta depoimento sobre fotos nua vazadas. *SBT Jornalismo*, São Paulo, SBT, 07 maio 2012. Disponível em: <http://www.sbt.com.br/jornalismo/noticias/ ?c=19474&t=Carolina+Dieckmann+presta+depoimento+sobre+fotos+nua+vazadas#. VJg-oF4A0>. Acesso em: 23 dez. 2014.

CAROLINA Dieckmann vai cobrar da Polícia resolução para outros crimes virtuais. *Diário Pernambucano*, 15 maio 2012. Disponível em: <http://www.diariopernambucano.com.br/noti-cias/carolina-dieckmann-estrelara-campanha-contra-crimes-virtuais/>. Acesso em: 29 dez. 2014.

CAROLINA Dieckmann, sobre fotos roubadas: "é uma sensação de faca no peito". *Veja*, 14 maio 2012. Disponível em: <http://veja.abril.com.br/noticia/entretenimento/-dieckmann-so-bre-fotos-roubadas-e-uma-sensacao-de-faca-no-peito>. Acesso em: 29 dez. 2012.

CARVALHO, Alex. Advogado de Carolina Dieckmann diz que fotos da atriz foram publicadas por site em Londres. *O Globo*, 06 maio 2012. Disponível em: <http://oglobo.globo.com/rio/ advogado-de-carolina-dieckmann-diz-que-fotos-da-atriz-foram-publicadas-por-site-em-londres-4826214#ixzz3Mdmwd6kI>. Acesso em: 23 dez. 2014.

CASTELLS, Manuel. *A galáxia da internet*: reflexões sobre a internet, os negócios e a sociedade. Rio de Janeiro: Zahar, 2003.

CAVALCANTE, Márcio André Lopes. *Comentários à lei 12.737/2012, que tipifica a invasão de dispositivo informático*. 2014. Disponível em: <http://marciocavalcante2.jusbrasil.com.br/ artigos/121942716/comentarios-a-lei-12737-2012-que-tipifica-a-invasao-de-dispositivo-in-formatico>. Acesso em: 02 jan. 2015.

CENTRO DE ESTUDOS SOBRE AS TECNOLOGIAS DA INFORMAÇÃO E DA COMUNICAÇÃO – CETIC.br. *TIC domicílios*: 2014. 2014a. Disponível em: <http://cetic.br/pesquisa/domicilios/indicadores>. Acesso em: 14 out. 2015.

——. *TIC domícilos e usuários*: 2014: A2 – proporção de domicílios com computador, por tipo de computador. 2014b. Disponível em: <http://cetic.br/tics/usuarios/2014/total-brasil/A2/>. Acesso em: 14 out. 2015.

——. *TIC domícilos e usuários*: 2014: A4 – proporção de domicílios com acesso à internet. 2014c. Disponível em: <http://cetic.br/tics/usuarios/2014/total-brasil/A4/>. Acesso em: 14 out. 2015.

——. *Pesquisa TIC domicílios*: 2013. 26 jun. 2014d. Disponível em: <http://cetic.br/media/docs/publicacoes/2/TIC_DOM_EMP_2013_livro_eletronico.pdf>. Acesso em: 25 out. 2015.

——. *TIC domícilos e usuários*: 2014: C1 – proporção de indivíduos que já acessaram a internet. 2014e. Disponível em: <http://cetic.br/tics/usuarios/2014/total-brasil/C1/>. Acesso em: 14 out. 2015.

——. *TIC domícilos e usuários*: 2014: C16 – proporção de usuários de internet, por dispositivo utilizado para acesso individual. 2014f. Disponível em: <http://cetic.br/tics/usuarios/2014/total-brasil/C16/>. Acesso em: 14 out. 2015.

——. *TIC domícilos e usuários*: 2014: A – proporção de domicílios que possuem equipamentos TIC. 2014g. Disponível em: <http://cetic.br/tics/usuarios/2014/total-brasil/A/>. Acesso em: 14 out. 2015.

——. *TIC domícilos e usuários*: 2014: C1 – proporção de indivíduos que já acessaram a internet. 2014h. Disponível em: <http://cetic.br/tics/usuarios/2014/total-brasil/C1/>. Acesso em: 14 out. 2015.

——. *TIC domícilos e usuários*: 2014: C5 – proporção de usuários de internet, por atividades realizadas na internet – comunicação. 2014i. Disponível em: <http://cetic.br/tics/usuarios/2014/total-brasil/C5/>. Acesso em: 14 out. 2015.

CHAMON JÚNIOR, Lúcio Antônio. *Imputação objetiva e risco no direito penal*. Belo Horizonte: Mandamentos, 2005.

CLASSIFICAÇÃO BRASILEIRA DE OCUPAÇÕES – CBO. *Informações gerais*. Disponível em: <http://www.mtecbo.gov.br/cbosite/pages/informacoesGerais.jsf>. Acessos em 12 set. 2015.

COLÔMBIA. *Ley 1273 de 2009* (Enero 05). Por medio de la cual se modifica el Código Penal, se crea un nuevo bien jurídico tutelado – denominado "de la protección de la información y de los datos" - y se preservan integralmente los sistemas que utilicen las tecnologías de la información y las comunicaciones, entre otras disposiciones. Disponível em: <http://www.alcaldiabogota.gov.co/sisjur/normas/Norma1.jsp?i=34492>. Acesso em: 15 jul. 2014.

COMITÊ GESTOR DA INTERNET NO BRASIL – CGI.br. Decreto nº 4.829, de 3 de setembro de 2003. Dispõe sobre a criação do Comitê Gestor da Internet no Brasil – CGI.br, sobre o modelo de governança na Internet no Brasil, e dá outras providências. Disponível em: <http://cgi.br/pagina/decretos/108>. Acesso em: 30 dez. 2014.

CONFEDERAÇÃO NACIONAL DAS INSTITUIÇÕES FINANCEIRAS – CNF. *Comissão aprova projeto sobre crimes eletrônicos*. 29 ago. 2012. Disponível em: <http://www.cnf.org.br/noticia/-/blogs/comissao-aprova-projeto-sobre-crimes-eletronicos/maximized>. Acesso em: 03 jan. 2015.

CONFIRA supostas fotos de Carolina Dieckmann nua vazam na internet. *Olhar Direto*, 04 maio 2012. Disponível em: <http://www.olhardireto.com.br/noticias/exibir.asp?noticia=Confira_supostas_fotos_de_Carolina_Dieckmann_nua_vazam_na_internet&id=254187>. Acesso em: 23 dez. 2014.

CONVENÇÃO SOBRE O CIBERCRIME. *Preâmbulo*. Budapeste, 23. XI. 2001. Disponível em: <http://www.acidi.gov.pt/_cfn/529350b642306/live/+Conven%C3%zA7%C3%A3o+sobre+o+Cibercrime++>. Acesso em: 30 dez. 2014.

COSTA, Renata Almeida da. Cultura do medo e espaço urbano: um olhar reflexivo sobre a sensação social de insegurança. In: FERNÁNDEZ, Albert Noguera; SCHWARTZ, Germano (Org.). *Cultura e identidade em tempo de transformações*: reflexões a partir da teoria do direito e da sociologia. Curitiba: Juruá, 2011. v. 1. p. 219-239.

——. Policontexturalidade, risco e direito: abismos superáveis para o delineamento da criminalidade contemporânea. In: MEDEIROS, Fernanda Luiza Fontoura de; SCHWARTZ, Germano André Doederlein (Org.). *O direito da sociedade*: anuário. Canoas: Unilasalle, 2014. v. 1. p. 229-255.

COUNCIL OF EUROPE. *Convention on Cybercrime (CETS N°.: 185)*. Chart of signatures and ratifications. Disponível em: <http://conventions.coe.int/Treaty/Commun/ChercheSig.asp?NT=185&CM=1&DF=9/2/2006&CL=ENG>. Acesso em: 30 dez. 2014.

CRESPO, Marcelo Xavier de Freitas. *Crimes digitais*. São Paulo: Saraiva, 2011.

——. O direito da tecnologia da informação: noções essenciais. *Âmbito Jurídico*, Rio Grande, v. 13, n. 79, ago. 2010. Disponível em: <http://www.ambito-juridico.com.br/site/index.php?n_link=revista_artigos_leitura&artigo_id=7974>. Acesso em: 18 nov. 2013.

——. Os crimes digitais e as leis 12.735/2012 e 12.737/2012. *Boletim IBCCRIM*, ano 21, n. 244, mar. 2013.

D'AVILA, Fabio Roberto. *Ofensividade em direito penal*: escritos sobre a teoria do crime como ofensa a bens jurídicos. Porto Alegre: Livraria do Advogado, 2009.

DAQUINO, Fernando. Hackers que roubaram fotos de Carolina Dieckmann são presos. *TecMundo*, 14 maio 2012. Disponível em: <http://www.tecmundo.com.br/ataque-hacker/23514-hackers-que-roubaram-fotos-de-carolina-dieckmann-sao-presos.htm>. Acesso em: 29 dez. 2014.

DELLA VECCHIA, Evandro. *Perícia digital*: da investigação à análise forense. Campinas: Millenium, 2014.

DOUGLAS, Mary; WILDAVSKY, Aaron. *Risk and culture*: an essay on the selection of technological and environmental dangers. Berkeley: University of California Press, 1982.

ELIEZER, Cristina Rezende; GARCIA, Tonyel de Pádua. O novo crime de invasão de dispositivo informático. *Revista do Curso de Direito do UNIFOR*, v. 5, n. 1, p. 69-87, 2014.

EMMA Holten faz ensaio nu para combater fotos íntimas na internet. *Zero Hora*, 12 jan. 2015. Disponível em: <http://wp.clicrbs.com.br/mundoitapema/2015/01/12/emma-holten-faz-ensaio-nu-para-combater-fotos-intimas-na-internet/?topo=52,2,18,,220,77>. Acesso em: 17 set. 2015.

ENTREVISTA de Carolina Dieckmann dá recorde de audiência ao "Jornal Nacional". *Folha de São Paulo*, 16 maio 2012. Disponível em: <http://f5.folha.uol.com.br/televisao/1090789-entrevista-de-carolina-dieckmann-da-recorde-de-audiencia-ao-jornal-nacional.shtml>. Acesso em: 29 dez. 2014.

FERRAJOLI, Luigi. Il populismo penale nella società della paura. In: FERRAJOLI, Luigi et al. *La emergencia del miedo*. Buenos Aires: Ediar, 2012.

FOTOS da atriz Carolina Dieckmann vazam na internet. *Jornal Nacional*, São Paulo, Globo, 05 maio 2014. Disponível em: <http://globotv.globo.com/rede-globo/jornal-nacional/v/fotos-da-atriz-carolina-dieckmann-vazam-na-internet/1934944/>. Acesso em: 23 dez. 2014.

FOTOS íntimas de Carolina Dieckmann são roubadas e vão parar na internet. R7, 06 maio 2012. Disponível em: <http://rederecord.r7.com/video/fotos-intimas-de-carolina-dieckmann-sao-roubadas-e-vao-parar-na-internet-4fa7189a6b71517ecda2e081/>. Acesso em: 23 dez. 2014.

FOTOS nuas de Carolina Dieckmann foram vistas 8 milhões de vezes: polícia já identificou hackers. *Pipoca Moderna*, 14 maio 2012. Disponível em: <http://pipocamoderna.virgula.uol.com.br/fotos-intimas-de-carolina-dieckmann-foram-vistas-8-milhoes-de-vezes-policia-ja-identificou-hackers/176226>. Acesso em: 29 dez. 2014.

FRAGOMENI, Ana Helena. *Dicionário enciclopédico de informática*. Rio de Janeiro: Campus; São Paulo: Nobel, 1986.

FUNDAÇÃO GETÚLIO VARGAS – FGV. *Centro de Tecnologia e Sociedade da Escola de Direito do Rio de Janeiro*. Relatório de políticas de Internet: Brasil 2011. São Paulo: Comitê Gestor da Internet no Brasil, 2012.

FURTADO, Gabriel Rocha. O Marco Civil da Internet: a construção da cidadania virtual. In: SCHREIBER, Anderson (Coord.). *Direito e mídia*. São Paulo: Atlas, 2013. p. 242-247.

GASPARIN, Gabriela. Veja diferenças entre definições de classes sociais no Brasil. *G1 Economia*, 20 ago. 2013. Disponível em: <http://g1.globo.com/economia/seu-dinheiro/noticia/2013/08/veja-diferencas-entre-conceitos-que-definem-classes-sociais-no-brasil.html>. Acesso em: 14 out. 2015.

GETSCHKO, Demi. *Internet, origens, conceitos e desafios.* 2008. Disponível em: <http://arquivos.interlegis.leg.br/CGIbrFev2014/cgibr/internet-origens-conceitos.pdf>. Acesso em: 13 jun. 2015.

GIORGI, Raffaele de. *Direito, democracia e risco*: vínculos com o futuro. Porto Alegre: SAFE, 1998.

——. Sociólogo e filósofo italiano. *Entrevista concedida ao programa de TV Mãos e Mentes*. Porto Alegre: TV Com/RS/RBS TV, 20 jan. 2013.

GLASSNER, Barry. *Cultura do medo.* Tradução de Laura Knapp. São Paulo: Francis, 2003.

GOMES, Luiz Flávio. *Crimes cibernéticos*: "Lei Carolina Dieckmann": Senado dá sinal verde para a criminalização. 2013. Disponível em: <http://professorlfg.jusbrasil.com.br/artigos/121930443/crimes-ciberneticos-lei-carolina-dieckmann-senado-da-sinal-verde-para-a-criminalizacao>. Acesso em: 02 jan. 2015.

GOULART, Gustavo. Após identificação de hackers, Carolina Dieckmann afirma que espera justiça. *O Globo*, 14 maio 2012. Disponível em: <http://oglobo.globo.com/rio/apos-identificacao-de-hackers-carolina-dieckmann-afirma-que-espera-justica-4889891>. Acesso em: 29 dez. 2014.

GRECO, Rogério. *Invasão de dispositivo informático*: art. 154-A do código penal. 2014. Disponível em: <http://rogeriogreco.jusbrasil.com.br/artigos/121819872/invasao-de-dispositivo-informatico-art-154-a-do-codigo-penal>. Acesso em: 02 jan. 2015.

GUIBENTIF, Pierre. Os direitos subjetivos na teoria dos sistemas de Niklas Luhmann. In: SCHWARTZ, Germano Deoderlein (Org.). *Juridicização das esferas sociais e fragmentação do direito na sociedade contemporânea.* Porto Alegre: Livraria do Advogado, 2011. v. 1. p. 171-198.

GUILLERMO LUCERO, Pablo; ANDRÉS KOHEN, Alejandro. *Delitos informáticos.* Buenos Aires: D y D SRL, 2010.

GUTERRES, Juliana. Dieckmann foi vítima de chantagem: 'Pediram R$ 10 mil', diz advogado. *Ego*, 05 maio 2012. Disponível em: <http://ego.globo.com/famosos/noticia /2012/05/dieckmann-foi-vitima-de-chantagem-pediram-r-10-mil-diz-advogado.html>. Acesso em: 29 dez. 2014.

HACKERS postam fotos de Carolina Dieckmann nua no site da Cetesb. *G1*, 15 maio 2012. Disponível em: <http://glo.bo/KZ8gWE>. Acesso em: 29 dez. 2014.

HACKERS publicam fotos de Carolina Dieckmann no site da Cetesb. *Veja*, 15 maio 2012b. Disponível em: <http://veja.abril.com.br/noticia/entretenimento/hackers-publicam-fotos-de-carolina-dieckmann-no-site-da-cetesb>. Acesso em: 29 dez. 2014.

HOUAIS, Antônio; VILLAR, Mauro de Salles. *Dicionário Houaiss da língua portuguesa.* Rio de Janeiro: Objetiva, 2009.

IDENTIDADE de quem roubou fotos íntimas de Carolina Dieckmann ainda é mistério. *R7*, 13 maio 2012. Disponível em: <http://rederecord.r7.com/video/identidade-de-quem-roubou-fotos-intimas-de-carolina-dieckmann-ainda-e-misterio-4fb04c256b71c3d8b bc9a310/>. Acesso em: 29 dez. 2014.

IH, VAZOU! Veja os famosos que tiveram sua privacidade exposta na rede. *Ego*, 25 dez. 2011. Disponível em: <http://ego.globo.com/Fim-de-Ano/2011/noticia/2011/12/ ihvazou-veja-os-famosos-que-tiveram-sua-privacidade-exposta-na-rede.html>. Acesso em: 22 dez. 2014.

INTERNET WORLD STATS. *Internet usage statistics.* 2015. . Disponível em: <http://www.internetworldstats.com/stats.htm>. Acesso em: 14 out. 2015.

INSTITUTO BRASILEIRO DE OPINIÃO PÚBLICA E ESTATÍSTICA – IBOPE. *Número de pessoas com acesso à internet no Brasil chega a 105 milhões.* 03 out. 2013. Disponível em: <http://www.ibope.com.br/pt-br/relacionamento/imprensa/releases/Paginas/Numero-de-pessoas-com-acesso-a-internet-no-Brasil-chega-a-105-milhoes.aspx>. Acesso em: 04 jul. 2015.

——. *Pesquisas de mídia.* Disponível em: <http://www.ibope.com.br/pt-br/conhecimento/TabelasMidia/Paginas/default.aspx>. Acesso em: 25 jun. 2015.

JAHNKE, Letícia Thomasi; GOSSLING, Luciana Manica. A tutela da dignidade da pessoa humana através da tipificação de novos crimes cibernéticos. In: CONGRESSO INTERNACIONAL DE DIREITO E CONTEMPORANEIDADE, 2., 2013, Santa Maria. Anais... Santa Maria, p. 824-838, jun. 2013.

JAKOBS, Günther. *A imputação objetiva no direito penal*. 4. ed. rev. São Paulo: Revista dos Tribunais, 2013.

——. *A imputação penal da ação e da omissão*: estudos de direito penal. Barueri: Manole, 2003b. v. 7.

——. Ciência do direito e ciência do direito penal. *Estudos de Direito Penal*. Barueri: Manole, 2003a. v. 1.

——. *Fundamentos do direito penal*. 2. ed. rev. São Paulo: Revista dos Tribunais, 2012.

JUNGBLUT, Cristiane. Carolina Dieckmann: Câmara aprova tipificação de crimes na internet. *O Globo*, 15 maio 2012. Disponível em: <http://oglobo.globo.com/rio/carolina-dieckmann-camara-aprova-tipificacao-de-crimes-na-internet-4908289>. Acesso em: 29 dez. 2014.

LEMOS, Ronaldo. Somos todos Carolina Dieckmann: não existem mais dispositivos 'pessoais'. *Folha TEC*, 14 maio 2012. Disponível em: <http://www1.folha.uol.com.br/tec/1089398-somos-todos-carolina-dieckmann-nao-existem-mais-dispositivos-pessoais.shtml>. Acesso em: 29 dez. 2014.

LIRA, Cláudio Rogério Sousa. *Direito penal na pós-modernidade*: a racionalidade legislativa para uma sociedade de risco. Curitiba: Juruá, 2014.

LUCERO, Everton. *Governança da internet*: aspectos da formação de um regime global e oportunidades para a ação diplomática. Brasília: Fundação Alexandre Gusmão, 2011.

LUHMANN, Niklas. *A realidade dos meios de comunicação*. 2. ed. São Paulo: Paulus, 2011.

LUHMANN, Niklas. *Introducción a la teoría de sistemas*: lecciones publicadas por Javier Torres Nafarrete. México: Universidad Iberoamericana, 2014.

——. *La sociedad de la sociedad*. México: Universidade Iberoamericana, 2007.

——. *Sociología del riesgo*. 3. ed. México: Universidade Iberoamericana, 2006.

——. *Sociologia do direito I*. Rio de Janeiro: Tempo Brasileiro, 1983.

——. *Sociologia do direito II*. Rio de Janeiro: Tempo Brasileiro, 1985.

LUISI, Luiz. *Os princípios constitucionais penais*. 2. ed. rev. e aum. Porto Alegre: SAFE, 2003.

LULA classifica como censura projeto sobre crimes. *Conjur*, 2009. Disponível em: <http://www.conjur.com.br/2009-jun-27/lula-classifica-censura-projeto-azeredo-crimes-web>. Acesso em: 28 de out. de 2014.

MACHADO, André. Especialistas explicam como computador de Carolina Dieckmann foi hackeado. *O Globo*, 14 maio 2012. Disponível em: <http://oglobo.globo.com/rio/especialistas-explicam-como-computador-de-carolina-dieckmann-foi-hackeado-4895771>. Acesso em: 29 dez. 2014.

MACHADO, Luís Antônio Licks; SILVA, Jardel Luís da. Crimes digitais: o aumento da complexidade das relações sociais e os novos espaços de intervenção estatal. *Revista Eletrônica do Curso de Ciências Contábeis*, Taquara, n. 3, 2013.

MACHADO, Marta Rodriguez de Assis. *Sociedade do Risco e direito penal*: uma avaliação de novas tendências político-criminais. São Paulo: IBCCRIM, 2005.

MAGGIO, Vicente de Paula Rodrigues. *Novo crime, invasão de dispositivo informático – CP, Art. 154-A*. 2013. Disponível em: <http://vicentemaggio.jusbrasil.com.br/ artigos/121942478/novo-crime-invasao-de-dispositivo-informatico-cp-art-154-a>. Acesso em: 02 jan. 2015.

MARTINS, Antonio; FARIA, Glauco; PAIVA, Renato. Em defesa da liberdade na rede. *Revista Fórum*, n. 76, jul. 2009. Disponível em: <http://www.revistaforum.com.br/blog/2012/02/em-defesa-da-liberdade-na-rede/>. Acesso em: 30 dez. 2014.

MARTINS, José de Souza. O senso comum e a vida cotidiana. *Tempo Social*: Rev. Sociol. USP, São Paulo, v. 10, n. 1, p. 1-8, maio 1998.

MENDES, Priscilla. Dieckmann foi chantageada em R$ 10 mil por fotos, diz advogado. *G1 Tecnologia e Games*, 05 maio 2012. Disponível em: <http://glo.bo/IPbBtu>. Acesso em: 29 dez. 2014.

MERCHED, Beatriz. Carolina Dieckmann tentou armar flagrante em chantagista. *IG Gente*, 07 maio 2012. Disponível em: <http://gente.ig.com.br/2012-05-07/carolina-dieckmann-tentou-armar-flagrante-em-chantagista-diz-adv.html>. Acesso em: 29 dez. 2014.

MESTIERI, João. *Teoria elementar do direito criminal*: parte geral. Rio de Janeiro: J. Mestieri, 1990.

MINISTÉRIO DA JUSTIÇA. *Responsabilidade dos agentes – arts. 34 ao 41*. Debates Proteção de Dados Pessoais. 2015a. Disponível em: <http://pensando.mj.gov.br/dadospessoais/eixo-de-debate/responsabilidade-dos-agentes/>. Acesso em: 17 set. 2015.

——. *Anteprojeto de Lei para a Proteção de Dados Pessoais*. Debates Proteção de Dados Pessoais. 2015b. Disponível em: <http://pensando.mj.gov.br/dadospessoais/texto-em-debate/anteprojeto-de-lei-para-a-protecao-de-dados-pessoais/#captulo-vii-responsabilidade-dos-agentes>. Acesso em: 17 set. 2015.

MINISTÉRIO PÚBLICO DE SÃO PAULO. Centro de Apoio Operacional Criminal. *Nova Lei de crimes cibernéticos entra em vigor*. Disponível em: <http://www.mpsp.mp.br/portal/page/portal/cao_criminal/notas_tecnicas/NOVA%20LEI%20DE%20CRIMES%20CIBERN%C3%89TICOS%20ENTRA%20EM%20VIGOR.pdf>. Acesso em: 02 jan. 2015.

NEUMANN, Franz. O conceito de liberdade política. *Cadernos de Filosofia Alemã*, n. 22, p. 107-154, 2013.

NEVES, Carla. Após sete horas de depoimento Carolina Dieckmann deixa delegacia; advogado diz que fotos "eram para a intimidade do casal". *Uol Entretenimento*, 07 maio 2012. Disponível em: <http://celebridades.uol.com.br/noticias/redacao/2012/05/07/carolina-dieckmann-deixa-delegacia-de-policia-no-rio.htm>. Acesso em: 23 dez. 2014.

NEVES, Marcelo. Do pluralismo jurídico à miscelânea social: o problema da falta de identidade da(s) esfera(s) de juridicidade na modernidade periférica e suas implicações na América Latina. *Direito em Debate*, Ijuí, v. 5, p. 07-37, 1995.

——. *Entre Têmis e Leviatã*: uma relação difícil. 2. ed. 3. tir. São Paulo: WMF Martins Fontes, 2013.

NÚMERO de pessoas com acesso à internet no Brasil supera 120 milhões. *Nielsen*, 30 jul. 2014. Disponível em: <http://www.nielsen.com/br/pt/press-room/2014/Numero-de-pessoas-com-acesso-a-internet-no-Brasil-supera-120-milhoes.html>. Acesso em: 4 jul. 2015.

OLIVEIRA JUNIOR, Eudes Quintino. *A nova Lei Carolina Dieckmann*. 2013. Disponível em: <http://eudesquintino.jusbrasil.com.br/artigos/121823244/a-nova-lei-carolinadieckmann>. Acesso em: 02 jan. 2015.

OS NÚMEROS de usuários de internet e redes sociais no Brasil. *E-COM Web Digital*, 8 out. 2014 Disponível em: <http://www.ecomweb.com.br/site/?p=192>. Acesso em: 8 out. 2014.

PANNARALE, Luigi. *Il diritto e le aspetattive*. Bari: Scientifiche Italiane, 1988.

PESQUISA sobre o uso das tecnologias da informação e comunicação no Brasil [livro eletrônico]: *TIC domicílios e empresas 2013* = Survey on the use of information and communication technologies in Brazil: ICT households and enterprises 2013 / [coordenação executiva e editorial/executive and editorial coordination, Alexandre F. Barbosa; tradução/translation DB Comunicação]. São Paulo: Comitê Gestor da Internet no Brasil, 2014. PDF. Disponível em: <http://www.cetic.br/media/docs/publicacoes/2/TIC_DOM_EMP_2013_livro_eletronico.pdf>. Acesso em: 25 out. 2014.

PIERRE, Marie Claire Angosto. *Pesquisa social por questionário*. Goiânia: UCG, 2008.

PINHEIRO, Alexandre Sousa. *Privacy e proteção de dados pessoais*: a construção dogmática do direito à identidade informacional. Lisboa: AAFDL, 2015.

POLÍCIA descobre quem roubou as imagens de Carolina Dieckmann. *IG Gente*, 13 maio 2012b. Disponível em: <http://gente.ig.com.br/2012-05-13/policia-descobre-quem-roubou-as-imagens-de-carolina-dieckmann.html>. Acesso em: 29 dez. 2014.

POLÍCIA encontra hackers que roubaram fotos de Carolina Dieckmann. *Fantástico*, São Paulo, Globo, 13 maio 2012. Disponível em: <http://glo.bo/XNEVtu>. Acesso em: 29 dez. 2014.

REGALO, Henrique Hallak; CARNEIRO, Luís Inácio. *A nova sociedade digital e os desafios em relação às leis*. 2012. Disponível em: <www.letras.ufscar.br/linguasagem/edicao20/ensaios/004.pdf>. Acesso em: 28 out. 2014.

REIS, Wanderlei José dos. Delitos cibernéticos, implicações da Lei 12.737/12. *Revista do Instituto do Direito Brasileiro*, Lisboa, ano 3, n. 8, p. 5983-5994, 2014.

RODRIGUEZ, José Rodrigo. Franz Neumann, o direito e a teoria crítica. *Lua Nova*, n. 61, p. 53-73, 2004.

ROSA, Fabrízio. *Crimes de informática*. Campinas: Bookseller, 2002.

ROSA, Thiago M.; SANTIN, Altair O.; MALUCELLI, Andreia. Uma ontologia para Mitigar XML Injection. In: SIMPÓSIO BRASILEIRO EM SEGURANÇA DA INFORMAÇÃO E DE SISTEMAS COMPUTACIONAIS (SBSeg), 11., 2011, Porto Alegre. *Anais...* Porto Alegre: SBC, p. 1-14, 2011.

ROXIN, Claus. *A proteção de bens jurídicos como função do Direito Penal*. Organização e Tradução de André Luís Callegari e Nereu José Giacomolli. 2. ed. 2. Tir. Porto Alegre: Livraria do Advogado, 2013.

——. *Estudos de direito penal*. Tradução de Luís Greco. 2. ed. rev. Rio de Janeiro: Renovar, 2008.

SANTARÉM, Paulo René da Silva. *O direito achado na rede*: a emergência do acesso à internet como direito fundamental no Brasil. 2010. Dissertação (Mestrado) – Universidade de Brasília, Brasília, 2010.

SCARMANHÃ, Bruna Oliveira Silva Guesso; FURLANETO NETO, Mário; SANTOS, José Eduardo Lourenço dos. Invasão de dispositivo informático: aporte com a legislação espanhola. *Revista em Tempo Univem*, Marília, v. 13, p. 231-251, 2014.

SENADO. *Relatório final da Comissão Parlamentar de Inquérito*. 2010. Disponível em: <www.senado.gov.br>. Acesso em: 25 de jun. 2015.

——. *Parecer nº 1.334, de 2012*. Disponível em: <http://www.senado.gov.br/atividade/materia/getPDF.asp?t=116129&tp=1>. Acesso em: 04 jan. 2016.

——. *Projeto de Lei da Câmara nº 68, de 2013*. Disponível em: <http://www25.senado.leg.br/web/atividade/materias/-/materia/114433>. Acesso em: 04 jan. 2016.

'SENSAÇÃO de faca no peito', diz Carolina Dieckmann sobre fotos. *Jornal Nacional*, São Paulo, Globo, 14 maio 2012. Disponível em: <http://g1.globo.com/jornal-nacional/noticia/2012/05/sensacao-de-faca-no-peito-diz-carolina-dieckmann-sobre-fotos.html>. Acesso em: 29 de dez. de 2014.

SHECAIRA, Sérgio Salomão. *Criminologia*. São Paulo: Revista dos Tribunais, 2004.

SOUSA, Flávio R. C.; MOREIRA, Leonardo O.; MACHADO, Javam C. Computação em nuvem: conceitos, tecnologias, aplicações e desafios. In: ESCOLA REGIONAL DE COMPUTAÇÃO CEARÁ, MARANHÃO E PIAUÍ (ERCEMAPI), 2., 2009. Anais... [S.l.], p. 150-175, 2009.

STOCKINGER, Gottfried. *A sociedade da comunicação*: o contributo de Niklas Luhmann. Rio de Janeiro: Papel Virtual, 2003.

SUFFERT, Sandro. *Hackerazzi*: Carolina Dieckmann. 16 maio 2012. Disponível em: <http://ssegurranca.blogspot.com.br/2012/05/hackerazzi-carolina-dickmann.html>. Acesso em: 29 dez. 2014.

SUPOSTAS fotos íntimas da atriz Carolina Dieckmann caem na internet. *UOL São Paulo*, 04 maio 2012. Disponível em: <http://zip.net/bvj2VN>. Acesso em: 23 dez. 2014.

SYDOW, Spencer Toth. *Crimes informáticos e suas vítimas*. Coordenação de Alice Bianchini, Ivan Luís Marques e Luiz Flávio Gomes. São Paulo: Saraiva, 2013.

TEIXEIRA, Rodrigo. Advogado de Carolina Dieckmann diz que a "identificação dos hackers" era o que mais interessava à atriz. *Uol Entretenimento*, 14 maio 2012. Disponível em: <http://celebridades.uol.com.br/noticias/redacao/2012/05/14/advogado-de-carolina-dieckmann-diz-que-a-identificacao-dos-hackers-era-o-que-mais-interessava-a-atriz.htm>. Acesso em: 29 dez. 2014.

TEUBNER, Gunther. *Direito, sistema e policontexturalidade*. Piracicaba: Unimep, 2005.

THE STATE of broadband 2015: broadband as a foundation for sustainable development. Switzerland, Geneva: ITU and UNESCO, 2015. Disponível em: <http://broadbandcommission.org/publications/Pages/SOB-2015.aspx>. Acesso em: 14 out. 2015.

VAZAM na internet fotos íntimas de Carolina Dieckmann. *Terra*, 04 maio 2012. Disponível em: <http://diversao.terra.com.br/gente/vazam-na-internet-fotos-intimas-de-carolina-dieckmann,b9880ce68385a310VgnCLD200000bbcceb0aRCRD.html>. Acesso em: 23 dez. 2014.

VIEIRA, Vanderson Roberto; ROBALDO, José Carlos de Oliveira. A sociedade do risco e a dogmática penal. *Âmbito Jurídico*, Rio Grande, X, n. 38, fev. 2007. Disponível em: <http://www.ambito-juridico.com.br/site/index.php?n_link=revista_artigos_leitura&artigo_id=3593>. Acesso em: 10 jul. 2014.

VÍTIMA de hackers, Carolina Dieckmann presta depoimento em delegacia no Rio. *IG Gente*, 07 maio 2012a. Disponível em: <http://gente.ig.com.br/2012-05-07/fotos-de-carolina-dieckmann-nua-estao-hospedadas-em-site-ingles.html>. Acesso em: 29 dez. 2014.

WENDT, Emerson. El internet, la cultura del miedo y la criminalidad cibernetica: aspectos de producción y interpretación del derecho penal contemporáneo. *Derecho y Cambio Social*, v. 1, p. 1-21, 2015a.

——. Internet: percepções e limites em face do direito à extimidade na rede. *Revista Jurídica Luso Brasileira*, v. 6, p. 297-318, 2015b.

——; JORGE, Higor Vinícius Nogueira. *Crimes cibernéticos*: ameaças e procedimentos de investigação. Rio de Janeiro: Brasport, 2012.

——; ——. *Crimes cibernéticos*: ameaças e procedimentos de investigação. 2. ed. Rio de Janeiro: Brasport, 2013.

WILDE, Gerald. *O limite aceitável do risco*: uma proposta sobre segurança e saúde. São Paulo: Casa do Psicólogo, 2005.

XIMENES, Pablo. *A verdade sobre as "técnicas de invasão" usadas no caso Carolina Dieckmann*. 15 maio 2012. Disponível em: <http://ximen.es/?p=621>. Acesso em: 29 dez. 2014.

YIN, Robert K. *Estudo de caso*: planejamento e métodos. Tradução de Ana Thorell. 5. ed. Porto Alegre: Bookman, 2015.

ZAFFARONI, Eugenio Raúl; PIERANGELI, José Henrique. *Manual de direito penal brasileiro*: parte geral. 7. ed. rev. e atual. São Paulo: Revista dos Tribunais, 2007. v. 1.

ZEIDAN, Rogério. *Ius puniendi, Estado e direitos fundamentais*: aspectos de legitimidade e limites da potestade punitiva. Porto Alegre: SA Fabris, 2002.

ZMOGINSKI, Felipe. Fotos de Carolina Dieckmann vazam na web. *Info Online*, 04 maio 2012a. Disponível em: <http://info.abril.com.br/noticias/seguranca/fotos-de-carolina-dieckmann-vazam-na-web-04052012-40.shl>. Acesso em: 23 dez. 2014.

——. Saiba como a polícia identificou os crackers do caso Carolina Dieckmann. *Info Online*, 23 maio 2012b. Disponível em: <http://info.abril.com.br/noticias/blogs/trending-blog/geral/saiba-como-a-policia-identificou-os-crackers-do-caso-carolina-dieckmann/>. Acesso em: 30 dez. 2014.

Anexo A – Termo de consentimento livre e esclarecido

Convidamos o (a) Sr (a) para participar da Pesquisa: "A INTERNET E A FRAG-MENTAÇÃO DO DIREITO PENAL NO REFORÇO DA CULTURA DO MEDO NO BRASIL: Análise da adequação do Direito Penal para gestão da conflituosidade digital", sob a responsabilidade do pesquisador Emerson Wendt, mestrando ligada à Instituição UNILASALLE – CENTRO UNIVERSITÁRIO LASALLE – Canoas (sob a orientação da Profª. Drª. Renata Almeida da Costa e tendo como Co-orientador o Prof. Dr. Daniel Achutti).

A pesquisa se propõe a analisar a percepção do usuário da Internet quanto aos riscos e consequentes medos derivados e a correlação com concepção de reforço no Direito Penal como mecanismo de controle e gestão sobre esses riscos e medos. A primeira parte da pesquisa é para conhecer o entrevistado. A segunda sobre o uso da Internet pelo pesquisado e, a terceira, sobre a sua percepção quanto aos riscos e medos na Internet e a correlação com o direito.

Sua participação é voluntária e se dará por questionário, a seguir. O entrevistado poderá, quando o questionário permite, tecer suas observações em "Other" (Outro). Estes dados ficarão sob responsabilidade do pesquisador e, após, o investigador fará uma análise dos dados respondidos, procurando verificar se as hipóteses lançadas no projeto de pesquisa são alcançadas não só pelas respostas da pesquisa, mas pela análise conjunta com pesquisa documental e bibliográfica.

Nesse estudo, pautado nos preceitos éticos e fundamentados pela Res. CNS 466/12, entende-se que não haverá desconfortos ou riscos ao sujeito de pesquisa (a quem responder a pesquisa). Caso existam, serão minimizados em relação aos benefícios advindos dos resultados da pesquisa (geral). Se você aceitar participar, o benefício será grande ao lhe apresentar, ao final da pesquisa, soluções para sua sensação/percepção quanto ao uso da Internet que não dependam (necessariamente) do direito. Os respondentes, ainda, em caso de desconforto, poderão interromper o processo de resposta do instrumento de pesquisa a qualquer momento e se desejarem ser excluídos da pesquisa.

Se depois de consentir em sua participação o Sr (a) desistir de continuar participando, tem o direito e a liberdade de retirar seu consentimento em qualquer fase da pesquisa, simplesmente parando de responder ao questionário, independente do motivo e sem nenhum prejuízo a sua pessoa. O (a) Sr (a) não terá nenhuma despesa e também não receberá nenhuma remuneração. Os resultados da pesquisa serão analisados e publicados, mas sua identidade não será divulgada, sendo guardada em sigilo. Para qualquer outra informação, o (a) Sr (a) poderá entrar em contato com o pesquisador no endereço Rua República, 2050, Casa 78, Bairro Harmonia, Canoas, RS, pelo telefone (51) 34653820, ou poderá entrar em contato com o Comitê de Ética em Pesquisa – CEP/UNILASALLE, no endereço: 3º andar do Prédio 6. Email: cep.unilasalle@unilasalle.edu.br.

Ainda, importante esclarecer que a participação é restrita a pessoas com mais de 18 anos. Caso haja algum respondente que seja criança ou adolescente, os dados serão imediatamente descartados.

Consentimento Pós-Informação

Assim, fui devidamente informado(a) sobre o que o pesquisador quer fazer e por que precisa da minha colaboração, e entendi a explicação. Por isso, em clicar em seguir adiante na pesquisa eu concordo em participar do projeto, sabendo que não vou ganhar nada e que posso sair quando quiser.

Não há necessidade de assinatura do participante, pois sua participação é através da Internet, em formulário de pesquisa do Google.

Emerson Wendt

Pesquisador Responsável

Anexo B – Questionário de levantamento empírico[209]

Required[210]

1. Concordo em participar da pesquisa: *

Caso você concorde, clique em sim, para responder as perguntas. Caso você não concorde, basta apenas desistir de continuar a responder este questionário.

Mark only one oval.[211]

( ) Não *Stop filling out this form.*[212]

( ) Sim *Skip to question 2.*[213]

PRIMEIRA PARTE: um pouco sobre seus dados.
O objetivo é conhecer o seu perfil social.

1. Qual sua idade? *

Obs.: em números.

_____

2. Sexo *

Mark only one oval.

( ) Masculino

( ) Feminino

---

[209] Formulário disponibilizado no endereço eletrônico do Google Forms: <https://docs.google.com/forms/d/1nDXvRFwmJfT1TosrmTUNg9ysqLhD62YXdEmDAY3h0r4>.

[210] Todas as questões com asterisco "*" são de resposta obrigatória, em que o respondente deveria responder ao questionário.

[211] *Mark only one oval* (Marcar apenas uma opção). O respondente não pode marcar mais de uma opção.

[212] Tal opção, caso realizada pelo respondente, enviaria o formulário, porém sem o preenchimento das questões de pesquisa.

[213] Somente clicando "Sim" o respondente seria encaminhado às próximas etapas do questionário de pesquisa.

Internet & Direito Penal
RISCO E CULTURA DO MEDO

3. Quanto a sua escolaridade *

Mark only one oval.

( ) Ensino Fundamental Incompleto

( ) Ensino Fundamental Completo

( ) Ensino Médio Incompleto

( ) Ensino Médio Completo

( ) Superior Incompleto

( ) Superior Completo

( ) Especialização/PósGraduação

( ) Mestrado (em andamento)

( ) Mestrado (concluído)

( ) Doutorado (em andamento)

( ) Doutorado (concluído)

( ) Pósdoutorado

4. Estado de residência: *

Mark only one oval.

Acre	Paraíba
Alagoas	Paraná
Amapá	Pernambuco
Amazonas	Piauí
Bahia	Rio de Janeiro
Ceará	Rio Grande do Norte
Distrito Federal	Rio Grande do Sul
Espírito Santo	Rondônia
Goiás	Roraima
Maranhão	Santa Catarina
Mato Grosso	São Paulo
Mato Grosso do Sul	Sergipe
Minas Gerais	Tocantins
Pará	

5. Qual sua área de atuação? *

Procure encaixar sua atividade nas áreas de atuação a seguir, baseada na Fundação Capes. Mais dados em <http://www.capes.gov.br/avaliacao/instrumentos-de-apoio/tabela-de-areas-do-conhecimento-avaliacao>.

Mark only one oval.

( ) Matemática/Probabilidade Estatística
( ) Ciências da Computação
( ) Astronomia/Física
( ) Química
( ) Geociências
( ) Ciências Biológicas
( ) Biodiversidade
( ) Engenharias
( ) Ciências da Saúde (Medicina, Odontologia, Nutrição etc.)
( ) Ciências Agrárias (Agronomia, Zoologia etc.)
( ) Direito
( ) Administração, Ciências Contábeis e Turismo
( ) Economia
( ) Arquitetura e Urbanismo
( ) Planejamento Urbano e Regional/Demografia
( ) Ciência da Informação, Comunicação e Serviço Social
( ) Ciências Humanas (Filosofia, Teologia, Sociologia, História, Geografia etc.)
( ) Linguística, Letras e Artes
( ) Multidisciplinar (Ensino, Materiais e Biotecnologia etc.).
( ) Other: _____

6. Qual sua ocupação (trabalho)? *

Por exemplo: pintor(a), advogado(a), publicitário(a) etc.

_____

7. Qual a faixa de renda? *

A faixa de renda é referenciada no salário mínimo (R$ 724,00).

Mark only one oval.

( ) Até 1 salário mínimo (R$ 724,00)
( ) De 1 a 5 salários mínimos (de R$ 725,00 a R$ 3.620,00)

( ) De 5 a 10 salários mínimos (de R$ 3.621,00 a R$ 7.240,00)

( ) De 10 a 15 salários mínimos (de R$ 7.241,00 a R$ 10.860,00)

( ) De 15 a 20 salários mínimos (de R$ 10.861,00 a R$ 14.480,00)

( ) Mais de 20 salários mínimos (acima de R$ 14.481,00)

SEGUNDA PARTE: Como e quando você usa a Internet

O objetivo desta segunda parte é conhecer vários dados sobre a forma/ tempo de uso da Internet.

8. Há quanto tempo usa a Internet? *

Mark only one oval.

( ) Há menos de 1 ano

( ) Entre 1 e 3 anos

( ) Entre 3 e 5 anos

( ) Entre 5 e 10 anos

( ) Entre 10 e 15 anos

( ) Há mais de 15 anos

9. Com que frequência faz uso da Internet? *

Objetivo é conhecer o perfil de uso dentro do mês e da semana.

Mark only one oval.

( ) 1 dia por semana

( ) 2 dias por semana

( ) 3 dias por semana

( ) 4 dias por semana

( ) 5 dias por semana

( ) Uso Internet todos os dias da semana, incluindo sábados e domingos

10. Quando faz uso da Internet, qual o período de tempo de acesso (diário)?*

Obs.: o parâmetro de uso de horas é o dia, das 00h até às 23h59min59s.

Mark only one oval.

( ) Até 1 hora de uso

( ) De 1 a 2 horas de uso

( ) De 2 a 4 horas de uso

( ) De 4 a 8 horas de uso

( ) Mais de 8 horas de uso

11. Usa a Internet para? *

Objetivo é conhecer a finalidade de uso da Internet (aspectos gerais). Considere, para a escala 2, o uso mais pessoal e um pouco para o trabalho; para a escala 3, uso igual pessoal e para o trabalho, e, escala 4, uso mais para o trabalho e um pouco de pessoal.

Mark only one oval.

1	2	3	4	5

Uso exclusivo pessoal   *Uso exclusivo para o trabalho*

12. Já utilizou a Internet para? *

Objetivo é conhecer a finalidade do uso da Internet (aspectos específicos)

Check all that apply.[214]

( ) Fazer compras (comércio eletrônico)

( ) Acessar redes sociais (Facebook, Twitter, Instagram, Badoo etc.)

( ) Pesquisas diversas (Google, Yahoo!, Bing, DuckduckGo etc.)

( ) Fins acadêmicos (Google Scholar, EBSCO, Lattes etc.)

( ) Ler notícias (jornais, revistas etc.)

( ) Jogar jogos eletrônicos

( ) Acessar correio eletrônico (email)

( ) Assistir filmes e/ou ouvir músicas

( ) Trocar mensagens instantâneas (Ex.: Facebook, Messenger, Whatsapp, Viber, Telegran etc.)

( ) Other: _____

TERCEIRA PARTE: Riscos e Medo na Internet

Já estamos chegando ao final da pesquisa. Só mais alguns cliques e você terminará. O objetivo agora é saber sobre seu entendimento sobre os riscos na Internet, seus medos e, também, sobre a sua percepção de como esses riscos podem ser evitados/tratados.

13. Você considera arriscado usar a Internet? *

O questionamento tem relação com o termo "risco", no sentido da sua percepção sobre a possibilidade de, por exemplo: (1) outras pessoas acessarem os seus dados privados; (2) ao problema com os vírus e cavalo de troia etc.; (3) exposição em redes sociais.

---

[214] *Check all that apply* ( ): permite que o respondente marque mais de uma opção de resposta.

Mark only one oval.

( ) Sim

( ) Não

14. Se você respondeu "sim", ou seja, que considera arriscado usar a Internet, qual o grau de risco, na sua percepção, em usar a Internet?

Mark only one oval.

1   2   3   4   5   6   7   8   9   10

Baixíssimo   *Altíssimo*

15 Você sente medo de utilizar a Internet? *

Neste caso, o medo se correlaciona à sensação do usuário de que sofrerá ou poderá sofrer algum dano, pessoal ou patrimonial, em usar a Internet.

Mark only one oval.

( ) Sim

( ) Não

16. Se você respondeu "sim" na pergunta 15, ou seja, que sente medo quando usa a Internet, qual o grau do medo que você se atribui quando usa a Internet?

Mark only one oval.

1   2   3   4   5   6   7   8   9   10

Baixíssimo   *Altíssimo*

17. Ainda sobre a sensação de insegurança e vulnerabilidades, quais motivos você considera arriscado e do que você tem medo quando usa a Internet, tanto através de computadores quanto de smartphones? *

Pode ser marcada mais de uma opção.

Check all that apply.

( ) Vírus (causa dano no computador)

( ) Cavalos de troia (capturam informações no computador)

( ) "Roubo" de dados (arquivos pessoais, do trabalho etc.), pela ação de terceiros

( ) Perda de dados (arquivos pessoais, do trabalho etc.), sem interferência de terceiros

( ) Perda de privacidade, pela coleta de dados dos provedores de aplicações na Internet, como Facebook, Whatsapp, Twitter, entre outros

( ) Violação dos direitos de imagem, com uso não autorizado (da imagem pessoal e de familiares)

( ) Hackeamento de perfis nas redes sociais

( ) Perda de acesso às suas contas de email e/ou arquivos armazenados na nuvem da Internet

( ) Desvio de dinheiro da conta bancária

( ) Outros prejuízos financeiros, derivados de golpes propagados na Internet

( ) Cyberbullying (comportamento repetitivo praticado por pessoa ou grupo para ofender, agredir, prejudicar terceiro)

( ) Acesso remoto não autorizado em seus dispositivos (computadores, notebooks, smartphones etc.)

( ) Cyberstalking (tática de perseguição repetitiva na Internet)

( ) Sofrer ofensas pessoais, como calúnia, difamação e injúria

( ) Comercialização de dados pessoais e profissionais sem autorização

( ) Other:

18. Do seu ponto de vista, o que pode diminuir a sensação de medo e as situações de risco no uso da Internet? *

O objetivo é avaliar a percepção de correção dos eventuais riscos e vulnerabilidades na Internet.

Mark only one oval.

( ) maior conhecimento dos usuários quanto ao uso da Internet e suas aplicações

( ) procurar corrigir os problemas do ponto de vista tecnológico, comunicando as correções

( ) somente a punição dos propagadores do mal na Internet é que poderá melhorar a

( ) sensação de segurança no uso da Internet

( ) Other:

19. Quanto ao controle da Internet, através de Leis e Regulamentos: *

Em 2014 houve a aprovação da Lei 12.965/14, o chamado Marco Civil da Internet, que estabeleceu direitos e deveres na Internet brasileira. Embora cível, os efeitos também são relativos às outras áreas do Direito, como a penal, a trabalhista e a administrativo.

Internet & Direito Penal
RISCO E CULTURA DO MEDO

Mark only one oval.

( ) Não há necessidade de regulação da Internet, pois ela deve ser livre.

( ) Há necessidade de regulação na Internet, em relação aos provedores de conexão e de aplicações na Internet

( ) Há necessidade de regulação na Internet, sobre direitos e deveres dos usuários

( ) Há necessidade de regulação na Internet, conjunta, de usuários e provedores.

20. Considerando o conhecimento que você tem a respeito da legislação brasileira em relação à Internet: *

Mark only one oval.

( ) Não conheço a legislação

( ) acho que as regras existentes para a Internet são suficientes

( ) acho que as regras existentes são boas, mas precisariam ser atualizadas

( ) deveriam existir mais crimes punindo as ações das pessoas realizadas através da Internet e que causem danos às pessoas/empresas

( ) o controle da Internet em termos legais deveria se concentrar mais em regras de outras áreas que não o Direito Penal (prisão), ou seja, conversão das condutas em um "crime"

21. Considerando o caso do linchamento de uma mulher na cidade de Guarujá-SP, em função de um boato teria iniciado no Facebook: *

Caso queira saber mais sobre o caso, leia <http://goo.gl/ExGcZX> e <http://goo.gl/dejRnv>.

Check all that apply.

( ) acho que apenas os autores do linchamento devem ser punidos pela Lei penal

( ) acho que além dos autores do linchamento, também os responsáveis pela página Guarujá Alerta devem ser responsabilizados penalmente

( ) as pessoas que curtiram a postagem que gerou a falsa percepção dos linchadores devem ser punidos por incitação ao crime

( ) o Facebook deve ser responsabilizado pela postagem

( ) ninguém deve ser punido, pois não há relação de causa e efeito no caso da postagem

22. Finalmente, pensando sobre informações quanto aos riscos de usar a Internet, você ... *

Obs.: Apenas uma opção pode ser marcada.

Mark only one oval.

( ) Pesquiso dados e informações (em livros, revistas, Internet, especialistas da área etc.)

( ) Informo-me ocasionalmente sobre o assunto (TV, Rádio, Jornal, Internet etc.)

( ) Não busco dados e informações.

Impressão:
Evangraf
Rua Waldomiro Schapke, 77 - POA/RS
Fone: (51) 3336.2466 - (51) 3336.0422
E-mail: evangraf.adm@terra.com.br